TRANSFORMANDO O FUTURO
EM NEGÓCIO LUCRATIVO

TRANSFORMANDO O FUTURO EM NEGÓCIO LUCRATIVO

O que as empresas e as pessoas precisam saber
hoje para alavancar o seu futuro

Glen Hiemstra

Tradução:
Claudia Gerpe Duarte

EDITORA CULTRIX
São Paulo

Título original: *Turning the Future Into Revenue*.

Copyright © 2006 Glen Hiemstra.

Publicado mediante acordo com a John Wiley & Sons International Inc.

Todos os direitos reservados. Nenhuma parte deste livro pode ser reproduzida ou usada de qualquer forma ou por qualquer meio, eletrônico ou mecânico, inclusive fotocópias, gravações ou sistema de armazenamento em banco de dados, sem permissão por escrito, exceto nos casos de trechos curtos citados em resenhas críticas ou artigos de revistas.

A Editora Pensamento-Cultrix Ltda. não se responsabiliza por eventuais mudanças ocorridas nos endereços convencionais ou eletrônicos citados neste livro.

Dados Internacionais de Catalogação na Publicação (CIP)
(Câmara Brasileira do Livro, SP, Brasil)

Hiemstra, Glen.
   Transformando o futuro em negócio lucrativo : o que as empresas e as pessoas precisam saber hoje para alavancar o seu futuro / Glen Heimstra ; tradução Claudia Gerpe Duarte. — São Paulo: Cultrix: 2008.

   Título original: Turning the future into revenue.
   Bibliografia.
   ISBN 978-85-316-1002-8

   1. Ações (Finanças) – Preços – Previsões 2. Negócios – Previsão 3. Previsão comercial 4. Previsão econômica I. Título

08-00527   CDD-330.0112

Índices para catálogo sistemático:

1. Economia : Previsões 330.0112
2. Previsão econômica 330.0012

O primeiro número à esquerda indica a edição, ou reedição, desta obra. A primeira dezena à direita indica o ano em que esta edição, ou reedição, foi publicada.

Edição	Ano
1-2-3-4-5-6-7-8-9	08-09-10-11-12-13-14

Direitos de tradução para o Brasil
adquiridos com exclusividade pela
EDITORA PENSAMENTO-CULTRIX LTDA.
Rua Dr. Mário Vicente, 368 — 04270-000 — São Paulo, SP
Fone: 6166-9000 — Fax: 6166-9008
E-mail: pensamento@cultrix.com.br
http://www.pensamento-cultrix.com.br
que se reserva a propriedade literária desta tradução.

A Edward Lindaman
Que ainda serve de inspiração.

À dra. Tracie Hiemstra
Que torna o futuro convidativo.

E a David, Cat e Erin
Que fazem o futuro valer a pena.

Sumário

Agradecimentos 15

Introdução 19
O futuro cria o presente: por que você deve se interessar pela
  maneira como o configura 19
O destino dos dinossauros 20
Por que o planejamento estratégico não está funcionando 21
O que é considerado um prazo longo? 22
De vinte a vinte e cinco anos? Você está brincando 24
Visão antecipada e premissas 25
Transformando o futuro em receita 28
O futuro consiste apenas em receita? 29
Tornando-se o seu próprio futurista 30

PRIMEIRA PARTE

COMO SERÁ O SEU FUTURO: QUATRO TENDÊNCIAS A LONGO PRAZO E COMO VOCÊ PODE LUCRAR OU SE PROTEGER

O nosso futuro: uma revolução social, econômica e tecnológica 31
A natureza da revolução 34
Os padrões da revolução 35
O que irá mudar? 36

CAPÍTULO 1
COMO LUCRAR COM AS MUDANÇAS DEMOGRÁFICAS PERIÓDICAS

Tão mais velhos	40
O desenvolvimento problemático	42
A aposentadoria está extinta	44
O trabalho está vivo	46
A previdência social também está viva	47
O nativo digital	48
Nações imigrantes	49
As gerações	49
O fim da bomba populacional – num lamento	50
Por que a população declina	54
O futuro em receita	57
Transformando os idosos do futuro em receita	58
Transformando os jovens do futuro em receita	59
Transformando a implosão populacional em receita?	61

CAPÍTULO 2
COMO LUCRAR A PARTIR DE CINCO TENDÊNCIAS PRINCIPAIS DA TECNOLOGIA

O verdadeiramente pequeno é verdadeiramente grande	64
Planejando a sua vida	74
Um pouco de inteligência	79
Seis principais avanços da TI que dominarão o futuro próximo	81
Amor robótico	87
Saiba tudo a respeito de todo mundo	91

CAPÍTULO 3
COMO LUCRAR AUMENTANDO O CONTEÚDO DE CONHECIMENTO DO SEU PRODUTO OU SERVIÇO

A rápida inovação e a convergência tecnológica	95
O que conta é o que um produto ou serviço sabe	96
A onda de consumo diminui	99
A globalização – traçando o mapa de um novo território	101
A China ganha, a Índia corre	106
Os principais propulsores do desenvolvimento chinês e indiano	110
As principais vantagens do desenvolvimento da China e da Índia	113
Desafios ao desenvolvimento da China e da Índia	114
A defasagem dos Estados Unidos	116

CAPÍTULO 4
COMO LUCRAR COM A PRÓXIMA ONDA DE ENERGIA

O fim do petróleo barato	119
O que é o clímax e por que ele está próximo	121
As alternativas deixaram de ser alternativas	125
Alternativas sustentáveis	127
A maior oportunidade comercial de todos os tempos	137

SEGUNDA PARTE
COMO PREVER O FUTURO DO SEU NEGÓCIO OU CARREIRA – E PLANEJAR PARA ELE AGORA

Suposições para o futuro	139
Modelo de três cones para o planejamento do futuro preferível	140

CAPÍTULO 5
FAÇA PLANOS PARA O FUTURO, MAS LIMITE AS SUAS APOSTAS

Chegando ao futuro	145

O planejamento do futuro preferível 147
O que é a visão do futuro preferível 148
O que a visão preferível do futuro não é 151
Como criar o futuro preferível 153
A visão não é a moda de administração da última década? 154
O planejamento quase sempre falha 155
A regra dos 15% para a visão preferível do futuro 159

CAPÍTULO 6
SEJA O SEU PRÓPRIO FUTURISTA E PONHA A ÊNFASE DA SUA ORGANIZAÇÃO NO FUTURO

Seja uma pessoa voltada para o futuro 164
Seja uma pessoa movida pela visão 165
Colabore 168
Seja um estrategista 171

CAPÍTULO 7
AS DEZ PRINCIPAIS CARACTERÍSTICAS DO EMPREENDIMENTO VOLTADO PARA O FUTURO

Fazer da estratégia um modo de vida, não uma tarefa 174
Promover a mudança rápida 175
Reestruturar-se para o futuro 176
Transcender a qualidade constante e seguir em direção à
  inovação sustentada 177
Reaprender para o trabalho baseado no conhecimento 178
Administrar a interconexão 178
Levar a sério a sociedade multicultural 178
Recorrer a trabalhadores maduros e dispendiosos 179
Usar o poder verde 180
Manter e promover o equilíbrio 181
Manter a esperança e a visão no meio do tumulto 182

TERCEIRA PARTE
EXERCÍCIOS, FERRAMENTAS E ATIVIDADES PARA O PLANEJAMENTO DO FUTURO PREFERÍVEL

Esboço do planejamento do futuro preferível 183

CAPÍTULO 8
PREVENDO O FUTURO – ATIVIDADES PARA VOCÊ E PARA O SEU EMPREENDIMENTO

Métodos para adquirir a presciência 189
Sondagem ambiental 192
O que a sondagem faz e o que ela não faz 192
Usando o gabarito de sondagem ambiental 195
O desenvolvimento do cenário 197
Aprofundando o discernimento 200
O cenário vigente 201
Mudanças de paradigma 201
Diálogo sobre descontinuidades e surpresas 202

CAPÍTULO 9
ESCOLHENDO UMA DIREÇÃO: ATIVIDADES PARA VOCÊ E PARA O SEU EMPREENDIMENTO

O futuro possível 205
O futuro preferível 206
Ferramentas para a visão preferível do futuro 208
Critérios para uma visão 211
Compartilhando a visão 213
Esclarecendo os valores 214
Usando a visão e os valores 216
A visão e os valores pessoais 222
O ponto final – o poder místico 223

CAPÍTULO 10
PLANEJANDO ATIVIDADES PARA VOCÊ E PARA O SEU EMPREENDIMENTO

Planejar ou não planejar 225
O desenvolvimento de estratégias 226
Os primeiros passos vitoriosos 230
Rastreando o progresso e administrando a mudança 232

CAPÍTULO 11
ADAPTANDO A SUA CARREIRA AO FUTURO

A modificação da natureza do trabalho 238
Oportunidades que esperam para ser aproveitadas 241
O que você pode fazer sem mudar de profissão 243
Aumente o seu valor de conhecimento 244

QUARTA PARTE
EM QUE ASPECTOS OS ESTADOS UNIDOS ESTÃO NEGLIGENCIANDO O FUTURO

CAPÍTULO 12
AS EXIGÊNCIAS AMBIENTAIS

O aquecimento global é real 252
O tempo não está do nosso lado 255
O empreendimento verde é o segredo da sua sobrevivência 257

CAPÍTULO 13
OS GRANDES DIVISORES

O divisor da riqueza 262
O divisor educacional 263
O divisor digital – o acesso à informação e à tecnologia 265

A religião 266
Transformando os divisores em futuros preferíveis 268

CAPÍTULO 14
UMA VISÃO PARA O SÉCULO XXI

A espaçonave Terra não é um conceito obsoleto 272
Como transformar a receita no futuro 273
Imagens do futuro 273
A renovação do século XXI 276
A sua missão: identificar necessidades futuras e satisfazê-las
    melhor, mais rápido e a um custo menor 278
O futuro é algo que criamos 278

Referências 279

Agradecimentos

Freqüentemente me perguntam como eu me tornei um futurista. O meu processo foi simples. Desde tenra idade eu já me interessava pelo futuro. Quando criança, lia os livro de Tom Swift e outros de ficção científica, e devorava, quando era um jovem adulto, as notícias da corrida espacial. Mais tarde, quando cursava o terceiro ano da universidade em 1970, a faculdade que eu freqüentava contratou Edward B. Lindaman como seu presidente. O dr. Lindaman veio para a faculdade diretamente da Rockwell Corporation, onde fora diretor de planejamento de programa do projeto espacial *Apollo*, a última tarefa da sua carreira de 25 anos na empresa. Membro fundador da World Future Society, Lindaman tornou-se o meu mentor no sentido clássico, sugerindo coisas que eu deveria ler e seminários que eu deveria freqüentar. Ao longo da década seguinte, no final como membro do corpo docente, aprendi com Lindaman uma abordagem particular do futuro, que está refletida neste livro.

Ed faleceu prematuramente durante uma viagem à China em 1982. Nenhuma pessoa que conheci antes ou desde então abordou o futuro com o mesmo entusiasmo, e nem tem a mesma capacidade de comunicar esse entusiasmo pelo futuro. Décadas depois de ele ter nos deixado, as pessoas ainda me dizem de vez em quando que participaram de um seminário do Ed, acrescentando que ele mudou a vida delas. Lindaman me disse certa vez a coisa mais simples: "Você pode fazê-lo." Ed era único, e dedico este livro, com gratidão, à sua memória.

Escrever um livro é, ao mesmo tempo, um desafio e uma alegria. Ninguém me incentivou mais, durante tantos anos, a dedicar-me à tarefa do que minha mulher, a dra. Tracie Ryder Hiemstra. Autora e mulher de negócios realizada, ela me encorajou, bajulou, aconselhou e também fez a edição do livro. Sem ela, não haveria livro. Obrigado.

Quando iniciei este projeto, afirmei que o texto fluiria integralmente da minha memória. Não foi assim. Muitas novas pesquisas se fizeram necessárias, e quatro competentes assistentes de pesquisa foram fundamentais para o projeto. Michael Vassar, um jovem brilhante cientista e futurista, demonstra que o aconselhamento inverso é possível, pois ele, um nativo digital, me assessora – um imigrante digital bem mais velho – sobre ciência e tecnologia, energia e economia do futuro. No âmbito familiar, os nossos três filhos adultos, Erin Hiemstra, Catherine Ryder e David Ryder passaram muitas horas pesquisando na Internet e na biblioteca em busca de subsídios sobre o meio ambiente, a China e a Índia, e os grandes divisores, além de oferecer assessoria na edição deste livro. Todos são muito inteligentes e dedicados a um futuro sustentável, e fiquei emocionado por se mostrarem dispostos a ajudar.

Brenda Cooper, autora de ficção científica, futurista e colega desde a criação da Futurist.com, insistiu comigo durante anos para que eu escrevesse mais. Estou feliz por ter me associado ao seu excelente trabalho. Bill Hainer colaborou estreitamente durante mais de uma década em conceitos da visão do futuro e do planejamento enquanto trabalhamos juntos em vários projetos criativos. Bill reconhecerá as raízes de grande parte do que eu digo, e sou sempre grato pelo trabalho que fizemos e pela nossa amizade.

O reverendo David Brown, amigo de uma vida inteira e que reflete freqüentemente sobre religião, política, beisebol e o futuro me estimula regularmente, e sinto-me feliz por poder chamá-lo de amigo e colega.

Mark Anderson, editor do Strategic News Service, contribuiu com seus pensamentos, e sou grato a ele por isso. Jin Lan, fundadora de Octaxia, forneceu idéias valiosas sobre o futuro da China em muitos e-mails e telefonemas, e a sua generosa ajuda foi profundamente apreciada.

No decorrer do grande número de anos que estou envolvido com este processo, conheci guias que merecem ser reconhecidos. Entre eles estão Sohail Inayatullah, na minha opinião o melhor futurista do mundo, Bob

Jacobson, Tom Furness, Barbara Hubbard e Robert Theobald. Conheci outros guias à distância, por intermédio dos seus livros e seminários. Recomendo que você examine o trabalho de Peter Drucker, Buckminster Fuller, William Irwin Thompson, Russell Ackoff, Ray Kurzweil, Hazel Henderson e Karl Weick.

A maioria dos futuristas se mantém afastada da ficção científica, um grande erro, na minha opinião. Na verdade, se você quiser entender o futuro, leia um pouco de ficção científica. Tenho o prazer de conhecer e interagir regularmente com alguns dos melhores autores. David Brin, Greg Bear, Bruce Sterling, Louise Marley (e Brenda Cooper, é claro), e gostaria de conhecer o futuro como eles conhecem.

Obrigado ao meu agente Peter Rubie por assumir tão bem e tão rápido este projeto. Finalmente, quero agradecer ao editor, Richard Narramore, bem como à subeditora, Emily Conway, da John Wiley and Sons. Sou grato por terem me encontrado e decidido se arriscar.

Quando Ed Lindaman faleceu, eu o descrevi como uma janela para o mundo para todos os que o conheciam. É minha esperança que este livro funcione para você como uma nova janela, e que o que você descortinar o estimule a descobrir o seu futuro predileto.

Introdução

*Não é possível substituir a estratégia pela agilidade. Se você não desenvolver uma estratégia própria, você se torna parte da estratégia de outra pessoa [...].
A ausência da estratégia é aceitável, desde que o seu destino lhe seja indiferente.*

– Alvin Toffler, s.d.

Qualquer estudante da ascensão e queda das culturas não pode deixar de ficar impressionado com o papel desempenhado pela imagem do futuro nessa sucessão histórica. Enquanto a imagem da sociedade for positiva e próspera, a flor da cultura será positiva e radiante. No entanto, quando a imagem começar a declinar e perder a vitalidade, a cultura não sobreviverá por muito tempo.

– Fred Polak

O FUTURO CRIA O PRESENTE: POR QUE VOCÊ DEVE SE INTERESSAR PELA MANEIRA COMO O CONFIGURA

O futuro cria o presente.
Como isso é possível?

O atleta olímpico posta-se no trampolim. Os seus olhos fecham-se por alguns momentos. Em seguida, o atleta abre os olhos, avança, salta do trampolim e executa um mergulho perfeito. O que estava acontecendo antes do mergulho? O atleta estava mentalmente ensaiando o mergulho futuro, criando uma profecia auto-realizável do futuro imediato. Em outras palavras, o atleta estava criando uma *imagem do futuro* concebida para exercer um impacto no presente.

O princípio da profecia auto-realizável está bem estabelecido. A imagem mental que uma pessoa tem de si mesma no futuro exerce uma poderosa influência no comportamento e até mesmo nos processos biológicos do corpo.

Se você quiser mudar o que está fazendo hoje, mude a sua imagem do futuro. Mude o futuro e o presente o acompanhará.

O DESTINO DOS DINOSSAUROS

Em 1993, a revista *Fortune* publicou um artigo de capa que retratou três formas obsoletas, cada uma com um nome – Sears, IBM e General Motors. Os redatores da *Fortune* estavam perguntando se essas empresas haviam se transformado em dinossauros, se corriam o risco de tornar-se extintas. O interessante a respeito dessa pergunta é que essas mesmas três empresas haviam sido consideradas por Peter Drucker, trinta anos antes, como as empresas mais bem administradas da história mundial. O que aconteceu?

O fator mais crítico foi a imagem que elas tinham do futuro. Cada uma tinha uma imagem e se concentrava em estratégias comerciais que as tornariam bem-sucedidas nesse futuro que imaginavam: o futuro do varejo, da computação ou do setor automobilístico. No entanto, enquanto essas empresas se concentravam em implementar essas estratégias, o mundo seguia outro rumo. Talvez isso tenha acontecido antes que elas pudessem perceber que o mundo estava mudando, mas o mais provável é que tenham notado as mudanças em derredor, mas não tenham dado atenção a elas.

A sua empresa corre o risco de acabar com forma de um dinossauro na capa de uma revista de negócios. Como evitar essa sorte? Você começa com a sua imagem do futuro, da sua organização ou de si mesmo. O que é isso? Faz sentido, considerando o que estamos vendo que está acontecendo no mundo? Como mudar essa tendência?

A imagem do futuro em qualquer empreendimento – quer essa imagem seja a do futuro que você espera e para o qual está se preparando, do futuro que você teme e que está tentando evitar ou do futuro que você prefere e está tentando criar – é o mais poderoso ponto de alavancagem financeira para a mudança do empreendimento. Se você mudar a imagem de modo que ela seja compartilhada e tida como verdadeira, as ações automaticamente surgirão.

POR QUE O PLANEJAMENTO ESTRATÉGICO NÃO ESTÁ FUNCIONANDO

Que imagens do futuro estão dominando o seu negócio? E se a sua imagem estiver errada e o mundo estiver avançando numa nova direção? As pessoas na sua empresa, no seu departamento ou no seu escritório têm alguma idéia do rumo que você está seguindo? Você tem?

Gary Hamel e C. K. Prahalad afirmaram no livro *Competing for the Future* que os líderes das organizações têm uma responsabilidade fundamental que tendem a não assumir, pelo menos nas empresas americanas. Essa responsabilidade consiste em desenvolver uma imagem compartilhada do futuro a longo prazo. Surpreendentemente, os autores sugeriram que a alta direção das empresas deve dedicar um dia por semana a essa tarefa.

Compare essa sugestão com o que normalmente é considerado um planejamento a longo prazo. Um retiro empresarial de dois dias, que inclui algumas rodadas de golfe, é dedicado ao "planejamento estratégico". Com as informações apresentadas e discutidas nesse retiro, várias pessoas são designadas para atualizar as metas e os objetivos da empresa, bem como para delinear as iniciativas planejadas para o ano seguinte com o objetivo de alcançar as metas. Isso é anexado ao plano estratégico, com um horizonte de três anos. No ano seguinte, o processo se repete. Fora isso, os dirigentes da empresa dedicam pouco ou nenhum tempo ao planejamento a longo prazo. É compreensível que, cerca de 65% do tempo, as palavras do plano estratégico façam pouca ou nenhuma diferença discernível no comportamento da empresa.

No final da década de 1990, ajudei o sistema bibliotecário do King County (Estado de Washington) a desenvolver uma visão e um planejamento estratégico a longo prazo, pois esse condado que estava rapidamente se desenvolvendo se preparava para construir várias bibliotecas novas.

Uma das sessões reuniu o conselho diretor da biblioteca e a equipe administrativa com um painel de especialistas com o objetivo de explorar as tendências a longo prazo. O painel era composto por mim, na condição de futurista, o arquiteto contratado para supervisionar os projetos de construção e o diretor do projeto bibliotecário da Microsoft. À medida que a discussão progredia, citei a idéia de Hamel e Prahalad sobre os benefícios obtidos quando a diretoria das empresas dedica 20% do seu tempo ao desenvolvimento de uma visão compartilhada a longo prazo. "Interessante", comentou o diretor da Microsoft, "porque eu diria que esse é mais ou menos o tempo que Bill Gates e a alta direção da empresa passam fazendo exatamente isso. Eles se sentam e desenvolvem perspectivas compartilhadas sobre o que os processos tecnológicos, os concorrentes e os consumidores estarão fazendo e almejando vários anos à frente."

O QUE É CONSIDERADO UM PRAZO LONGO?

Como consultor futurista de negócios, esta é a pergunta que mais me fazem: "Até onde devemos olhar no futuro ao elaborar o planejamento estratégico ou a longo prazo?" A tendência na última década tem sido encurtar o horizonte ou eliminar totalmente o planejamento estratégico. Começamos vivendo no tempo da Internet, o ciclo de vida dos produtos, empregos e empresas diminuiu, o mundo se achatou e a flexibilidade passou a ser considerada mais importante do que a estratégia. Argumentava-se que como não podíamos mesmo conhecer o futuro, por que deveríamos nos dar ao trabalho de fazer alguma coisa? Seja apenas eficiente, rápido e ágil, e o futuro cuidará de si mesmo. Desse modo, o planejamento estratégico, quando tinha lugar, visava apenas três anos à frente.

Essa abordagem encerra profundos problemas. O principal problema é que, apesar da mudança rápida, a mudança fundamental e descontínua leva tipicamente mais de três anos. Se a sua visão for limitada dessa maneira, você não conseguirá enxergar a imagem global. Uma visão a longo prazo e com um ângulo bem amplo lhe possibilita enxergar novas oportunidades onde os outros não enxergam. O planejamento estratégico, como é normalmente praticado, não lhe proporcionará essa visão global a longo prazo e, sem ela, você poderá ficar desperdiçando eternamente o seu esforço.

O planejamento estratégico é um paradoxismo

Elaborar estratégias e planejar são duas atividades tão diferentes que "planejamento estratégico" é quase um paradoxismo. O planejamento a longo prazo envolve três estágios ou atividades inter-relacionados, porém diferentes: o pensamento estratégico, a elaboração de decisões estratégicas e o planejamento estratégico. Infelizmente, os três estágios, como habitualmente praticados, são misturados e mal executados. Freqüentemente o que acontece é que executivos de alto nível, talvez auxiliados pela equipe de planejamento ou por consultores, reescrevem o plano do ano anterior, elaborando um relatório. Em seguida, os funcionários são convencidos da eficácia do relatório para que o aceitem e implementem o plano. O pensamento estratégico, quando tem lugar, é rudimentar, tem um âmbito estreito, um objetivo a curto prazo e está voltado para o desenvolvimento de uma única visão do futuro que reforça suposições passadas. Quando os eventos externos resultam numa modificação rápida e descontínua, é compreensível que a única alternativa para a empresa seja mudar para o gerenciamento de crise e tentar sobreviver.

Uma abordagem melhor é seguir um processo de três estágios para o planejamento do futuro preferível. O primeiro estágio desse processo é desenvolver a presciência. O segundo envolve escolher uma direção futura. Em conjunto, esses dois estágios representam o que chamamos de visão do futuro. O último estágio é decidir moldar o futuro por meio de uma rede de estratégias e reagir com presteza às surpresas junto com a tarefa rotineira, porém difícil, de transformar em ação a visão e a estratégia. O problema surge quando você executa apenas esse estágio final e acha que fez um planejamento adequado a longo prazo. Na verdade, você apenas se preparou para o fracasso e para a necessidade de recuar para o gerenciamento reativo da crise. Os seus concorrentes que estão olhando com eficácia para o futuro verão oportunidades que você não enxerga e reagirão com mais flexibilidade às aparentes surpresas. A boa notícia, se é que podemos chamá-la assim, é que poucos dos seus concorrentes estarão executando o planejamento do futuro preferível, de modo que você tem tempo para aprender e usar os métodos.

Um prazo longo abrange pelo menos vinte anos

A visão a longo prazo precisa avançar pelo menos algumas décadas no futuro. Nos meus anos de experiência ao trabalhar com os mais diversos tipos de empreendimentos, privados e públicos, descobri que o ideal é adotar uma perspectiva em torno de 20 ou 25 anos, como parte do processo. Podemos nos permitir acreditar que as coisas podem e serão diferentes dando, dessa maneira, permissão a nós mesmos para imaginar que estamos fazendo mudanças fundamentais nas nossas organizações. Sabemos que cometeremos mais erros do que acertos, mas também sabemos que o ato criativo de pensar estrategicamente tão à frente possibilitará que enxerguemos oportunidades que um horizonte de três anos certamente deixará escapar. Finalmente, e significativamente, vinte anos é um período relativamente breve no qual podemos, desde que tenhamos um pouco de sorte, imaginar que ainda estaremos presentes para ver o que acontece. Assim sendo, temos um interesse pessoal no resultado.

DE VINTE A VINTE E CINCO ANOS? VOCÊ ESTÁ BRINCANDO

Não estamos falando em fazer um plano para 25 anos. Não estamos falando em decidir uma estratégia comercial para daqui a vinte anos. Isso seria um desperdício de tempo. Os planos são elaborados num horizonte mais breve, até mesmo curto. No entanto, o plano a curto prazo potencializa o que pode ser aprendido a partir de uma perspectiva a longo prazo.

O princípio pode ser chamado de "olhe para o futuro antes de fazer um plano". Essa terminologia foi criada há mais de duas décadas pelo meu mentor Edward Lindaman e o seu colega Ron Lippitt, quando trabalhavam juntos. Lindaman e Lippitt, pioneiros da idéia da visão do futuro como uma prática comercial, sustentavam que o planejamento deveria ser precedido por uma visão do futuro. Essa idéia é, ao mesmo tempo, um esforço para expandir a nossa maneira de pensar a respeito do possível e provável futuro e de criar deliberadamente uma descrição do futuro preferível. A pesquisa de Lindaman e Lippitt demonstrou que trabalhar da frente para trás a partir dessas imagens futuras resultava em mais criatividade e num melhor raciocínio estratégico do que a resolução de problemas ou o planejamento estratégico tradicionais.

Se você quiser mudar a sua realidade atual, se quiser posicionar a sua empresa hoje para o sucesso, comece no futuro. Mude o futuro, e o presente o acompanhará.

Este é um livro sobre como moldar o futuro a fim de mudar o presente. O processo fundamental é chamado de planejamento do futuro preferível, um processo que reúne a visão do futuro e o planejamento estratégico. É um processo que o conduz mais profundamente ao futuro do que o planejamento estratégico tradicional, embora ambas as abordagens contenham uma terminologia e certos conceitos comuns. Ao criar imagens compartilhadas do futuro, o processo que você aprende aqui encerra o potencial de transformar a sua situação.

VISÃO ANTECIPADA E PREMISSAS

Queremos realizar duas coisas neste livro. Primeiro, expandir as suas imagens do futuro. Segundo, fazer com que você aprenda melhor a visualizar o futuro e a planejar. Enquanto fizermos essas coisas, você descobrirá como lucrar com o futuro e como se proteger. Perceberá como criar um futuro positivo e como evitar uma possível catástrofe. Examinamos o futuro a longo e a curto prazos, com freqüência simultaneamente. Raciocinamos em vários níveis: individual, empresarial e social. Algumas das nossas idéias serão avançadas, mas tudo será o mais prático possível.

Primeira Parte – Como Será o Seu Futuro: Quatro Tendências a Longo Prazo e Como Você Pode Lucrar ou Se Proteger. Essas quatro tendências principais – os dados demográficos, a tecnologia, a economia e a energia – estão se combinando para revolucionar os negócios e o mundo. Eis o que analisamos:

> Capítulo 1: *Como Lucrar com as Mudanças Demográficas Periódicas*. Eis a grande notícia: O crescimento populacional está acabando e os negócios poderão enfrentar um futuro com uma base menor de consumidores.
> Capítulo 2: *Como Lucrar a Partir de Cinco Tendências Principais da Tecnologia*. As áreas fundamentais da ciência e da tecnologia estão fazendo com que o inimaginável transforme-se no nosso dia-a-dia.

Capítulo 3: *Como Lucrar Aumentando o Conteúdo de Conhecimento do Seu Produto ou Serviço*. A economia do século XXI depende do valor do conhecimento. O que conta é o que você sabe. A tendência mais importante pode ser a seguinte: A China e a Índia estão se tornando economias intensamente voltadas para o conhecimento.

Capítulo 4: *Como Lucrar com a Próxima Onda de Energia*. O petróleo barato está desaparecendo para sempre. O que emergirá de uma mudança histórica na utilização da energia é a maior oportunidade comercial da história.

O segundo propósito do livro é oferecer uma orientação sobre como criar uma perspectiva a longo prazo e depois transformá-la em idéias executáveis na sua empresa e na sua vida. Explorar imagens do futuro pode ser esclarecedor, mas fazê-lo pode ser um mero divertimento. O propósito dessa exploração futura é descobrir o que você deveria estar fazendo ou aprendendo neste momento.

Segunda Parte – Como Prever o Futuro do Seu Negócio ou Carreira – e Planejar para Ele Agora. Delineamos os princípios básicos para que você se torne o seu próprio futurista de maneira a estruturar melhor a sua carreira, ou o seu empreendimento, seguindo as seguintes diretrizes:

Capítulo 5: *Faça Planos para o Futuro, Mas Limite as Suas Apostas* revela por que o planejamento fracassa mais vezes do que funciona e sugere passos simples para garantir o sucesso.

Capítulo 6: *Seja o Seu Próprio Futurista e Ponha a Ênfase da Sua Organização no Futuro* explora o que significa ser direcionado para o futuro, motivado pela visão, participativo e estratégico.

Capítulo 7: *As Dez Principais Características do Empreendimento Voltado para o Futuro* examina o que é necessário para que você posicione o seu negócio para o sucesso no século XXI.

Terceira Parte – Exercícios, Ferramentas e Atividades para o Planejamento do Futuro Preferível. Esta seção oferece ferramentas específicas para moldar o futuro do seu negócio ou da sua carreira, enfatizando a transformação de decisões estratégicas em medidas práticas no momento atual.

Capítulo 8: *Prevendo o Futuro – Atividades Para Você e Para o Seu Empreendimento* oferece várias técnicas de raciocínio estratégico, inclusive a exploração do ambiente e o planejamento da situação.

Capítulo 9: *Escolhendo uma Direção – Atividades Para Você e Para o Seu Empreendimento* pergunta que futuro você prefere. A visão e os valores entram juntos como decisões estratégicas.

Capítulo 10: *Planejando Atividades Para Você e Para o Seu Empreendimento* concentra-se em transformar estratégias em ação e em gerenciar a mudança que se segue.

Capítulo 11: *Adaptando a Sua Carreira ao Futuro* explora oportunidades específicas de crescimento para a receita e o trabalho futuros.

O futuro não é uma brincadeira de criança ou algo a que poderíamos nos dedicar se ao menos tivéssemos tempo disponível para isso. O destino do planeta, o destino do seu empreendimento, o seu próprio destino e o da sua família dependem mais do que vamos fazer nas duas décadas seguintes do que daquilo que fizemos até agora. O que devemos fazer? Colocar os pés sobre a mesinha de centro, abrir uma lata de cerveja e dizer: "Que se dane! Não posso mesmo fazer nada." Ou você tem outras opções?

Quarta Parte – Em que Aspectos os Estados Unidos Estão Negligenciando o Futuro. Na última seção do livro, começamos com a premissa de que aqui, nos Estados Unidos, onde resido, optamos por ficar inertes. Essa reação, ou melhor, não-reação, já não é suficiente. Em vez disso, temos responsabilidades com o futuro que precisam ser exploradas:

Capítulo 12: *As Exigências Ambientais.* As condições atmosféricas estão ficando caóticas. No entanto, existe a possibilidade de criarmos um futuro sustentável no qual todos os habitantes do planeta possam viver com conforto.

Capítulo 13: *Os Grandes Divisores.* Somos divididos por raça, religião, acesso à tecnologia, educação, saúde, longevidade, preferência de sexo, riqueza e acesso a riquezas. Essas fronteiras precisam ser eliminadas para que possamos ter um futuro.

Capítulo 14: *Uma Visão para o Século XXI* sugere que se você quiser liderar a multidão, talvez queira adotar uma visão de negócios planetária. No final, o futuro é sua responsabilidade.

TRANSFORMANDO O FUTURO EM RECEITA

Quer você tenha um negócio, quer não, o título deste livro provavelmente chamou a sua atenção. O futuro realmente diz respeito a receita.

No início da década de 1980 eu pertencia ao corpo docente de uma universidade e estava realizando uma pesquisa que se concentrava na seguinte pergunta: "Como a emergente tecnologia da informação modificará as organizações e a comunicação humana?" Ao conduzir essa pesquisa, tive acesso a transcrições de conversas sobre a ARPANet, a rede militar e governamental que posteriormente se tornou a Internet pública. Concentrei-me especificamente em projetos de equipe que eram conduzidos, em parte, pela interação dessa rede de computadores. Estudei um trabalho de grupo semelhante numa rede científica com base universitária conhecida, na época, como EIES, ou Electronic Information Exchange System, criada por Murry Turoff e Roxanne Hiltz. Além disso, observei e participei de várias teleconferências, bem como das primeiras videoconferências.

Alguns anos mais tarde, troquei o ensino superior pela consultoria de negócios e pela vida de futurista profissional. Quando deixei a esfera universitária, eu possuía um acervo significativo dos meus antigos estudos – uma previsão do que estava por vir – a Internet e, mais tarde, a World Wide Web. É claro que eu não era a única pessoa que sabia disso, mas essa presciência colocou-me bem na vanguarda, de modo que quando surgiu a oportunidade de criar a Futurist.com, fui o primeiro a pensar nela ou acompanhar a visão com a ação. Este livro é uma conseqüência dessa antiga presciência. Os editores da Wiley, ao pensar em publicar um livro sobre o futuro, navegaram no site da Futurist.com, entraram em contato comigo, fizeram uma proposta e então seguimos juntos. Uma vez mais, o futuro havia se transformado em receita.

Tenho de fato uma presciência tão especial? Na verdade não. Simplesmente tento aproveitar a nossa capacidade humana exclusiva para aprender com o passado, viver no presente e antever e sonhar o futuro.

Você pode fazer o mesmo. Nas páginas que se seguem, aproveitamos todas as oportunidades para descobrir maneiras pelas quais você poderá lucrar com futuras oportunidades, ou proteger-se contra riscos futuros. Citamos algumas idéias de negócios e sugerimos estratégias para moldar o futuro, quer esse futuro seja o seu, quer seja o do seu empreendimento. Mas o futuro está repleto de surpresas e descobertas individuais, e a minha esperança é que o que você irá obter deste livro não esteja de fato nestas páginas. O mais provável é que você venha a criar uma nova idéia baseada nas informações aqui contidas e aliadas à sua experiência pessoal. A receita pode derivar dessa idéia.

O FUTURO CONSISTE APENAS EM RECEITA?

Não. É extremamente válido aventar que dizer que o futuro está relacionado apenas com a receita é focalizar a coisa errada. O futuro, na verdade, diz mais respeito à sustentabilidade e à salvação do ambiente planetário para as gerações futuras. Tem muito a ver com a justiça econômica e com enfrentar a desigualdade. O futuro consiste em cada uma dessas coisas e, em última análise, no final dos nossos dias, elas valerão mais a pena do que qualquer receita que possamos ter acumulado.

Entretanto, no mundo em que vivemos, as pessoas tentam ganhar a vida, as empresas procuram ter lucro e, quase sempre, e talvez sempre, a receita é necessária para que possam alcançar grandes metas. Quer eu seja o orador programático de uma conferência internacional sobre investimentos em Londres, de uma convenção de turismo na Costa Rica ou de um evento tecnológico nos Estados Unidos, este tema sempre é levantado.

Este fato ficou bem claro para mim em 2000 quando fui facilitador de um evento de *think tank*[*] cujo objetivo era favorecer o desenvolvimento de uma visão nacional para o transporte nos Estados Unidos no ano 2050. Um dos participantes do *think tank* era o representante do Rocky Mountain Institute, que está agora, como estava na ocasião, tentando obter iniciativas para reinventar o automóvel. Essa pessoa apresentou o seguinte argumento, cuja expressão era simples, mas o seu significado, profundo. O referido instituto está basicamente interessado em comunidades sustentáveis. À semelhança de muitos outros que compartilham esse mesmo interesse, eles haviam se concentrado em estratégias e iniciativas para afastar as pessoas

---

[*] Processo de debate e reflexão conjunta, com o objetivo de gerar conhecimento sobre um determinado tema.

dos carros, já que a cultura do automóvel foi extremamente prejudicial ao meio ambiente de inúmeras maneiras. O instituto estava empurrando uma rocha enorme montanha acima, cujo topo jamais seria alcançado.

Surgiu então uma luz. Como os carros eram um problema muito importante, mas a cultura como um todo dependia deles, a maneira mais rápida de avançar em direção à sustentabilidade seria *mudar os carros*. Nessa idéia, vemos a estrutura da receita futura, uma enorme receita futura. O movimento atual em direção aos veículos híbridos é um passo nítido nessa direção. O administrador do instituto, Amory Lovins, chamou a mudança para a nova era da energia não apenas de a coisa certa para um futuro sustentável, mas também de a maior oportunidade comercial da história.

Ao intitular este livro de *Transformando o Futuro em Negócio Lucrativo*, não estou dizendo que a receita seja o único aspecto importante do futuro. Ao mesmo tempo, a receita é fundamental se quisermos criar futuros preferíveis.

TORNANDO-SE O SEU PRÓPRIO FUTURISTA

Quando falo sobre o futuro e o planejamento para grupos de pessoas, freqüentemente afirmo que uma das minhas metas é que as pessoas saiam do evento definindo-se como futuristas. O desafio é aprender a antever o futuro, imaginá-lo e sonhá-lo de um modo consciente, permeá-lo de esperança, mesmo quando a realidade parecer sombria e, finalmente, agir. Fazer isso não é tão fácil quanto parece, especialmente quando você tiver que se levantar e fazê-lo novamente quando as coisas derem errado e as surpresas tiverem esmagado o que esperávamos e imaginávamos. A abordagem está bem resumida nas seguintes palavras da obra seminal de Ed Lindaman, *Thinking in the Future Tense* (1978): "Temos a impressionante responsabilidade de ser *capazes* de construir o nosso futuro e ter que escolher *se devemos* participar desse processo criativo e *de que maneira*; em seguida, temos que *decidir que opções* preferimos."

Cada um de nós tem essa oportunidade e responsabilidade. Se você conseguir recorrer à sua capacidade inata de visualizar o futuro e agarrar o poder que existe em saber que o futuro cria o presente, você poderá descobrir oportunidades que jamais suspeitou existir.

PRIMEIRA PARTE

COMO SERÁ O SEU FUTURO: QUATRO TENDÊNCIAS A LONGO PRAZO E COMO VOCÊ PODE LUCRAR OU SE PROTEGER

O NOSSO FUTURO: UMA REVOLUÇÃO SOCIAL, ECONÔMICA E TECNOLÓGICA

Há um alojamento na garganta do Rio Columbia no Estado de Washington, mais ou menos a cinqüenta quilômetros rio acima depois da cidadezinha onde morei na adolescência. De vez em quando uma empresa ou uma associação promove um retiro de planejamento estratégico nesse maravilhoso alojamento e me convida para falar a respeito de como o futuro será diferente de hoje.

Para chegar ao alojamento, no último trecho da viagem sigo rio acima pela rodovia interestadual desde Portland, Oregon. Durante a viagem, passo por um campo de feno e por um celeiro, ao longo da rodovia. É o mesmo campo onde há quase quarenta anos, no meu emprego de verão, eu ajudava a ceifar o feno e colocá-lo no celeiro. Embora um pouco desgastados, o campo e o celeiro têm hoje praticamente a mesma aparência daquela época.

Um paradoxo do futuro sempre me impressiona quando passo por esse campo, pois estou a caminho de dizer a um grupo de homens e mulheres de negócios que "tudo está mudando" no futuro, quando, ao lado da estrada, existe o indício de que nada muda.

O mesmo acontece com o futuro. Ele parecerá muito diferente dos nossos dias, até mesmo surpreendentemente diferente. O futuro consiste numa mudança muito rápida, mudança essa que vemos e comentamos o tempo todo. No entanto, sabemos que o futuro também consiste em continuidade. Algumas coisas mudam muito pouco ou muito lentamente. Daqui a vinte anos, as pessoas precisarão de alimentos, roupas e moradia. Isso sempre foi verdade. Somente as maneiras de suprir essas necessidades é que mudam. Daqui a vinte anos as pessoas nascerão e morrerão. Ficarão doentes e precisarão de cuidados. Produtos serão fabricados, apresentarão defeitos e precisarão ser consertados ou substituídos. As pessoas iniciarão e terminarão relacionamentos. Desejarão ser entretidas e algumas pessoas desejarão entretê-las. A lista de coisas que têm continuidade é bem longa.

Entretanto, como veremos, as coisas também mudarão num ritmo acelerado. Este é o segundo paradoxo do futuro, ou seja, que a mudança é ao mesmo tempo rápida e lenta. Esse paradoxo fica bem claro quando o futuro que esperamos deixa de se manifestar – onde estão os carros voadores, onde está a sociedade ociosa? O paradoxo pode tornar-se visível quando algo que parece estável "de repente" muda – o Muro de Berlim é derrubado, a venda de CDs de música se interrompe.

O futuro contém um terceiro paradoxo. O futuro é uma combinação de perigo e possibilidades ilimitadas. Você provavelmente já viu o conhecido caractere chinês para "crise", o *weiji*, um símbolo de linguagem com duas partes; a primeira é "perigo", e a segunda, "momento incipiente no qual uma coisa começa ou se modifica". Em outras palavras, uma crise. O *weiji*, ao comunicar que perigo significa que o futuro está se abrindo em algo novo, capta o terceiro paradoxo. Quando nos vemos diante do perigo, uma reação instintiva é nos fecharmos e defender o território. Uma reação alternativa é descobrir um novo caminho.

Continuidade, mudança, paradoxo. O futuro também consiste na escolha. Quanto mais à frente olhamos, mais escolhas o futuro contém. A maneira como o mundo será daqui a três anos já foi amplamente decidida. Uma mudança de paradigma pode ter lugar nesse intervalo de tempo e poderemos nos ajustar, mas não podemos mudar tudo num período tão curto. Por outro lado, o modo como o mundo será daqui a vinte ou trinta anos dependerá na mesma medida, ou mais, das escolhas que fizermos a partir de agora até lá, do que de todas as escolhas que fizemos até agora.

As tendências fundamentais a longo prazo que moldam o nosso futuro, como as mudanças nos dados demográficos, os avanços tecnológicos, as descontinuidades econômicas e a próxima onda de energia, criam oportunidades e perigos, e oferecem escolhas a ser feitas. Poderíamos pressupor que a vida nunca mudou antes com tanta rapidez, mas mudanças rápidas aconteceram no passado.

Os meus avós paternos emigraram da Holanda para Montana, Estados Unidos, na primeira década do século XX. Eles nasceram na década de 1880 e eram um jovem casal que sonhara com o *big-sky country*.* O meu avô construiu, inicialmente em Montana, uma casa composta por uma parede de madeira diante de uma caverna e ingressaram numa pequena comunidade holandesa para começar a vida como agricultores de trigo em terra seca. No entanto, a vida em Montana não se revelou propriamente uma existência paradisíaca, e em meados da década de 1920 uma derradeira tempestade de granizo destruiu a última safra de trigo. A família, agora acrescida de seis filhos, colocou os seus pertences num caminhão e dirigiu-se para o Oregon, pois tinham ouvido falar que nesse estado a lavoura era melhor. Entretanto, o caminhão quebrou em Idaho, de modo que decidiram ali permanecer e acabaram deixando a agricultura para trás.

O meu palpite é que na ocasião em que se estabeleceram em Idaho, os meus avós se sentaram certa noite à mesa da cozinha, olharam um para o outro, e disseram: "Sabe do que mais? A vida está completamente diferente do que era na nossa infância nos anos de 1880." Para eles, essa era uma grande verdade.

O que mudara entre os anos de 1890 e 1920? Os raios X, o uso da eletricidade, a câmera cinematográfica e o rádio eram uma novidade. O uso do telefone tornou-se corriqueiro. Os irmãos Wright e outros** voaram em aviões. Albert Einstein provou que E = MC ao quadrado. A Primeira Guerra Mundial foi um acontecimento mundial esmagador.

---

* Um dos apelidos do Estado de Montana, que significa "região do grande céu". (N. da trad.)
** Esse "outros" provavelmente inclui Santos Dumont. (N. da trad.)

Mais importante do que tudo, essa foi a época da segunda e última revolução industrial. Em 1900, quase todos os trabalhadores americanos ainda eram agricultores e fazendeiros. A segunda maior categoria era a de empregados domésticos que dormiam no emprego. Duas décadas depois, a era agrícola terminara e a maioria dos trabalhadores estava empregada recebendo salários, em fábricas e escritórios, e as pessoas estavam seguindo em massa para as cidades e dando início aos subúrbios como hoje os conhecemos.

Em 1900, o cavalo ainda era o principal meio de transporte no país. Na verdade, ele predominava de tal maneira que um quarto da terra cultivável da nação era dedicada à alimentação desses animais. Em seguida, Henry Ford construiu o Modelo-T e a linha de montagem. Por volta de 1920, em mais da metade das residências americanas havia um automóvel.

Os meus avós viveram uma rara transição histórica, uma revolução social, econômica e tecnológica (Snyder, 1999). Essas revoluções acontecem periódica, porém raramente, no decorrer da história. Hoje estamos passando pelo ponto central da nossa própria revolução, a qual os futuros historiadores irão comparar com as mudanças anteriores da história, como a dos meus avós.

Entender a natureza dessas revoluções, as lições que poderemos aprender e o provável desenrolar dos próximos 25 anos é o primeiro passo para transformar o futuro em receita.

A NATUREZA DA REVOLUÇÃO

O que é uma revolução social, econômica e tecnológica? Em poucas palavras, são tecnologias inventadas que com o tempo tornam-se poderosas o bastante para mudar a economia social. Quando a revolução acaba, a vida das pessoas está diferente.

A revolução de 1890-1920 pode ser rotulada de revolução "eletromecânica", pois envolveu basicamente a invenção e a implantação dos motores elétricos e de combustão interna. Além disso, as tecnologias de comunicação do telefone e do rádio desempenharam papéis fundamentais. Essa revolução baseou-se, essencialmente, no petróleo de baixo custo.

Algumas das novas tecnologias, quando começaram a ser usadas, foram capazes de ser combinadas com sistemas integrados, o que acelerou o seu desenvolvimento e disseminou o seu impacto. Por exemplo, a combinação de motores elétricos de velocidade variável com motores de combustão interna deu origem ao transporte e à indústria dos nossos dias.

Com o tempo, as novas indústrias integradas tornaram-se dominantes sob o aspecto da receita gerada e das pessoas empregadas. Nesse meio tempo, antigas indústrias se estagnaram e se tornaram obsoletas, definharam e se extinguiram.

OS PADRÕES DA REVOLUÇÃO

Vale a pena enfatizar cinco padrões. O processo completo, desde as primeiras invenções ao domínio da economia social, levou cerca de cinqüenta anos ou duas gerações e meia. Em segundo lugar, durante a primeira metade da revolução, a renda pessoal foi achatada ou declinou, à medida que as antigas indústrias desapareciam e as novas não estavam suficientemente desenvolvidas para compensar essa extinção. As pessoas se perguntavam o que tinha saído errado no mundo. Terceiro, em algum momento, quando as novas tecnologias industriais estavam suficientemente desenvolvidas e integradas, o crescimento econômico acelerou-se com tal intensidade que produziu uma avalanche de coisas novas. Quarto, as mudanças tecnológicas, econômicas e sociais foram acompanhadas ou contribuíram para as reviravoltas políticas, das quais a mais famosa foi a revolução comunista de 1917. Finalmente, os lucros que tiveram lugar na nova economia e as perdas na antiga economia não foram igualmente distribuídos, nem no tempo, nem geograficamente.

Hoje existem muitos paralelos à revolução eletromecânica. A nanotecnologia digital e biológica teve início há quase quarenta anos. Podemos localizar com precisão quando ela começou, ou seja, em 1971, quando a Intel vendeu o seu primeiro microprocessador, o 4004. Foi acelerada pela engenharia genética, a Apple, a Microsoft e o PC da IBM, a fibra ótica, o aparelho de fax, os telefones celulares, a evolução da Internet na World Wide Web e, finalmente, os primórdios e o desenvolvimento da pesquisa nanotecnológica. Na virada do século, o complexo nanoindustrial, o biológico e o da informação digital estavam emergindo no mundo inteiro como dominantes na economia social.

A principal imagem é a seguinte. A nossa própria revolução começou há pouco mais de trinta anos. A base foi assentada e as novas indústrias emergiram como dominantes. Se esta revolução for semelhante à anterior, as *mudanças mais fundamentais estão apenas começando* e terão lugar nas próximas duas décadas. Quando ela terminar, sentaremos à mesa da cozinha e diremos: "Sabe do que mais? A vida está completamente diferente do que era quando éramos jovens em 2006."

O QUE IRÁ MUDAR?

Nem tudo mudará nas próximas duas décadas, mas muita coisa ficará diferente. Especificamente, quando olharmos para trás a partir da perspectiva de aproximadamente 2025, perceberemos coisas como o fato de que a aposentadoria acabou, que os empregos passaram a ser tarefas por períodos determinados, que os lares voltaram ao passado e voltaram a ser o centro da vida, que o aprendizado avançou bem além das escolas, que os processos para fabricar as coisas e comprá-las e vendê-las se transformou. A maneira, os horários e os lugares em que trabalhamos mudarão, assim como a maneira e o lugar em que moramos em relação ao nosso trabalho, a maneira, as ocasiões e os motivos pelos quais viajamos, a maneira e as ocasiões em que nos comunicamos, a maneira como nos integramos e nos relacionamos com o mundo, o modo como encaramos a família e como criamos os filhos, a forma como nos governamos, e outras coisas. Na verdade, provavelmente constataremos que as duas décadas anteriores terão presenciado a mesma quantidade de mudanças econômicas, sociais, políticas e tecnológicas que o século XX inteiro.

Essa revolução pode envolver novas e poderosas tecnologias mas, com o tempo, as próprias mudanças sociais e econômicas começam a provocar um maior desenvolvimento tecnológico. Desenvolve-se um ciclo virtuoso no qual as tecnologias geram mudanças econômicas, as quais, por sua vez, levam a novas tecnologias, que dão origem a mudanças sociais, e assim por diante. Por conseguinte, as mudanças serão fundamentalmente sociais e econômicas, mas terão sido impulsionadas por tecnologias essenciais: a nanotecnologia, a biotecnologia, a tecnologia da informação, a robótica, a hipertransparência. São as pessoas que são profundamente afetadas por uma revolução socioeconômica e tecnológica, de modo que vamos começar por elas.

CAPÍTULO 1

Como lucrar com as mudanças demográficas periódicas

O fator dominante na sociedade atual é a mudança, a mudança contínua, a mudança inevitável. Nenhuma decisão sensata pode ser tomada hoje em dia sem levarmos em conta não apenas o que o mundo é, mas também o que ele será.

– Isaac Asimov, 1995

A demografia é o destino. É um antigo ditado. Não há dúvida de que o aspecto mais previsível do futuro é a forma e a natureza da população. No entanto, curiosamente, erramos o tempo todo. No século XX, não antevimos o *Baby Boom*,* nem a extensão do aumento da população global à proporção que as taxas de mortalidade decresceram. Só começamos a prever esses fenômenos quando já estavam bem avançados.

Hoje olhamos em volta, vemos pessoas parecidas conosco, ocasionalmente lemos a respeito de uma tendência importante como a população que está envelhecendo, mas despreocupadamente pressupomos que o futuro será semelhante ao passado. Neste primeiro quarto do século XXI, importantes mudanças demográficas periódicas já estão em andamento. Conseguimos

---

* Período caracterizado pelo aumento da taxa de natalidade, principalmente nos Estados Unidos, nos anos que se seguiram à Segunda Guerra Mundial, mais ou menos entre 1945 e 1965. As pessoas que nasceram nesse período são chamadas de "*Baby-Boomers*". (N. da trad.)

ver algumas delas, mas subestimamos as suas implicações e deixamos de enxergar outras, embora os indícios estejam bem à nossa frente.

TÃO MAIS VELHOS

Vamos começar com algo que vemos, a população que está envelhecendo. Imagine-se andando numa rua de qualquer cidade americana, grande ou pequena. Repare, enquanto caminha, que cerca de uma em cada dez pessoas que você vê tem mais de 65 anos. Com exceção da Flórida, onde 20% da população tem mais de 65 anos, em quase todos os Estados Unidos a média está em torno de 10 a 12%. Agora, viaje numa máquina do tempo para o ano 2025. Faça o mesmo percurso. Observe que uma em cada quatro pessoas que você vê tem mais de 65 anos. O Serviço de Recenseamento americano prevê que haverá cerca de 27 estados como a Flórida em 2025. Sem dúvida, será um mundo diferente.

Ken Dychtwald publicou, em 1990, o importante livro *The Age Wave*. No entanto, 15 anos depois, eu ainda poderia passar um dia com o pessoal administrativo ou a Câmara Municipal de qualquer cidade dos Estados Unidos e fazer a seguinte pergunta: "O que vocês estão planejando para o dia em que de 20 a 25% da população da sua comunidade estiver com mais de 65 anos, em vez dos 10 ou 12% de hoje?" E qual seria a resposta? "Nada. Ainda não pensamos no assunto."

Se eu perguntasse aos membros da alta direção de uma empresa o que eles estão planejando para o dia em que 25% dos seus clientes em potencial tiverem mais de 65 anos, a resposta que eu ouviria tenderia a ser a seguinte: "Eu não tinha idéia de que seriam tantos assim." Pior ainda, os departamentos de recursos humanos ainda estão concentrados em retirar da força de trabalho, assim que possível, as pessoas com mais de 55 anos, quando o verdadeiro programa deveria estar imaginando como mantê-los por mais tempo, utilizando quaisquer situações criativas de emprego que pudessem ser cogitadas.

Viver até os 65 anos não é nenhuma novidade. Afinal de contas, Benjamin Franklin viveu até os 84. No entanto, o que é novo, quero dizer historicamente novo, é o fato de tantas pessoas estarem vivendo até os 65 anos ou mais. Na verdade, dois terços das pessoas que chegaram a completar 65 anos na história mundial estão vivas hoje. E se computarmos as pessoas com mais de 75 anos, três quartos das que viveram tanto tempo estão conosco hoje.

Os números são realmente desconcertantes. O fenômeno é global, já que as pessoas estão envelhecendo no mundo inteiro, com os idosos em geral formando os grupos populacionais de crescimento mais rápido, mesmo nas nações em desenvolvimento com uma grande população jovem. Estima-se, no mundo inteiro, que em 1900 havia cerca de dez milhões de pessoas com mais de 65 anos. Em 2005, quase quatrocentos milhões de pessoas no planeta tinham mais de 65 anos, o que equivale a um aumento de 4.000%. As estimativas são de que cerca de dois bilhões da população do mundo terão mais de 65 anos em 2050, quase um quarto da população total da Terra.

Nos Estados Unidos, bem como em outras nações industrializadas, os números são impressionantes. Em 1900, a duração média de vida era de 47 anos, e cerca de três milhões de pessoas tinham mais de 65, o que equivalia a cerca de 4% da população total de 78 milhões de pessoas. Por volta de 1950, 12 milhões de pessoas tinham mais de 65 anos, o que representava 8% da população. Em 2005, cerca de 36 milhões de pessoas, numa população de 296 milhões, tinham mais de 65 anos, ou seja, 12,5% da população. A duração média de vida era de 75 anos. Resumindo, entre 1900 e 2005, o número de pessoas com mais de 65 anos nos Estados Unidos aumentara 12 vezes, enquanto a população com menos de 65 meramente triplicara.

E no futuro? É óbvio que estamos vivendo cada vez mais tempo, devido a fatores como uma melhor higiene, nutrição, proteção contra acidentes e assistência médica. Se considerarmos apenas avanços rotineiros nesses fatores, mesmo assim a longevidade aumentará. Um aumento na expectativa de vida de cinco anos a cada duas décadas tem sido uma tendência sistemática nos Estados Unidos desde 1840. Se levarmos em conta os avanços revolucionários previstos na ciência médica e na ciência do prolongamento da vida, está claro que viveremos cada vez mais tempo, apesar da atual epidemia de obesidade que está contribuindo para o aumento do diabetes e que faz com que alguns demógrafos reduzam em alguns anos a longevidade prevista.

Cruzaremos um limiar crítico no dia 1º de janeiro de 2011. Nesse dia, o primeiro *Baby-Boomer* a fazer 65 anos celebrará um aniversário. Todos ouvimos falar nisso, certo? Bem, grande coisa.

Mas lá vamos nós, num ambiente nacional no qual a cada oito segundos outra pessoa completará 65 anos [...] durante os 18 anos seguintes. Presenciaremos um aumento de 50% no grupo com mais de 65 anos em 2015, o que totalizará 55 milhões de pessoas, e depois outro salto para 72 milhões em 2030, o que equivalerá a 20% da população total. Este número pode ser muito pequeno, e a ciência de prolongamento da vida vai possibilitar que pessoas que já são idosas hoje tenham uma expectativa de vida extremamente longa. E mesmo então, quando comparados com pessoas de algumas partes do mundo, ainda seremos jovens.

No Japão, 19% da população tinha mais de 65 anos em 2005. Na Itália, 20% da população é idosa hoje. Por volta de 2050, espera-se que a idade média na Itália seja de 85 anos, com mais de 40% da população tendo mais de 65 anos. Como isso vai funcionar? O envelhecimento é igualmente dramático em outras partes da Europa, na China, no restante da Ásia, sendo que as Américas do Sul e Central as estão seguindo de perto. Quando a revista *Business Week* tratou da questão do envelhecimento num artigo publicado em 2005, ela resumiu o assunto com uma citação financeira: "A força de trabalho que está envelhecendo é o maior desafio econômico que os estrategistas da política econômica terão de enfrentar nos próximos vinte anos", afirma Monika Queisser, especialista em pensões da Organization for Economic Cooperation & Development (Engardio e Matlack, 2005).

O ponto básico é o seguinte. Estamos empreendendo uma grandiosa experiência global. A questão experimental é: como iremos organizar as sociedades e as economias quando um número tão grande de pessoas tiver mais de 65 anos. Ninguém sabe a resposta, porque isso nunca foi tentado antes. E nós somos as cobaias da experiência.

O DESENVOLVIMENTO PROBLEMÁTICO

Talvez a coisa mais essencial a ser compreendida para que possamos entender os desafios e as oportunidades é que estamos falando de uma *mudança descontínua*. O envelhecimento da população nessa escala é um desenvolvimento destrutivo e não uma continuação das questões habituais da vida. Além disso, o que seja talvez ainda mais importante, é que essa tendência não é apenas uma questão de números. O crescimento explosivo da população de idosos é grande, mas também é qualitativamente diferente de qualquer geração anterior de idosos. Até os últimos anos ou até meses de vida, o idoso de hoje é menos propenso a ficar doente ou incapacitado do que o das gerações anteriores. Além de viver mais, ele tem uma saúde melhor. Ao mesmo tempo, muitos convivem vários anos com problemas crônicos, porém não incapacitantes, fato que não passou despercebido à indústria farmacêutica.

Eles são mais instruídos e têm mais conhecimento tecnológico. Cerca de 26% dos idosos americanos usam a Internet, o percentual mais baixo de qualquer grupo etário. No entanto, as mulheres com mais de sessenta anos representam um dos segmentos de utilização da Internet que cresce mais rápido, e cada novo conjunto de idosos estará mais familiarizado com a Internet. Eles têm uma probabilidade menor de ser pobres do que as gerações anteriores, pois são donos de 70% dos recursos da nação, e geram cerca de 40% da renda nacional. A televisão dirige a propaganda e os programas para os jovens, como se fossem eles que tivessem o dinheiro mas, na verdade, ele está com os idosos. Os BMWs podem ter no volante pessoas jovens e *sexies* na televisão, mas a idade média do comprador de um BMW é de 51 anos. A Cadillac pode tentar atrair os jovens, mas o consumidor mais provável é a pessoa de 64 anos.

Os idosos de hoje estão voltados para o empreendimento e são mais audaciosos em comparação tanto com as gerações anteriores quanto com a população em geral. Eles convergem para experiências interativas e para as viagens de aventuras. A Grand Circle Travel, por exemplo, é uma importante empresa internacional de viagens que oferece excursões em diferentes países, acompanhadas por guias do local com informações "privilegiadas", disponibilizando também a maior variedade do mundo de experiências em pequenos navios e barcos de rio. A idade típica dos "aventureiros"? 78 anos.

À medida que seguimos essa corrente em direção a uma sociedade mais velha, onde imaginamos que as pessoas irão morar? Nos Estados Unidos, a resposta fácil e óbvia é a Flórida, o Arizona e outros estados do sul e do sudoeste. Uma resposta fácil e óbvia, porém errada. O que na verdade parece estar acontecendo é que o casamento, as hipotecas e as recordações fazem com que quase todas as pessoas permaneçam nos seus lares, ou perto dos filhos adultos. Em vez de uma migração em massa para santuários de aposentadoria, a verdadeira ação terá lugar em comunidades de aposentados que ocorrem naturalmente (NORCs) (Coughlin, 2005). Se as pessoas se mudarem, a tendência será que sigam para cidades universitárias, pequenas cidades e localidades rurais, neste último caso desde que estejam perto de cidades e crianças. Para muitos, que não sentem necessidade de um gramado de dois mil metros quadrados altamente dependente de mão-de-obra e de uma armação de cesta de basquete semi-enferrujada na garagem, a mudança será para prédios situados em conjuntos residenciais no centro das grandes cidades, onde poderão ter acesso ao transporte, ao comércio e à diversão.

A APOSENTADORIA ESTÁ EXTINTA

No momento em que nos vemos diante de uma época na qual um quarto da população está em idade de se aposentar, a lição mais importante que podemos extrair do futuro é que estamos no final da aposentadoria. No fim das contas, o conceito moderno de aposentadoria é uma invenção recente e, historicamente, se revelará como tendo sido uma moda passageira. Antes do século XX, as pessoas não se aposentavam, não no sentido moderno. Elas diminuíam o ritmo, trabalhavam menos, mas a maioria trabalhava até cair e, como vimos, elas caíam relativamente jovens. No início do século XX, a idéia da aposentadoria se consolidou à medida que a última revolução industrial modificou a natureza do trabalho e da sociedade. A Alemanha foi a primeira nação a adotar oficialmente a aposentadoria como uma política social, em 1889, quando Otto von Bismarck elaborou o primeiro programa de seguro social para os idosos. Ele foi motivado pelo desejo de manter ativa a revolução industrial alemã e de manter afastadas quaisquer propostas socialistas radicais. Originalmente, a idade da aposentadoria foi estabelecida em setenta anos, mas foi reduzida para 65 em 1916 e, desde então, a idade de 65 anos tem sido, de um modo geral, aceita como a idade em que devemos passar do trabalho para a aposentadoria. No entanto, já em 1950, mais da metade dos homens com setenta anos na força de trabalho dos Estados Unidos ainda estava trabalhando. Nas décadas mais recentes, tem havido uma grande pressão em direção à antecipação da aposentadoria, embora a idade oficial permaneça em 65 anos.

Por que então a aposentadoria irá se extinguir nas duas próximas décadas? Quando ela foi inventada, não eram muitos os trabalhadores que viviam tempo suficiente para poder usufruí-la. Desse modo, sob o aspecto social, não era preciso muito dinheiro para sustentar um pequeno grupo numa aposentadoria ociosa. No entanto, um número cada vez maior de pessoas começou a chegar à idade da aposentadoria, e muitas delas não tinham acumulado uma poupança suficiente para durar muitos anos. A previdência social e as pensões complementares oferecidas pelas empresas haviam sido concebidas para se responsabilizar por isso, mas ou não forneciam recursos suficientes no caso da primeira ou deixavam de atender todo o universo dos funcionários no último caso. Nos países com sistemas universais de pensão para os idosos, o desafio financeiro de pagar para todos à medida que as pessoas vivem mais, enquanto um número menor de trabalhadores jovens sustenta o sistema, tornou-se ainda mais intimidante e hoje beira o impossível. Já no caso das pensões oferecidas pelas empresas, mesmo uma olhada com um nível de atenção superficial nas novidades do século XXI indica que a pensão dos trabalhadores está sendo gradualmente eliminada. Essa aposentadoria baseada exclusivamente no lazer como é classicamente concebida não será viável no futuro. Apesar das clamorosas manchetes das revistas mensais de negócios a respeito de "Como Se Aposentar Jovem e Rico!", a maioria das pessoas terá que ganhar dinheiro nos seus últimos anos de vida.

Mas existe uma razão mais fundamental para que a aposentadoria desapareça. Reflita sobre a seguinte história. O meu irmão trabalhava como consultor financeiro para uma empresa nacional. Certo dia, em 2003, ele recebeu um telefonema de um antigo colega do time de basquete do ensino médio, que chegara à idade da aposentadoria como bombeiro do setor público. O sistema de pensão para a velhice nessa profissão tem sido historicamente muito bom, e agora, aos 55 anos, o amigo estava pronto para se aposentar. A sua pergunta era como gerenciar o seu milhão de dólares em benefícios acumulados de maneira que pudesse jogar golfe todos os dias pelo resto da vida. O meu irmão viajou para encontrar-se com ele equipado com duas questões. A primeira era como garantir que um milhão de dólares fosse durar não quinze ou vinte anos, e sim trinta ou quarenta, uma expectativa de vida razoável considerando-se as tendências atuais da longevidade. Esse desafio era difícil, porém concebível. A segunda questão, mais importante do que a primeira, era perguntar ao amigo se realmente tudo que ele queria era jogar golfe todos os dias, *durante quarenta anos!* A maioria das pessoas, quando contempla a aposentadoria, ainda imagina um período de dez ou talvez quinze anos. No entanto, a simples estatística atuarial indica que quando a pessoa chega com uma saúde relativamente boa aos 65 anos, ela viverá pelo menos mais vinte e, no futuro, a probabilidade de que a duração média da vida no período pós-aposentadoria seja mais longo será muito maior.

O TRABALHO ESTÁ VIVO

Desse modo, se a aposentadoria está morta, o que dizer do trabalho? Esta é a segunda grande lição a ser extraída de um futuro povoado por idosos. O trabalho está vivo. Uma tarefa fundamental para os negócios no próximo quarto de século será conceber maneiras pelas quais as pessoas com idade de se aposentar permaneçam na força de trabalho. Isso exigirá mudanças nas leis da previdência social e nas políticas de pensões, bem como abordagens criativas ao emprego além do trabalho em tempo integral.

As pessoas estão bastante adiantadas no projeto de reinventar a terceira fase da vida anteriormente chamada de aposentadoria (as duas primeiras fases são a educação e a carreira). Elas estão interessadas em fazer as coisas com que sempre sonharam, encontrar maneiras de ter uma renda com pequenos negócios, com atividades praticadas em casa ou gerenciadas na residência, unir as viagens, o lazer e o trabalho gerador de renda em novas combinações. O maior site de empregos da Internet, Monster.com, tem uma seção especial dedicada à volta ao trabalho depois da aposentadoria chamada Careers at 50+ (Monster.com).

Uma pesquisa nacional realizada entre trabalhadores americanos em 2005 descobriu que sete em cada dez pretendia trabalhar em regime de tempo integral ou parcial depois de se aposentar. Somente 13% tinha a intenção de ter um estilo de vida equivalente à aposentadoria clássica baseada no lazer (Reynolds, Ridley e Van Horn, 2005). O trabalho depois da aposentadoria se tornará, nas próximas décadas, não apenas uma questão de escolha individual, mas também de política social.

A PREVIDÊNCIA SOCIAL TAMBÉM ESTÁ VIVA

A previdência social é a tentativa mais bem-sucedida do Governo Federal de proporcionar à sociedade uma rede de segurança. Em 2004, a previdência social americana pagou mais de 471 bilhões de dólares em benefícios a mais de 46 milhões de pessoas, entre elas quase sete milhões de trabalhadores incapacitados e quatro milhões de crianças. A base da estrutura da previdência social americana é exemplificada em comentários feitos por James Roosevelt Jr., neto do criador da previdência social americana, Franklin D. Roosevelt. Num editorial do *Boston Globe,* Roosevelt Jr. explicou que o programa da previdência social fora criado pelo seu avô para ser "simples, garantido, justo, obtido com o trabalho e disponível para todos os americanos" (31 de janeiro de 2005).

Desde os seus primórdios, em 1935, o sistema de previdência social americano foi abertamente financiado pelos impostos da folha de pagamento dos atuais trabalhadores para pagar benefícios aos aposentados de hoje. O excedente da folha de pagamento é colocado no Fundo Fiduciário da Previdência Social [Social Security Trust Fund], cujo saldo é freqüentemente usado pelo Congresso para pagar outros programas federais. De acordo com o relatório dos curadores, a partir de 2017 a Previdência Social não arrecadará dinheiro suficiente por meio do Imposto da Previdência Social para pagar 100 por cento dos benefícios a todos os aposentados e será obrigada a recorrer ao Fundo Fiduciário para pagá-los. Os curadores calcularam que as reservas do Fundo Fiduciário são suficientes para cobrir todos os benefícios até 2041. Em 2041, com o fundo reduzido, a receita referente aos impostos da folha de pagamento será suficiente para pagar de imediato 74% dos benefícios prometidos.

Ao contrário do que normalmente se acredita, a previdência social não está em crise e tampouco está "prestes a falir". Ela foi projetada para ser sustentável a longo prazo. A solvência financeira do programa pode ser adequadamente estendida para lidar com o *Baby Boom* e superar a tendência do Congresso americano de atacar o sistema, dois fenômenos que foram previstos em 1935. Essa providência pode ser tomada por meio de simples e modestos ajustes na idade da aposentadoria à medida que as pessoas passarem a viver mais, do aumento do limite superior da tabela do imposto e, se necessário, de uma retificação bem pequena na alíquota do imposto. As pensões oferecidas pelo empregador estão rapidamente desaparecendo. Os estrategistas da política econômica precisam simplesmente tomar a decisão de proteger as gerações futuras garantindo a disponibilidade do inestimável reforço dos benefícios da previdência social.

O NATIVO DIGITAL

Ao mesmo tempo que o mundo está ficando velho, ele está rejuvenescendo. Há uma nova geração nas nossas escolas que está ingressando na força de trabalho. Estou falando da geração nascida entre 1980 e 2000. Trata-se de um grande grupo nos Estados Unidos, com cerca de sessenta milhões de pessoas, que é quase tão grande quanto a geração *Baby-Boomers*, que são os pais dessas pessoas. No âmbito global, formam um grupo enorme, particularmente na América do Sul e Central, na África e nos países muçulmanos como o Egito e a Indonésia. Neles, as pessoas com menos de 25 anos chegam a representar 50% da população.

Esse grupo apresenta uma característica que se destaca mais do que todas as outras. É a primeira geração Nativa Digital. O termo inglês *Digital Native*, atribuído a Marc Prensky (2001), capta a essência da experiência que essas pessoas tiveram na fase de crescimento e as descreve melhor do que qualquer outro termo geralmente aplicado ao grupo, como a geração do milênio. O que significa esse termo? Significa que os membros desse grupo cresceram digitais, mesmo nas nações em desenvolvimento, com computadores, telefones celulares, a Internet e agora os iPods. Se você tem filhos dessa época, entende perfeitamente o que estou querendo dizer. Observe-os enquanto se dedicam constantemente a multitarefas, sempre conectados por meio dos seus celulares e mensagens instantâneas, observe como eles rapidamente buscam e obtêm informações, repare na abordagem deles à compra dos bens de consumo, note como sempre vão ao caixa eletrônico e evitam entrar nos bancos, observe como compram tudo com dinheiro eletrônico, até mesmo uma xícara de café com leite que não custa quase nada.

O restante de nós, mais velhos do que os nativos digitais, sempre seremos imigrantes digitais, por mais competentes que possamos ser com os computadores e a Internet. Para nós, o mundo digital é sempre novo, sempre original, e questionamos se os antigos métodos talvez não fossem melhores. No entanto, essa questão não faz sentido para os nativos, pois eles não conhecem os antigos métodos.

Prepare-se para essa geração, pois eles são os seus próximos funcionários e os seus futuros clientes. Logo atrás deles virá a geração futurista, nascida a partir de 2001.

NAÇÕES IMIGRANTES

O percentual da população americana de membros estrangeiros nascidos aqui subiu de 7,9% em 1990 para 10,4% em 2000, o percentual mais elevado em cem anos. A metade veio da América Latina (14 milhões) e um quarto da Ásia (sete milhões). Regionalmente, as regiões oeste e sul absorvem mais a imigração atual do que outras áreas. No entanto, o mais impressionante é que a população estrangeira nascida aqui está especialmente concentrada nas áreas metropolitanas, com 54% morando em nove áreas metropolitanas com populações de cinco milhões de habitantes ou mais, enquanto apenas 27% da população nascida nos Estados Unidos vive nessas áreas.

Assistimos mundialmente a migrações globais à medida que o trabalho se desloca pelo planeta e a dinâmica dos dados demográficos locais exige a abertura das fronteiras. A diáspora islâmica em direção à Europa Ocidental para preencher a necessidade de trabalhadores e a abertura hesitante do Japão à imigração pelo mesmo motivo são apenas dois exemplos.

AS GERAÇÕES

Assim, a população é jovem, velha e imigrante. Existe uma outra maneira de observar clientes e funcionários em potencial. No decorrer dos dez últimos anos, mais ou menos, foi publicada uma enxurrada de livros sobre o tema "gerações". Cada um descreve as características de vários grupos de gerações de mais ou menos vinte anos. O fato de que as duas décadas em que nos desenvolvemos desempenham um papel importantíssimo na maneira como vemos a vida e no nosso comportamento é fundamental para o conceito das gerações. Tendo em vista a vida longa das pessoas de hoje, pela primeira vez na história temos seis gerações vivendo simultaneamente, que começa na geração dos Soldados [GI generation], hoje na faixa nos oitenta anos e vai até a geração Futurista nascida a partir de 2001. Entre elas temos a geração Silenciosa, a geração *Baby-Boomers*, a Geração X e os Nativos Digitais, cada uma com as suas características exclusivas.

O FIM DA BOMBA POPULACIONAL – NUM LAMENTO

Na primavera de 1970 eu era aluno da graduação. Recebi a incumbência de ir de carro até o aeroporto de Spokane, no estado de Washington, para buscar Paul Ehrlich, um palestrante convidado que estava indo ao nosso câmpus para falar sobre o tema do seu *best-seller*, The Population Bomb (Ehrlich, 1968). Foi o título desse livro, bem como o de outras coisas semelhantes, que marcou a ferro na consciência do público a imagem futura de um crescimento populacional exponencial e interminável, uma explosão que esmagaria a capacidade dos recursos da Terra e, com o tempo, provocaria o colapso da civilização e até mesmo o desaparecimento da população.

Estima-se que no despontar da agricultura, há oito mil anos, havia na Terra oito milhões de pessoas. A população cresceu de forma constante, se bem que relativamente devagar, nos vários milhares de anos seguintes, atingindo talvez quinhentos milhões por volta do século XIV, quando a peste negra estava devastando a Europa e matando até um terço da população. Desde então, apesar das interrupções locais causadas pela guerra ou pela doença, os seres humanos conheceram apenas o crescimento populacional. Na nossa época, o conceito de uma bomba populacional certamente parece confirmar o que vemos com os nossos próprios olhos, enquanto conjuntos imobiliários, *shopping centers*, estradas e automóveis se amontoam à nossa volta. Na verdade, o século XX foi o século de um crescimento explosivo na população, quando a população mundial total subiu de 1,7 bilhões de pessoas em 1900 para 6,5 bilhões em 2005. Atualmente, a população aumenta em 141 pessoas por minuto.

Assim sendo, se você pedir praticamente a qualquer pessoa que cite alguns problemas a longo prazo, a "superpopulação" apresenta uma alta probabilidade de estar entre as questões mais mencionadas. Mas o que a maioria das pessoas não sabe é que a bomba populacional está chegando ao fim com um lamento, e não com um estrondo.

Na verdade, estamos à beira de uma tendência histórica que representará uma das mais profundas mudanças na história humana. Encontramo-nos no limitar de um iminente declínio na população humana. Em algum momento das quatro próximas décadas, e acredito que mais cedo do que mais tarde, a humanidade chegará ao topo da curva populacional e começará a descer pelo outro lado. A descida poderá ser íngreme e representará um desafio.

O crescimento populacional é causado por três fatores inter-relacionados, que são as taxas de mortalidade, a imigração *versus* a emigração e a fertilidade. À medida que as pessoas vivem cada vez mais, as taxas de mortalidade decrescem, mas, é claro, não desaparecem. A maior duração da vida das pessoas é freqüentemente citada como evidência do contínuo crescimento populacional, apesar do que possa acontecer aos outros fatores. A maior longevidade apenas desloca algumas décadas para a frente a iminente implosão populacional. (Não estou levando em conta a possibilidade de aumentos assombrosos do número de pessoas com mais de cem anos, mas esse assunto será tratado no Capítulo 2.) Viver mais tempo retardará, mas não impedirá, o inevitável.

A migração de grupos populacionais é significativa para as áreas locais, mas é claramente inexpressiva no que diz respeito à população global. Os Estados Unidos são um exemplo de uma nação que cresce mais com a imigração do que com os nascimentos naturais *versus* a morte. O Japão, por outro lado, na condição de um país que tradicionalmente permitiu pouca imigração, enfrenta um imediato declínio populacional a não ser que abram muito mais amplamente as suas fronteiras, algo pouco provável de acontecer. No âmbito global, os padrões de migração populacional apresentam, na verdade, a tendência de reduzir o aumento populacional e aumentar o declínio. Por quê? Porque na época atual, por motivos óbvios, as migrações populacionais tendem a ser feitas a partir de regiões mais pobres e menos desenvolvidas, onde as taxas de natalidade são relativamente elevadas, para regiões mais abastadas e desenvolvidas, onde as taxas de natalidade são mais baixas. No fim das contas, não leva muito tempo, no máximo uma geração, para que os imigrantes se adaptem aos costumes da sua nova terra natal e as suas taxas de natalidade, como conseqüência, passem a cair.

Desse modo, a maior longevidade deslocará para o futuro o iminente declínio populacional. A migração é um ganho líquido, porém temporário, para algumas nações. Ao mesmo tempo, num nível global, ela é neutra no que diz respeito às quantidades populacionais e até poderá acelerar o processo de declínio quando transpusermos o topo da curva de crescimento. No entanto, as taxas de fertilidade é que são o ponto-chave.

A taxa de fertilidade é definida como o número médio de crianças por cada mulher num grupo populacional considerado. As taxas de natalidade estão decrescendo no mundo inteiro, inclusive nos Estados Unidos. É preciso uma taxa de fertilidade de 2,1 crianças por mulher para manter um estado populacional constante. A taxa de natalidade nos Estados Unidos é de 2,08, no Canadá de 1,52 e, no México, ela caiu de 7,2 para 2,1 nas duas últimas décadas. Todos os países do mundo, com exceção de quatro, vêm apresentando um declínio nas taxas de natalidade desde 1980.

A antiga União Soviética, a Europa Ocidental, a Austrália, o Japão, o Canadá e, agora, os Estados Unidos, têm taxas de natalidade abaixo da necessária para a reposição. A população do Japão foi projetada para começar a declinar em 2007. Em 2005, o número de mortes excedeu o de nascimentos em 19 mil, o que indica que o declínio pode ter começado dois anos antes do previsto. Se for este o caso, o auge populacional do Japão terá sido de 127 milhões e a previsão é que a população caia para cem milhões em 2050. O número de habitantes da Rússia diminuiu em dez milhões nos últimos dez anos. A população da Itália, um dos países indicadores da tendência populacional, teve um declínio de 40 mil pessoas entre 1995 e 2000, e espera-se que a sua população esteja seis milhões menor em 2025, embora a imigração esteja oferecendo uma certa compensação. Isso reflete o declínio global esperado para a população européia de quarenta a oitenta milhões de pessoas nos próximos quarenta anos.

Na verdade, o mundo desenvolvido como um todo poderá transpor o topo da curva populacional e começar o percurso descendente já em 2013. No final do século XXI, a Europa e o Japão poderão ter perdido até dois terços da sua população atual. Os Estados Unidos crescerão mais devagar. O Serviço de Recenseamento [Census Bureau] prevê um aumento de quase cem milhões na população americana em 2050, quando ela atingiria um total de 390 milhões de pessoas. No entanto, eles estão provavelmente muito errados ao fazer essa previsão, apesar da nossa política de imigração relativamente aberta. A população dos Estados Unidos chegará ao auge por volta da metade do século e, possivelmente bem antes, atingindo provavelmente um número entre 325 e 350 milhões. Uma vez mais, a fertilidade é o ponto-chave.

Segundo as Nações Unidas, a taxa de fertilidade no mundo desenvolvido caiu de 1,7, no início da década de 1990, para cerca de 1,5 em 2005 e parece estar caminhando em direção a 1,4 na próxima década. Por enquanto, presume-se que a taxa de fertilidade no mundo em desenvolvimento tenha sido aproximadamente de 3,3 na década de 1990, e está projetada para declinar para 2,0 em 2000 e depois para 1,6 até 2050. À medida que a fertilidade decresce, a população não apenas enfrenta o declínio; as suas características mudam. A razão etária muda de uma grande proporção de jovens *versus* uma pequena proporção de idosos para o seu oposto. Até 2050, por exemplo, estima-se que a Itália terá uma população na qual apenas 2% serão crianças com menos de 5 anos, ao passo que 40% terá mais de 65 anos, o que obviamente implica um contínuo declínio populacional.

A idade mediana aumenta à medida que vivemos mais e temos menos filhos. No âmbito global, a idade mediana em 1900 estava provavelmente em torno de 20 anos. Hoje, ela é de cerca de 37 no mundo desenvolvido, e pouco acima de 28 no bem mais jovem mundo em desenvolvimento. Em 2050, a idade mediana poderá subir para 50 anos ou mais.

Se uma população que está envelhecendo é uma mudança problemática, a modificação do crescimento populacional para o declínio só poderá ser duplamente problemática, como um rompimento no *continuum* do espaço-tempo, tal a sua importância. O que poderia possivelmente explicar esse iminente declínio populacional, declínio esse que não será causado pela peste, por doenças ou por um colapso ambiental, e sim pelos próprios benefícios da civilização moderna?

POR QUE A POPULAÇÃO DECLINA

O aprimoramento da comunicação global, o que, por conseguinte, oferece às pessoas melhores informações sobre o planejamento familiar, é um fator óbvio. O desenvolvimento econômico global já, há duas décadas, vem sendo associado a taxas de natalidade decrescentes. A economia cresce, as taxas de natalidade caem. A melhora da assistência médica no mundo é outro fator. A África, o continente que apresenta, hoje, as mais elevadas taxas de natalidade, também é o continente com o menor desenvolvimento econômico e o pior acesso à assistência médica, sem mencionar os índices mais elevados de AIDS. Assim sendo, a melhor maneira de garantir a sobrevivência da espécie é ter filhos, como sempre foi. E as taxas de natalidade permanecem elevadas, embora declinantes.

A fertilidade masculina, aqui definida como a potência do esperma, também vem caindo. Supõe-se que uma série de explicações relacionadas com fatores ambientais desempenhe um papel, e uma fertilidade masculina mais baixa, obviamente, contribuirá para o declínio global das taxas de natalidade da população.

A emancipação econômica das mulheres é outro fator muito importante. Quando as mulheres obtêm acesso ao mercado de trabalho remunerado, um fenômeno essencialmente dos últimos cinqüenta anos, duas coisas acontecem. Elas passam a ter menos tempo para se dedicar a um grande número de filhos e, o que é mais importante, atingem um nível de independência econômica que torna a retardação do casamento mais viável, sem mencionar a possibilidade de as mulheres simplesmente não se casarem. E as famílias encolhem. Desse modo, se você examinar o mapa da fertilidade no mundo, notará taxas de fertilidade mais baixas onde as mulheres são economicamente mais livres, e taxas de natalidade mais elevadas nas áreas nas quais a cultura ainda determina que as mulheres tenham pouco envolvimento direto, ou nenhum, no sistema econômico lucrativo. Esta é, na verdade, uma das grandes linhas divisórias entre o mundo não-muçulmano e o muçulmano, embora a participação na economia varie amplamente entre as nações muçulmanas. No Irã, por exemplo, depois da revolução de 1979, as mulheres ingressaram no sistema educacional e econômico como nunca haviam feito antes, e as taxas de natalidade caíram de 7 em 1979 para 1,8 em 2005, desconcertando as idéias convencionais a respeito da cultura islâmica.

Uma tendência demográfica, raramente mencionada, mas talvez fundamental, está contribuindo para o declínio populacional. Trata-se do movimento de seres humanos das regiões rurais para as cidades. Sob o aspecto de onde e como vivemos, nenhuma tendência é mais dominante hoje em dia do que o movimento em direção às cidades. Através da história, fomos predominantemente pessoas do campo. Em 1800, apenas 3% da população morava nas cidades, em 1900 apenas 14%. Em 2005 cruzamos mais um limiar, com 50% da população global vivendo nas cidades. Até 2030, espera-se que 61% da população seja de habitantes da cidade, e em 2050 talvez esse percentual se eleve para 75% ou mais. Isso apesar do fato de algumas cidades antigas continuarem a ver os seus centros se esvaziarem, cidades como Detroit, Milão e Frankfurt.

Estamos vendo o surgimento de megacidades, vastas áreas metropolitanas com populações enormes. Em breve haverá quase sessenta cidades com uma população superior a cinco milhões de habitantes, das quais 21 têm uma população maior do que dez milhões. E, ao contrário do que se poderia esperar, cidades maiores representam menos pessoas.

Quando as pessoas se mudam para a cidade, várias coisas acontecem. O espaço é limitado, de modo que há menos espaço para crianças. A maior oportunidade econômica para as mulheres nas cidades estimula o encolhimento das famílias. Enquanto no campo as crianças podem representar uma vantagem econômica, ajudando na agricultura de subsistência, por exemplo, na cidade elas podem ser um peso morto. Na cidade, o trabalho infantil é proibido, ou onde não é proibido, é escasso. As cidades sempre estiveram associadas a um número menor de crianças e, à medida que todos nós mudarmos para as cidades, teremos ainda menos filhos.

Sejamos claros. A população global está crescendo e continuará a crescer durante algum tempo, passando dos 6,5 bilhões atuais e atingindo um apogeu de 9 bilhões por volta de 2050, segundo as previsões convencionais. Mesmo esse nível de crescimento prejudica enormemente os sistemas terrestres, particularmente se levarmos em conta a maneira como esbanjamos energia e o nosso desperdício. Além disso, ninguém pode ter certeza de que as tendências atuais de declínio da fertilidade terão seguimento.

Entretanto, parece cada vez mais provável que as previsões clássicas estejam erradas e que uma implosão populacional esteja próxima. Uma vez iniciada, ela se tornará mais veloz. Acho que chegaremos ao ápice da curva muito antes de 2050, e a população mundial máxima ficará em torno de oito bilhões. Como ocorre na hora da descida na montanha-russa, será difícil interromper o declínio quando ele estiver a todo vapor e acelerando. Essa mudança problemática dá origem a perguntas muito interessantes. Devemos interrompê-la, se isso for possível? Ou seria bom deixar que a população tivesse uma redução de 20 ou 30% ou mais? Afinal de contas, era mais agradável morar e visitar a Califórnia em 1950, quando ela tinha uma população de dez milhões de pessoas, ou em 2005, quando a população era de 36 milhões? O meio ambiente terrestre precisa de um número menor ou maior de pessoas? Se você comparecesse a uma conferência (e muitas delas terão lugar), e um lado da sala defendesse políticas para o aumento da família, enquanto o outro lado fosse a favor de deixar que o declínio populacional prosseguisse durante algum tempo, de que lado você ficaria?

A reação inicial das nações e dos governos é previsível. Já, em 2002, o Japão começou a desenvolver políticas para encorajar famílias mais numerosas, e a Alemanha e a Rússia fizeram o mesmo. Tanto a Grécia quanto a França anunciaram, em 2005, planos para oferecer bonificações constantes em dinheiro às famílias que tiverem mais de dois filhos. Nação após nação enfrentará esse problema nas próximas décadas. Essa reação automática – "O quê? A nossa população está declinando? É só fazer as mulheres ter mais filhos!" – não é, no final das contas, a única ou a melhor resposta. Em vez disso, o declínio populacional poderá oferecer uma oportunidade única para reconceituarmos tanto a economia quanto o meio ambiente, bem como para desenvolvermos novas formas de civilização sustentável, que não dependa simplesmente de uma quantidade maior de tudo.

A partir da perspectiva dos negócios e da economia, os problemas tornam-se particularmente arriscados. Como vamos sustentar o nosso negócio, quando a cada ano o número de clientes diminui? Não temos exemplos para essa situação. Podemos simplesmente roubar clientes dos concorrentes, mas e se já tivermos uma participação de 80% do mercado, e a cada ano esses 80% estiverem representando um menor número de pessoas? O que acontece aos valores da moradia e da propriedade quando as populações começam, literalmente, a encolher? Os preços caem, é claro, mas suponha que o declínio venha a se tornar um estilo de vida durante décadas ou mais? Como poderemos desenvolver um sistema para essa situação?

Não que o declínio iminente esteja passando despercebido. Os especialistas em população da ONU fizeram os seus primeiros comentários em 1996, e futuristas como Sohail Inayatullah e eu começamos a escrever a respeito dele no final da década de 1990. Mas a expectativa de um incessante crescimento populacional alimentando um ininterrupto crescimento econômico continua a dominar tanto a cultura popular quanto a intelectual, embora essa suposição esteja ultrapassada. O momento certo de mudar as nossas pressuposições é, no mínimo, desafiante, já que partes do mundo já estão começando o seu declínio agora, embora o planeta como um todo vá crescer durante décadas, até que todos comecemos a declinar. No entanto, precisamos mudar as nossas suposições.

O FUTURO EM RECEITA

Entender e responder às mudanças demográficas sempre propiciará um caminho para novas idéias comerciais. Cada geração precisa de diferentes produtos e serviços. Os idosos de hoje não são os idosos de ontem, e os mesmos serviços não são adequados. Tampouco os idosos de amanhã serão os mesmos de hoje. Devaneie por um momento e pense em dar um passeio num lar de idosos por volta de 2025, com os Rolling Stones gritando nos alto-falantes, ou em 2065, com 50-Cent sacudindo-se e botando pra quebrar enquanto os idosos de 90 anos balançam a cabeça.

Quando se trata da juventude, algumas pessoas argumentam que o conceito de gerações está se invertendo. O ritmo da mudança significa que as gerações já não duram cerca de duas décadas, bastando uma década, e até mesmo meia década no máximo, para que estilos, atitudes e experiências básicas da vida tornem-se exclusivos.

Temos então as duas grandes descontinuidades, o envelhecimento e a mudança histórica em direção a uma população declinante em vez de crescente. Essas são mudanças de paradigma, quando todos os tipos de coisas se modificam, previstas e não-previstas. Elas sugerem a necessidade do pensamento criativo e de uma grande flexibilidade, quando tentamos imaginar os negócios de amanhã.

TRANSFORMANDO OS IDOSOS DO FUTURO EM RECEITA

Há oportunidades de ganho financeiro num futuro mais velho. Não se trata da clássica indústria da aposentadoria, que é exemplificada nas colunas de investimento na aposentadoria que aparecem com destaque nos jornais diários, nenhuma das quais parece reconhecer que a aposentadoria está morta. Estou me referindo a oportunidades de emprego e investimentos em negócios como medicamentos para hipertensão e diabetes, conjuntos imobiliários para idosos, bem como novos tipos de empresas dedicadas à assistência não-institucional tanto aos idosos ativos quanto aos que sofrem de doenças crônicas. As atividades de lazer e de viagens como as excursões em ambientes naturais que exploram a natureza, os *spas* e os cassinos terão uma grande expansão. O setor de seguros, especialmente o de seguros a longo prazo, prosperará.

Tratamentos médicos como implantes ortopédicos e de outros tipos, *lasers* e técnicas avançadas de cirurgia plástica, as medicinas natural e complementar, bem como as clínicas médicas serão bons empreendimentos. A pesquisa, o desenvolvimento e as aplicações da célula-tronco e da biologia de sistemas à extensão da vida presenciarão um importante crescimento. Os implantes dentários e o novo crescimento dos dentes por meio das células-tronco sofrerão um grande avanço. Alimentos naturais sofisticados serão populares, enquanto, ao mesmo tempo, as lojas de descontos atenderão à grande proporção de idosos com recursos limitados. As academias de ginástica destinadas a neutralizar a atual epidemia de obesidade continuarão a oferecer oportunidades. Os *Baby-Boomers* aposentados, que cresceram com o Dia da Terra e o movimento ambiental, e estarão vivendo a velhice num planeta oprimido pelas mudanças climáticas, provavelmente se tornarão cada vez mais "verdes" e os produtos e os serviços com essa ênfase serão vitoriosos. Finalmente, poderá surgir um negócio florescente que oferecerá serviços de consultoria à terceira fase da vida.

Esta é apenas uma pequena lista. Reflita sobre a vida do dia-a-dia. Pense em passar pelos nossos gigantescos aeroportos com as suas enormes distâncias para ir de um avião a outro quando você faz uma conexão num terminal doméstico. Visualize os poucos idosos que são atualmente conduzidos em carrinhos ou cadeiras de rodas. Agora imagine quase um quarto dos passageiros precisando desse tipo de assistência. Quem vai reinventar os aeroportos e os serviços que funcionam neles? Ou observe que em Dustin, Flórida, havia 14 motoristas habilitados com mais de cem anos em 2005, e depois comece a pensar em todas as reinvenções que surgirão nos automóveis, na infra-estrutura do transporte (pense no tamanho da letra dos sinais de trânsito), bem como em alternativas para dirigir, e mais idéias certamente lhe virão à cabeça.

Estamos iniciando uma jornada experimental para reinventar a sociedade para uma época em que 25% ou mais de nós estaremos velhos. Nós somos as cobaias.

TRANSFORMANDO OS JOVENS DO FUTURO EM RECEITA

Cada grupo de gerações sugere várias oportunidades de mercado, bem como o fato de que as nações estão recebendo mais imigrantes. Pense, por exemplo, em todos os empreendimentos culturais multilíngües e nativos que estão surgindo nos bairros do mundo inteiro, ao mesmo tempo que o mundo corporativo torna-se homogêneo.

No entanto, as oportunidades mais importantes para que possamos transformar o futuro em receita estão relacionadas com os nativos digitais e as gerações ainda mais digitais que se seguirão. Ninguém é mais versado em se chegar ao nativo digital do que Steve Jobs da Apple Computer. Começando de fato com as primeiras máquinas Apple, depois o Mac e, por fim, o iPod, cada geração de tecnologia dessa inventiva companhia parece seguir diretamente para os cérebros digitalmente programados da geração nativa digital.

Os que estão hoje no comando da empresa ou comunidade típica são imigrantes digitais. Talvez sejam versados em tecnologia, mas sempre a encaram como a coisa nova e nunca como a coisa normal, e até mesmo velha e enfadonha, como os nativos digitais a vêem. Desse modo, temos a tendência de subestimar o grau em que o futuro será digital, não como resultado de avanços tecnológicos espetaculares, e sim em decorrência de uma simples mudança de geração. Todo negócio, grande e pequeno, precisa reavaliar o seu futuro digital para uma época em que a tecnologia seja mais robusta, mas precisa fazê-lo mais ainda para a ocasião em que a base principal de clientes e os principais funcionários terão sempre sido digitais.

Gostamos de perguntar: "Vamos fazer X online no futuro?", onde X é uma variável que pode significar qualquer coisa. O problema é que ao responder, os imigrantes digitais pensam em si mesmos, quando deveriam estar pensando nos nativos digitais. A resposta pode diferir por ordens de magnitude. O que os nativos digitais podem já estar fazendo online, por exemplo? O que dizer desta lista de Prensky (2004, 4-12)?

- Comunicando-se
- Compartilhando
- Comprando e Vendendo
- Permutando
- Criando
- Encontrando-se
- Namorando
- Colecionando
- Coordenando
- Avaliando
- Jogando
- Aprendendo
- Procurando
- Analisando
- Crescendo
- Evoluindo

Finalmente, embora eu tenha afirmado que a geração mais idosa contribuirá para o crescimento da vida na cidade, também está claro que os nativos digitais, de um modo geral, buscam a vida urbana. Desse modo, o futuro certamente será urbano e os negócios e os serviços urbanos provavelmente prosperarão.

TRANSFORMANDO A IMPLOSÃO POPULACIONAL EM RECEITA?

Menos clientes a cada ano. Como isso vai funcionar? Podemos começar dizendo que existe um solo fértil nas próximas duas décadas para o desenvolvimento de uma teoria econômica e modelos para uma economia sustentável diante da população declinante. Terão que ser decididas políticas com relação a se devemos encorajar ou tentar interromper o declínio. O Japão e a Europa serão os primeiros laboratórios de teste.

Os mesmos recursos disponíveis para menos pessoas deveriam, se bem administrados, conduzir a uma maior criação de riqueza *per capita*. Esse fato é particularmente verdadeiro quando combinado com perspectivas de sempre fazer mais com cada vez menos, como Buckminster Fuller costumava dizer. Ele acreditava que pela primeira vez era possível, quando o século XX chegou ao fim, imaginar um mundo de relativa riqueza, no qual metade da população não precisaria subsistir com um ou dois dólares por dia. Em vez disso, se recorrêssemos à nossa inteligência e nos comportássemos de um modo mais cooperativo, a grande maioria poderia aproximar-se de um padrão de vida razoável.

Mas o que isso quer dizer sob o aspecto de oportunidades práticas? Vamos examinar o desenvolvimento real do setor imobiliário nas áreas metropolitanas dos países desenvolvidos, que estarão enfrentando um pico populacional num prazo mais curto. Os últimos anos presenciaram duas pressões contrapostas. A primeira é o esforço para evitar a expansão imobiliária desordenada, geralmente por meio de uma política social que estimule a construção nos espaços ainda disponíveis nas áreas centrais, ao mesmo tempo que desestimule o desenvolvimento das áreas rurais circundantes. A outra pressão são os preços, pois os preços elevados nas áreas centrais obrigam os jovens e os pobres a se afastar cada vez mais, em direção a locais onde o terreno é mais barato. Uma de duas coisas acontecerá quando o declínio atingir região após região. Ou o centro das cidades ou os subúrbios adjacentes se esvaziarão. Deveríamos desenvolver agora políticas e mecanismos de mercado que favorecessem o centro em detrimento dos subúrbios. Podemos até mesmo começar a imaginar, décadas à frente, o retorno de um terreno anteriormente urbanizado a um estado mais natural ou agrícola, e obviamente isso deveria ocorrer no que era a área rural adjacente e não no centro da cidade.

Uma segunda oportunidade fundamental será a crescente produtividade dos trabalhadores. Por haver um menor número deles nos países desenvolvidos, que também são as nações que estão envelhecendo mais rapidamente, as suas únicas opções para o trabalho serão terceirizá-lo, a imigração e a crescente produtividade. Cada uma delas desempenhará um papel em graus variados, região por região, mas a crescente produtividade é a mais atraente porque encerra o potencial de aumentar a riqueza *per capita*.

O desenvolvimento das políticas de imigração e sociedades mais heterogêneas se tornará necessário em todo o mundo, e empresas de consultoria despontarão para ajudar essa transição. Não será fácil. O desenvolvimento dos negócios no mundo em desenvolvimento, no qual as populações ainda estarão crescendo e serão relativamente jovens, também é uma área óbvia para o crescimento. O desafio será equilibrar essa atividade global e, ao mesmo tempo, sustentar as economias nacionais, o que examinaremos mais detalhadamente no Capítulo 3, que trata das economias do conhecimento.

Finalmente, estamos nos aproximando de uma época na qual deveremos reconsiderar toda a estrutura da vida do trabalho/lazer/família que desenvolvemos nas últimas centenas de anos da indústria. A seqüência de vida de quatro etapas – aprender, trabalhar, aposentar-se e morrer – está aberta a um novo exame. Da maneira como é praticado atualmente, esse padrão e as estruturas que o acompanham não tornam fácil, por exemplo, criar os filhos e, tampouco, justificam a necessidade de mudar de emprego várias vezes durante a vida.

Uma melhor abordagem talvez seja algo como intervalos de lazer substanciais durante os primeiros anos de educação dos filhos para proporcionar mais tempo com a família. No que diz respeito à aposentadoria, por que não instituir a política de possibilitar de dois a cinco anos de aposentadoria quando a pessoa chegasse aos 50 ou 55 anos, paga pelos benefícios da aposentadoria, sem o ônus da aposentadoria antecipada? Nesse período, a pessoa deveria refletir sobre a questão de "O que quero fazer com o resto da minha vida?" e reeducar-se de um modo compatível com o que decidisse. Em seguida, ela voltaria a trabalhar até os 70 ou 75 anos, ou mais, dependendo do desenrolar das pesquisas sobre a longevidade e a saúde. Essa aposentadoria na meia-idade, obviamente uma espécie de licença universal, seria uma maneira significativa de responder às mudanças periódicas que estamos enfrentando.

CAPÍTULO 2

Como lucrar a partir de cinco tendências principais da tecnologia

Estamos vivendo numa época espantosa. Encontramos oportunidades por toda parte, em quantidades e aspectos que vão muito além do que era verdade há trinta anos. Nos próximos vinte anos, presenciaremos um aumento logarítmico em novos negócios e descobertas, bem como em coisas que poderão ser feitas que nunca puderam ser feitas antes.

– Mark Anderson, 2005

O VERDADEIRAMENTE PEQUENO É VERDADEIRAMENTE GRANDE

Há incontáveis milhares de anos, os nossos antepassados sentaram-se juntos e trabalharam. Eles foram os primeiros manufaturadores da história. Portavam em cada mão fragmentos de pedra e lascavam as pedras para produzir instrumentos de corte e pontas de lança. Milhares de anos depois, outros seres humanos desenvolveram o processo de manufaturação, quando colocaram dentro de um recipiente um minério retirado da terra e o puseram sobre o fogo. Quando o minério se derreteu, foi derramado num molde, talvez golpeado com ferramentas pesadas enquanto esfriava, produzindo a forma desejada, talvez uma espada ou um cutelo. Mais tarde ainda, o processo de manufatura combinou minérios para produzir ligas metálicas e grandes fornos e linhas de montagem foram construídos.

No final do século XX e no início do século XXI, os processos ficaram ainda mais refinados. Jatos de água e *lasers* tornaram viável a incisão precisa. O *design* computadorizado e a linha de montagem robotizada tornaram-se rotineiros. Transistores microscópicos foram gravados em chips de computador por meio da litografia química. As instalações fabris custaram bilhões de dólares. No entanto, por mais sofisticado que seja o processo de fabricação no século XXI, ele tem mais coisas em comum com o dos nossos antigos antepassados do que diferenças. Ainda pegamos pedaços de matéria e os desbastamos até que assumam a forma desejada, ou derretemos vários tipos de matéria juntos, em grandes recipientes, e os derramamos em moldes.

O que aconteceria se, em vez de fabricar coisas desbastando ou derretendo a matéria básica, pudéssemos pegar um átomo ou molécula individual, seja por meio de métodos químicos ou mecânicos, posicioná-lo com precisão, em seguida pegar outro e posicioná-lo de maneira a que se ligasse ao primeiro, repetir o processo com um terceiro, e assim por diante? Este é o campo da nanotecnologia que está desabrochando. A palavra *nanotecnologia* significa simplesmente "a capacidade de ver e manipular a matéria na escala atômica e molecular". Literalmente, a nanoescala vai de um a cem nanômetros, o que equivale mais ou menos ao tamanho de dez átomos.

A nanotecnologia talvez venha a ser a próxima e a maior revolução industrial. Entretanto, numa época tão recente quanto 2005, eu poderia me dirigir a uma conferência de dirigentes comerciais ou de líderes do governo, até mesmo de manufaturadores, e descobrir, ao pedir que levantassem a mão, que 75% ou mais deles tinham, na melhor das hipóteses, apenas um vago conhecimento de nanotecnologia.

Tudo começou em 1959. Em um discurso freqüentemente citado, intitulado "There's Plenty of Room at the Bottom", o físico Richard Feynman disse: "Quero falar sobre o problema de manipular e controlar coisas numa pequena escala [...]. O mundo lá embaixo é desconcertante. No ano 2000, quando olharem para trás, para a nossa época, as pessoas se perguntarão por que somente em 1960 alguém teve a idéia de começar a avançar seriamente nessa direção." (Feynman, 1960)

Na década de 1980, o cientista Eric Drexler expôs uma visão conceitual da nanotecnologia no seu livro *Engines of Creation*. A visão consensual na época era que a idéia da nanotecnologia era fascinante, mas que provavelmente não avançaria muito além da esfera da ficção científica.

Duas ocorrências significativas que tiveram lugar mais ou menos na mesma época incentivaram esse campo no final da década de 1980. Uma delas foi o aperfeiçoamento do microscópio de força atômica, e a outra a descoberta de uma nova molécula, o carbono 60. Richard Smalley foi o primeiro a descobrir que quando atingia um pouco de pó de carbono com um *laser*, nas condições adequadas, moléculas singulares se formavam. Elas assumiam a forma de bolas de futebol vazias, cujas paredes externas eram dispostas em ligações químicas que imitavam as famosas estruturas triangulares das cúpulas geodésicas. Desse modo, a matéria básica ficou sendo conhecida, em homenagem ao inventor da cúpula geodésica Buckminster Fuller, como Buckyballs, Buckminster fullerenes ou, simplesmente, como fullerenes. O carbono 60 tornou-se a terceira forma de carbono conhecida ao lado da grafita e do diamante. A descoberta dos fullerenes deu origem aos nanotubos de carbono, tubos alongados de carbono 60, que hoje geram um número enorme de pesquisas e avanços. Os nanotubos são extremamente resistentes, à prova de fogo, capazes de conduzir a eletricidade, isolar, emitir uma luz brilhante, dissipar o calor e, por serem ocos, podem ser preenchidos com outras moléculas. Os nanotubos podem ser cem vezes mais fortes do que o aço e ter um sexto do peso desse metal. Como diz Bruce Sterling: "Os Buckytubes são vodu."

Smalley, ao lado de Robert Curl e *sir* Harold Kroto, recebeu o Prêmio Nobel de química em 1996, pelo seu trabalho conjunto inicial com o carbono 60, que tivera lugar em meados da década de 1980. Hoje, nos primeiros anos do século XXI, pelo menos sessenta empresas industriais estão produzindo quantidades comerciais de nanotubos de carbono, equivalentes a várias toneladas por ano. Os nanotubos podem ser criados à velocidade de um trilhão por minuto, desenvolvidos pela deposição a vapor e incitados a se unir ao ser atraídos para uma fita.

As possíveis aplicações vão do muito pequeno ao imensamente grande. As aplicações à memória parecem ser as mais fáceis dos produtos iniciais da nanocomputação e a Lei de Moore sugere que a eletrônica do nanotubo de carbono começará a substituir o silicone na memória por volta de 2010 ou 2015. A Nantero, por exemplo, está desenvolvendo um produto de memória em nanoescala, voltado para a substituição de tipos de memória como a DRAM e a flash. Uma vantagem importante dessa tecnologia são os computadores que poderão ser ligados e desligados instantaneamente, sem a necessidade de ser inicializados, além de importantes aumentos na capacidade da memória.

Numa escala maior, acabamentos de nanotubos ou outros materiais criados pela nanotecnologia são visualizados como materiais superiores para carros ou aviões, ou para uma variedade de estruturas de engenharia como as pontes. Imagine estruturas feitas de um material fabricado com a nanotecnologia que sejam mais capazes de resistir a terremotos e furacões, sem mencionar o fato de serem à prova de fogo e capazes de produzir a própria eletricidade.

Na escala maciça reside o sonho de um elevador para o espaço. Imaginado por Arthur C. Clarke e escritores subseqüentes, a idéia é muito simples. Tudo o que temos de fazer é suspender um grande peso além da órbita geossincrônica acima da Terra, anexar um cabo desse peso até a Terra e fazer subir e descer elevadores por esse cabo. De repente, teríamos um acesso com custo reduzido, e até mesmo barato, à órbita e além dela. Pesquisas atuais da NASA sugerem que nanotubos reunidos podem fornecer o coeficiente de força elevada e baixo peso necessário para esse cabo. Este poderá ter um metro de largura, ser fino como uma folha de papel, e cem mil quilômetros de extensão. A NASA e a Spaceward Foundation estarão patrocinando um segundo desafio anual de pesquisas sobre o elevador, oferecendo competições nas quais deverão ser demonstrados um cabo de alta resistência e uma tecnologia de radiação de força. A Fundação sonha em ter um elevador funcionando daqui a uma década, mas uma expectativa mais realista seria a de um elevador instalado no espaço por volta de 2022. A principal aplicação seria colocar e reparar satélites.

Aqui embaixo, na Terra, a nanotecnologia já está se tornando um grande negócio. Desde 2001, as pesquisas financiadas pelos governos aumentaram no mundo inteiro, em média cerca de 30% ao ano, atingindo 4,6 bilhões de dólares anuais. Os investimentos comerciais encontram-se em uma escala semelhante, atingindo aproximadamente quatro bilhões de dólares anuais. Um progresso tão grande teve lugar no setor entre 2002 e

2005, que os pesquisadores acham, o que hoje parecia décadas distantes, talvez seja possível, na verdade, em menos de dez anos.

Robert Freitas, proeminente especialista em nanomedicina, realizou pesquisas detalhadas de sistemas de máquinas que se autoduplicam e uma análise da composição química do diamante. Pesquisas da NASA concluíram que os nanossistemas auto-organizáveis não dependem de uma composição química exótica e estão dentro das possibilidades atuais. A capacidade dos instrumentos de enxergar os nanossistemas expandiu-se muito além do que se acreditavam ser os limites físicos nos últimos cinco anos, possibilitando o exame visual de moléculas, átomos e pequenos nanossistemas.

No decorrer da próxima década, podemos esperar que as aplicações no mercado incluam:

- Baterias de recarregamento rápido, com capacidade de 1,5 a 3,5 vezes a capacidade atual das baterias. A Toshiba quer dirigi-las tanto para os computadores laptop quanto para os carros híbridos. Elas recarregam 80% da sua capacidade em um minuto.
- Nanofluidos para aplicações da biotecnologia, como a classificação celular e a síntese do DNA.
- Nanossensores para aplicações antiterroristas e na segurança em geral.
- Materiais ativos e inteligentes com ativadores e sensores internos capazes de sentir a tensão e outras condições potencialmente perigosas e para ajustar-se ao ambiente.
- Materiais comuns com propriedades antimicrobianas, resistentes à sujeira e às manchas, condutoras e estruturais. O material da Nanotex já vem sendo incorporado às roupas há muitos anos.
- O chip frio, uma forma de utilizar a tecnologia de túnel térmico para conduzir o resfriamento para ambientes como automóveis, prédios e equipamentos eletrônicos. Enquanto a eficiência dos refrigeradores convencionais é de apenas 45% e a dos sistemas atuais de resfriamento termoelétrico esteja entre 5 e 8%, o chip frio é projetado para trabalhar com uma eficiência de 55%.

Num prazo mais longo, as aplicações aparecerão em toda parte

Materiais – A nanotecnologia está conduzindo ao desenvolvimento de materiais novos e exóticos, ao mesmo tempo que está transformando antigos materiais corriqueiros e familiares. O nanoconcreto já está sendo usado na construção experimental de pontes sobre estradas, deixando espaço para estrados superiores com apenas oito centímetros de espessura, mas que são fortes o suficiente para agüentar o trânsito convencional, inclusive caminhões.

Medicina – As oportunidades começam com uma simples necessidade, água limpa. A aplicação de engenharia em nanoescala à filtração da água encerra a promessa de reduzir as doenças e a morte causadas por bactérias patogênicas. Estão sendo realizadas pesquisas sobre uma nanofiltração mais poderosa que possa atuar como rins artificiais implantáveis daqui a uma década.

Existem muitas possíveis aplicações para a detecção e o tratamento das doenças. Em 2005, foi demonstrado que um *laser* de femtossegundo era capaz de corrigir a visão, e ele está preparando o caminho para a biomedicina. Nanopartículas de ouro podem ser combinadas com um antibiótico que se associa às células cancerosas. Quando banhadas na luz de um *laser* externo, as partículas revelam células cancerosas anteriormente não-detectadas. Em experimentos recentes realizados na UC San Francisco e na Georgia Tech, as nanopartículas de ouro, quando iluminadas com um *laser* de argônio, se aquecem de maneira a matar as células cancerosas sem danificar o tecido circundante. Resultados semelhantes foram alcançados na Rice University com a utilização de nanoenvoltórios e nanopartículas de ouro. Outros experimentos usaram nanotubos combinados com anticorpos monoclonais para detectar com êxito o câncer de mama.

Eletrônica e Computação – O desenvolvimento de portões lógicos e dispositivos de memória unicelulares é um dos enfoques. Entre as possibilidades que estão sendo investigadas estão as treliças de nanotubo, as sucessões de moléculas individuais e a utilização de estados quânticos ou spin dos elétrons. Todos os importantes laboratórios, da IBM a Bell, além de instituições acadêmicas e do governo, estão envolvidos na investigação. A Hewlett-Packard (HP) formulou uma estratégia para se transferir da computação de silicone para a molecular e está realizando um dos principais trabalhos em portões lógicos em escala molecular. Muitas pequenas empresas surgirão e desaparecerão enquanto a pesquisa de computadores nanotecnológicos continua. O sucesso acontecerá de um modo intermitente e não numa curva de desenvolvimento suave. Esse trabalho ainda está no nível da ciência básica, mas está se aproximando mais de soluções comercialmente viáveis.

Representações Visuais – Entre os primeiros produtos comerciais da computação nanotecnológica estão uma variedade de representações visuais. O recente sucesso da Motorola ao desenvolver a tecnologia de representação visual nanoemissiva sugere a possibilidade de aplicações próximas do mercado em monitores de vídeo e de HDTV mais luminosos. Os avanços mais interessantes na nanoescala provavelmente surgirão em variações de papel eletrônico. Entre as cenas fascinantes da literatura da nanotecnologia, como *The Diamond Age* (1995) de Neal Stephenson ou filmes como *Minority Report* de Steven Spielberg, estão as que um personagem põe a mão no bolso, puxa uma folha de plástico dobrada e lê um jornal ou uma revista enquanto as páginas do "nanopapel" vão mudando.

Esse papel inteligente está sendo desenvolvido por muitas empresas e laboratórios, entre eles os laboratórios da Parc (Palo Alto Research Center) da Xerox, que fabrica o Gyricon, o papel eletrônico, e a eInk [electronic ink]. Embora essas tecnologias ainda não estejam na nanoescala, as suas demonstrações de representações visuais de computador flexíveis e intercambiáveis estão parcialmente presentes. Daqui a cinco anos deveremos ver várias aplicações do papel eletrônico e daqui a dez anos ele poderá ser tão comum, acessível e de fácil leitura quanto o papel verdadeiro, e poderá se atualizar com rapidez suficiente para ser usado também para o vídeo. Com o tempo, o papel eletrônico será onipresente e usado para quase todas as formas de representação visual.

Armas – A nanotecnologia encerra inúmeras aplicações possíveis na área militar e da polícia, e os laboratórios militares estão entre as principais instituições financiadoras e de pesquisa. As principais áreas de desenvolvimento envolvem aperfeiçoar as chapas de blindagem e o tecido dos uniformes com nanomateriais e com materiais inteligentes nanoestruturados, reduzindo o peso do equipamento carregado, do equipamento de proteção nuclear-biológico-químico (NBC) e do equipamento de sensoriamento, bem como das tecnologias médicas. Pesquisas adicionais concentram-se na tecnologia da informação e no armazenamento da energia de alta densidade. Quando tudo isso for combinado com uma avançada ciência forense e um abundante equipamento de monitoração, o crime poderá ser restringido no futuro. Os subprodutos não-militares deverão ser substanciais.

Manufatura – Um santo graal que está sendo procurado pelos nanocientistas e tecnólogos é a criação de dispositivos de fabricação molecular que possam se tornar auto-operantes. Numa das versões, imagine uma caixa do tamanho de um forno de microondas. Todos os lares deverão ter um, algum dia. Numa das extremidades da caixa você coloca a matéria-prima, talvez uma mistura de carbono ou nanotubos pré-moldados, hidrogênio e oxigênio ou, talvez, boro ou alumínio. Dentro da caixa, um fabricador de nanotecnologia, a matéria-prima é reorganizada de acordo com um padrão que você programou. Essa programação pode ser tão simples quanto selecionar um desenho num catálogo e digitar o número de código correto no seu montador.

Depois de uma espera adequada, talvez de uma noite, você abre a outra extremidade da caixa e retira o seu produto manufaturado. Pode ser um par de sandálias ou um conjunto de pratos. Esse aparelho poderá produzir quase todas as coisas hoje fabricadas com polímeros, bem como substitutos satisfatórios para muitos materiais biológicos, exceto para alimentos e produtos farmacêuticos. Uma grande fração dos produtos industriais, mas não um conjunto abrangente desses produtos, poderá ser fabricada dessa maneira.

Em outra versão da fabricação molecular, a matéria-prima é colocada numa máquina mais parecida com uma impressora de jato de tinta. O "papel" é um substrato pré-fabricado feito de polímero, talvez criado pelos métodos de fabricação molecular ou talvez produzidos de uma maneira mais convencional. Você borrifa sobre o substrato uma fina camada de um material semicondutor na nanoescala capaz de converter luz em eletricidade, em outras palavras, baterias solares. Como o material é extremamente barato e você pode produzir uma enorme quantidade dele, você vai recobrir as paredes externas da sua casa, transformando-a num gigantesco coletor de energia solar. A Konarka, que já fabrica baterias solares de polímero imprimíveis, tem nas pranchetas baterias de nanotecnologia que poderiam ser impressas ou entrelaçadas no tecido. O casaco que você usar amanhã poderá carregar o seu celular enquanto você caminha pela rua.

Independentemente da maneira pela qual se tornará realidade, a capacidade de fabricação molecular ou em nanoescala encerra o potencial de transformar a economia mundial em um ano, tão dramático seria o desenvolvimento da verdadeira fabricação molecular. Até então, é quase tão transformador imaginar os avanços, tanto no que é manufaturado quanto nas técnicas de manufatura, que se originarão da mera capacidade de ver e manipular a matéria na escala que agora é possível.

Uma instituição que compartilha esta visão é a recém-criada Center for Bits and Atoms no MIT. Os seus membros descrevem da seguinte maneira uma parte importante da sua visão:

> Uma das metas mais desafiantes do CBA é literalmente criá-lo "a partir do bit", buscando tornar realidade a visão de um montador universal de von Neumann. À semelhança dos primeiros resultados nas comunicações e na computação, se a lógica puder ser introduzida no processo de montagem física, então perfeitas estruturas macroscópicas poderiam ser construídas a partir de partes microscópicas imperfeitas.

Atualmente, o centro usa o *design* auxiliado pelo computador e unidades de fabricação auxiliadas por microcomputadores que possibilitam que o laboratório, nas palavras deles, "emulem de uma maneira acessível a funcionalidade de um Fabricante Pessoal [...]." Uma importante característica do programa FabLab é que eles estão trabalhando com estudantes dos países em desenvolvimento do mundo inteiro, demonstrando que a revolução do *design* que será proporcionada pelos fabricantes pessoais não precisará necessariamente estar limitada às pessoas abastadas.

Uma outra forma de manufatura em nanoescala é possível, e poderia ser a maior nanorrevolução de todas. Pense no conceito da "matéria programável" (McCarthy, 2003). Há mais de uma década os cientistas alcançaram êxito ao isolar elétrons individuais dentro de um espaço confinado, tornando-se, então, capazes de fabricar o que são geralmente chamados de "pontos quânticos". Esses pontos têm propriedades exclusivas e são extremamente eficazes como ferramenta de diagnóstico na medicina. Uma empresa chamada Quantum Dot, comprada no final de 2005 pela Invitrogen, foi pioneira na criação e utilização dos pontos quânticos para a imagiologia médica. No entanto, o emprego dos pontos quânticos na imagiologia pode ser apenas o começo.

As ferramentas para confinar os elétrons e criar os pontos quânticos podem ser usadas, basicamente, para criar átomos artificiais por meio da manipulação do número dos elétrons restringidos de uma maneira que imite os átomos efetivos porém sem os prótons ou os nêutrons. Teoricamente, o chumbo artificial pode ser criado, transformado em ouro artificial e, depois, transformado de volta. O desafio é desenvolver maneiras de construir materiais macroscópicos a partir de átomos artificiais e ligá-los uns aos outros e a cabos condutores externos de uma maneira que possibilite que a matéria resultante possa ser programada. Entre os produtos mais banais que poderiam resultar estariam a tinta programável, que muda de cor com um comando. Além disso, temos as representações visuais superiores, as baterias, os capacitores e, até mesmo, paredes e tetos programáveis que se tornam opacos ou transparentes com um comando e atuam como sistemas tanto de aquecimento quanto de refrigeração.

A nanotecnologia será aplicada praticamente em todas as áreas da vida. Estudos realizados pelo governo dos Estados Unidos e da União Européia (UE) prevêem que dentro de uma década uma grande minoria ou talvez a maioria dos produtos de consumo terá incorporado de alguma maneira a nanotecnologia. Grande parte disso será a eletrônica embutida e materiais inteligentes ou altamente duráveis. Roupas livres de manchas, proteção solar, equipamento esportivo e representações visuais são apenas o começo.

O ponto principal do possível futuro com a nanotecnologia é o seguinte. Se e quando conseguirmos criar com êxito os primeiros sistemas de funcionamento independente e de fabricação molecular inteligente, seja qual for a forma assumida, a humanidade enfrentará uma revolução de cerca de duas semanas de duração. Muitas formas de fabricação ficarão obsoletas, e o mesmo acontecerá com muitos produtos manufaturados. Com o tempo, todo o sistema mundial de distribuição, fabricação e, até mesmo, de reciclagem de matéria-prima será modificado. Acima de tudo, caso a fabricação molecular atinja o seu potencial máximo, a humanidade enfrentará, como nunca enfrentou antes, a questão de por que estamos aqui, se não é para fazer as coisas nós mesmos?

A idéia da escassez como um todo também seria desafiada. Se quase qualquer coisa puder ser desmembrada nas suas partes componentes, e depois as moléculas puderem ser remembradas (observe que isso é precisamente o que fazemos sempre que comemos) então os bens materiais se tornarão abundantes. As presunções sociais e políticas serão subvertidas.

Um movimento para interromper a nanotecnologia já teve início, baseado em preocupações ambientais e com a saúde humana. Afinal de contas, os nanotubos são indestrutíveis. Organizações como o Greenpeace e o Action Group on Erosion, Technology and Concentration (ETC) levantaram legítimas advertências com relação à nanotecnologia. Os receios concentram-se em quatro possibilidades. A primeira é que as conseqüências de segunda ordem da maioria das aplicações da nanotecnologia sejam pouco conhecidas de antemão. A segunda é a possibilidade de que substâncias e dispositivos em escala molecular penetrem acidentalmente na corrente sangüínea, acumulando-se de uma maneira nociva ou conduzindo com eles outros contaminadores com o potencial de afetar a saúde. A terceira é a preocupação com relação à criação de poluentes não-biodegradáveis e ao seu uso no que pode ser considerado como dispositivos descartáveis. Finalmente, existe a possibilidade tecnicamente improvável de um cenário de "fim do mundo", no qual nanomáquinas capazes de reproduzir a si mesmas ficam fora de controle e destroem uma grande faixa do meio ambiente. Isso que acaba de ser mencionado é um tema de ficção científica, mas quase tão possível, segundo Freitas, quanto os automóveis de repente começarem a se movimentar sozinhos, sugando a seiva das árvores como combustível e dominando o mundo sem ter sido projetados para fazer isso. Ainda assim, vale a pena analisar essa situação improvável.

PLANEJANDO A SUA VIDA

Em 1972, Paul Berg da Stanford University tornou-se o primeiro químico/cientista a criar com êxito uma molécula de DNA recombinante, ao combinar o DNA de dois diferentes organismos. Ao combinar o gene de um vírus de macaco com uma molécula de DNA de um vírus bacteriano, pela segunda vez na história da humanidade, Berg descobrira o fogo.

Por perceber os possíveis benefícios e perigos da sua descoberta, Berg propôs que os estudos sobre o DNA recombinante fossem suspensos durante um ano até que as questões de segurança fossem abordadas. Em 1980, Berg recebeu um Prêmio Nobel pelo seu trabalho revolucionário na área da genética. A sua experiência inicial tornou-se a base dos campos da engenharia genética, da indústria da biotecnologia e, numa época mais recente, da biologia de sistemas e de importantes aspectos do provável futuro da assistência médica.

Menos de trinta anos depois de Berg dar o seu passo revolucionário, eu estava ajudando a dirigir uma série de retiros que contavam com a presença de ganhadores do Prêmio Nobel e outros cientistas, para um projeto chamado Humanity 3000. A questão abordada por esses ilustres pensadores era a seguinte: "O que será necessário para que a humanidade sobreviva por mais mil anos?" No início de cada retiro, os participantes se apresentavam. Eu nunca me esquecerei das palavras introdutórias empregadas por um dos participantes, o dr. Gregory Stock, diretor do Programa de Medicina, Tecnologia e Sociedade da Escola de Medicina da UCLA (University of California Los Angeles).

"Quem no grupo", perguntou o dr. Stock, "tem um filho ou neto com menos de um ano de idade?" Algumas mãos se ergueram. "Essa criança talvez venha a ser a primeira pessoa a viver [...] para sempre!", exclamou.

Como comentamos no capítulo anterior, enormes ganhos na eliminação da mortalidade infantil, aliados a um saneamento e a uma medicina bastante aperfeiçoados, possibilitaram um aumento de cinco anos na expectativa de vida média a cada duas décadas. Esses dados são suficientemente impressionantes, e se a tendência simplesmente continuar, ela simplesmente nos conduzirá a uma expectativa de vida média em torno dos cem anos no fim do século. No entanto, o futuro possível encerra uma promessa ainda mais dramática.

O projeto do genoma humano da década de 1990, fomentado pela iniciativa independente de Craig Venter, alcançou um sucesso maior do que se esperara na seqüenciação do genoma humano. Isso deu origem ao afã mundial de, primeiro, tentar entender o genoma e como ele funciona e, segundo, de começar a manipulá-lo ou modificá-lo de maneiras que pudessem melhorar a saúde.

Gregory Stock, no entanto, estava pensando em algo muito além das pesquisas atuais para fazer uma afirmação tão ousada. Ele explica o seguinte no seu livro *Redesigning Humans* (2002, 3). "A chegada da tecnologia *geronline* segura e confiável indicará o início do autoplanejamento humano. Não sabemos aonde esse desenvolvimento nos conduzirá no final mas, certamente, transformará o processo evolucionário [...]"

Entre as primeiras lições aprendidas quando o genoma foi decodificado é que as coisas não são tão simples. Uma grande quantidade de genes parece não ter nenhuma função, mas talvez tenha. Enquanto algumas doenças e distúrbios parecem ser controlados por genes individuais, no caso de outros, múltiplos genes parecem estar envolvidos, e a maioria das doenças ainda não pode ser relacionada, de uma maneira confiável, a uma composição genética. Além disso, os genes fornecem as instruções para a criação de proteínas que são mais numerosas e complexas do que os genes, e são as proteínas que parecem determinar a maior parte do que acontece no corpo.

Essa complexidade deu origem aos novos campos da genômica, da proteômica e, finalmente, ao da biologia de sistemas. É da biologia de sistemas que se espera que surja a maioria dos verdadeiros avanços médicos e relacionados com a saúde, que recuam ao código genético. A ênfase dessa ciência do século XXI é estudar as complexas interações dos genes, proteínas e reações bioquímicas como uma rede ou sistema integrado. Obviamente, a ciência da informação e a computação tornam-se um recurso fundamental para lidar com essa complexidade. Um dos cabeças dessa iniciativa é o Institute of Systems Biology, que descreve o seu propósito como "analisar a complexidade biológica e entender como funcionam os sistemas biológicos [...] reunindo um grupo de acadêmicos e especialistas, desde biólogos, matemáticos e engenheiros, a cientistas da computação e físicos, num ambiente interativo e de colaboração".

Atualmente, bem mais de 1.500 doenças foram associadas a variações genéticas particulares, inclusive à propensão para ataques do coração, aterosclerose, asma, doença vascular, esquizofrenia, diabete tipo 2, obesidade e muitas outras. Uma das principais empresas nessa pesquisa é a deCode, com sede na Islândia. Tendo como alvo cinqüenta doenças, os seus cientistas isolaram até hoje 15 genes e drogas-alvo em 12 doenças comuns e mapearam os genes para outras 16. O conceito do processo da pesquisa é bastante simples: fazer um estudo da população para descobrir se uma variação genética particular está associada a uma doença específica. Determinar que proteínas são expressas pelo gene. Desenvolver compostos terapêuticos que se unirão e alterarão o efeito dessa proteína. Transformar efetivamente esse conhecimento num medicamento útil envolve um processo meticuloso.

Se a promessa da biologia de sistemas com uma base genética se concretizar em uma ou duas décadas, então, segundo Leroy Hood, fundador do Institute for Systems Biology, presenciaremos o surgimento de uma nova abordagem à medicina que é preditiva, preventiva e personalizada. A medicina deve ser capaz de seguir "rio acima" a partir da sua atual abordagem de tratar a doença depois que ela acontece e passar a usar a avançada ciência da informação para prever problemas de saúde que poderemos sofrer, conceber maneiras de impedir que aconteçam e fazer isso de uma maneira personalizada, específica para a nossa constituição genética exclusiva. Espera-se que a receita proveniente de produtos e tratamentos da terapia genética suba de 125 milhões de dólares em 2006 para 6,5 bilhões de dólares em 2011, de acordo com a *Gene Therapy News* (novembro de 2005).

A medicina genética é apenas um dos aspectos da biotecnologia. A biologia contém uma grande quantidade de dados de engenharia de alto nível, dados que agora estamos começando a acessar e aplicar em outros lugares. O campo da biomimética, no qual é feita a tentativa de criar máquinas que imitem os sistemas biológicos, é um exemplo.

A pesquisa com as células-tronco é bastante conhecida e as possibilidades são irresistíveis. A extraordinária capacidade dessas células de transformar-se em praticamente qualquer célula do corpo encerrarão a promessa do rejuvenescimento e do reparo do corpo até que esses sonhos sejam convincentemente refutados. Mais de 75 tipos diferentes de câncer, distúrbios do sangue e doenças imunológicas estão sendo tratados com células-tronco hoje em dia. Estas são capazes de regenerar as células do sangue e do sistema imunológico afetadas pela radiação usada no tratamento do câncer. As células do coração e do fígado podem ser regeneradas, assim como a cartilagem. A doença de Parkinson, a distrofia muscular, a esclerose múltipla, o acidente vascular cerebral, a AIDS, a doença de Alzheimer, a leucemia, outros tipos de câncer, o diabetes e a osteoporose são objetos de pesquisa com as células-tronco.

As células-tronco de embriões e de adultos estão sendo testadas. As dos adultos podem encerrar a promessa da criação de um tipo de kit de reparo pessoal, se essas células puderem ser persuadidas a regenerar os nossos próprios órgãos, quando tiverem sido danificados pela doença ou por um acidente. As pessoas começaram a armazenar células-tronco do sangue do cordão umbilical, que embora especializadas apenas para regenerar várias células do sangue, poderiam ser usadas se a criança (ou o adulto) algum dia desenvolver uma doença do sangue ou precisar de um transplante de pele ou de outro tratamento no qual a rejeição ao doador represente um problema. E é claro que a primeira empresa a usar células-tronco para curar a calvície provavelmente gerará a maior receita de todas.

Em 2005 os pesquisadores tiveram sucesso ao utilizar as células-tronco para curar lesões da medula espinhal. Ao trabalhar com camundongos e ratos que apresentavam esse tipo de lesão, a injeção de células-tronco humanas possibilitaram que eles andassem novamente, e testes subseqüentes demonstraram convincentemente que as células-tronco haviam gerado não apenas células da medula espinhal mas células afins. Como é sempre o caso de relatórios desse tipo, vários problemas precisam ser abordados antes que sejam feitas experiências em seres humanos. No final de 2005, pelo menos uma empresa, a Geron, havia se inscrito para realizar experiências em seres humanos.

Os experimentos com a medula espinhal usam células-tronco embrionárias. Recentes avanços da tecnologia indicaram que talvez seja possível obter células-tronco embrionárias sem afetar o embrião, em comparação com técnicas convencionais que destroem o embrião. Quase todos os leitores certamente estarão familiarizados com a violenta controvérsia ética nos Estados Unidos e em outros países a respeito do aspecto moral da obtenção e utilização de células-tronco embrionárias. Atualmente, nos Estados Unidos, essa controvérsia deu origem a uma política na qual o financiamento do governo só está disponível para pesquisas que envolvam linhas de células-tronco que já estivessem sendo seguidas quando a política relevante foi aprovada. A reação de alguns estados, liderados pela Califórnia, foi instituir programas de pesquisa financiados pelos estados que permitem a utilização de novas células embrionárias.

Outros países adotaram uma abordagem mais liberal, entre eles a Coréia do Sul, que no final de 2005 estava se consolidando como um dos líderes mundiais na pesquisa das células-tronco embrionárias. Por se tratar de uma cultura na qual a questão hermética de quando a vida tem início – na concepção, quando a mãe sente os primeiros sinais do bebê ou no nascimento – simplesmente não representa um problema, e na qual a ciência e os cientistas são venerados, a pesquisa em questão recebe um forte apoio.

As pesquisas na área da biotecnologia continuarão no mundo inteiro. Caso as pesquisas ou os tratamentos médicos baseados nas células-tronco embrionárias ou mesmo na clonagem venham a ser consideradas ilegais em algum lugar, o ritmo das pesquisas será pouco retardado. No dia em que um cidadão anteriormente paralítico de um país que proscreva esse tipo de pesquisa descer do avião e for preso por "estar andando de novo", a oposição política a essa pesquisa simplesmente desaparecerá.

O supremo potencial dessa pesquisa nos faz voltar a Gregory Stock e à sua introdução relacionada com a perspectiva da vida eterna. O que ele disse parece um pouco forçado, embora Stock esteja confiante. Ao mesmo tempo, é o impacto não apenas na nossa saúde, mas também na longevidade que torna os campos da biotecnologia tão sedutores. Leroy Hood acredita que um salto de vinte anos na expectativa de vida média seja razoável. Ao prever que um salto da expectativa de vida de vinte a quarenta anos pareça provável neste século, Ronald Bailey (2002) chega à seguinte conclusão:

> A imortalidade física pode não estar iminente, mas poderá chegar o dia em que a morte será radicalmente adiada, e talvez completamente opcional. Os obstáculos a esse objetivo não são apenas biológicos, mas também políticos. Acreditem ou não, alguns dos intelectuais contemporâneos mais influentes se opõem à idéia de uma vida longa e saudável.

UM POUCO DE INTELIGÊNCIA

A probabilidade de que todos os que estejam lendo este livro usem um computador é bem grande e, provavelmente, possuam até vários, se consideramos os desktops, os notebooks, os iPods, os telefones celulares, os PDAs e os Xboxes, sem mencionar o automóvel, que é um pacote de computadores sobre rodas. Isso é diferente da nanotecnologia e da biotecnologia, a respeito das quais geralmente lemos, embora você possa estar vestindo uma calça feita com Nanotex enquanto se dedica à leitura. Em outras palavras, a revolução da computação já se tornou uma parte onipresente da nossa vida, exatamente como foi previsto mais ou menos há duas décadas.

A Futurist.com foi fundada em meados da década de 1990 em decorrência de uma história que já narrei. Quando fui apresentado a audiências como o fundador de Futurist.com, as pessoas ficavam adequadamente impressionadas, principalmente pelo que pressupunham que isso significasse no que estava na moda no mercado da época. Depois da explosão da bolha da Internet e o colapso da Bolsa de Valores em 2000, comecei a enfrentar uma reação diferente. Inicialmente, as pessoas pareciam preocupadas. "Como estão indo as coisas?", perguntavam, enquanto observavam uma empresa dot.com depois da outra desmoronar e acabar. Em seguida, a reação transformou-se em horror. "Oh, isso é péssimo", diziam ao ouvir que eu era dono da "Futurist.com". Finalmente, quando insisti no nome enquanto todas as outras pessoas estavam abandonando o "dot.com", a reação das pessoas mudou para a perplexidade diante do fato de um futurista usar um termo tão anacrônico.

Quando o mercado desabou e, em particular, quando a maioria dos pioneiros da Internet varejista desapareceram, as pessoas começaram a pensar: "Bem, foi divertido enquanto durou; pena que essa coisa toda da Internet não deu certo." Mas deu. Os pioneiros, como os pioneiros tendem a ser, estavam apenas uma década adiante do seu tempo.

Observe a surpreendente revitalização do comércio na Internet em 2004–2005, com o crescimento das vendas ultrapassando em muito o crescimento de outros canais varejistas. No período de Natal de 2005, 27% das compras de presentes nos Estados Unidos foram feitas online, e as vendas online foram 30% maiores do que em 2004. Observe também a transferência dos dólares gastos com propaganda na mídia tradicional para a Internet, dólares que tinham se afastado depois do colapso, mas que agora estão de volta e aumentando. Finalmente, quando tiver oportunidade, repare como está declinando o número de horas que a geração Nativa Digital dedica à mídia tradicional; a televisão e o rádio estão recebendo muito menos atenção, e os jornais praticamente não são lidos. Acontece que a Web vai mudar tudo; as coisas só estão levando um pouco mais de tempo.

SEIS PRINCIPAIS AVANÇOS DA TI* QUE DOMINARÃO O FUTURO PRÓXIMO

O primeiro, o que não é surpresa, é o acesso wireless onipresente. Em 2005, pela primeira vez, as vendas dos laptops, com placas wireless embutidas, excederam as dos desktops. Essa tendência só irá continuar, e é provável que estejamos no início do fim do computador desktop, exceto no caso de algumas aplicações especializadas. Além disso, a capacidade dos telefones celulares e de outros aparelhos portáteis de acessar informações da Internet é hoje uma expectativa definida. Na verdade, a medida tomada por várias municipalidades e jurisdições rurais para oferecer o wireless de graça ou a um baixo custo como utilidade pública, da mesma maneira como as estradas são oferecidas, é um reconhecimento da direção que estamos tomando e da necessidade de estar conectado para ser economicamente viável no século XXI.

No momento, sistemas wireless mais poderosos e de maior alcance estão chegando. O WiMax, que tem um alcance de até cinqüenta quilômetros, foi instalado em Nova York, Boston, Los Angeles, Dalian, Chengdu e outras cidades em 2005, e as receitas superaram em dez vezes as de 2004. Espera-se que até 2007, mais da metade dos provedores de serviços da Internet estejam oferecendo o WiMax; no caso dos provedores rurais, esse número chegará próximo dos 100%. Entre os aplicativos que crescerão em decorrência desse poderoso acesso estão:

- Sempre online no ICQ no seu telefone ou talvez nos seus óculos (ICQ é um software que lhe permite saber quando amigos e colegas estão disponíveis online).
- Biomonitores para medir certos parâmetros de saúde durante o exercício ou o descanso, para alertar as autoridades caso haja uma emergência, ou talvez apenas para sugerir melhoras na sua alimentação.

---

* Tecnologia da informação. (N. da trad.)

- Telefones celulares relacionados ao contexto que sabem que estão num restaurante ou cinema e que, portanto, não devem tocar alto.
- Sensores que podem ser usáveis e capazes de transmitir contexto por meio do seu telefone celular para aqueles que estão pensando em telefonar para você.
- Armazenamento de todos os dados sensoriais, possibilitando a gravação ao vivo se você o desejar, conduzindo a registros de voz e de texto de todos os acontecimentos da vida.
- Propaganda extremamente sensível à audiência, como nas mensagens pessoais enviadas pelos *outdoors* nos filmes de ficção científica quando os personagens passam por eles.

Ao mesmo tempo, espera-se que o crescimento na velocidade e no acesso de banda larga nos Estados Unidos continue a ficar para trás de grande parte do mundo. As estimativas atuais colocam os Estados Unidos entre o décimo terceiro e o décimo oitavo lugar no acesso de banda larga, uma nítida desvantagem competitiva. Este fato torna-se mais evidente quando levamos em consideração o segundo principal avanço da TI, o surgimento da Web 2.0. Embora o termo talvez já tenha desaparecido quando você estiver lendo estas linhas, o conceito já será dominante na Web. Os sites da Web estão migrando em direção a um modelo altamente interativo no qual os donos e os usuários dos sites, os comerciantes e os consumidores, podem interagir muito mais do que nos projetos originais dos web sites. Blogs, sistemas de feedback, análises online, o registro instantâneo de opiniões, podcasts, feeds rss, Wikis, tagging e uma utilização imensamente aumentada de vídeo e sons são mecanismos que trazem mais vida às interações da Web anteriormente estáticas.

Um terceiro avanço importante em TI é a identificação por rádio freqüência (RFID) e os onipresentes sistemas de posicionamento global (GPS). Estima-se que até 2007 quase todos os dispositivos computadorizados portáteis terão localizadores GPS embutidos, e podemos pressupor que o mesmo será verdade no que diz respeito aos laptops e a todos os novos veículos. Praticamente todos os produtos manufaturados terão etiquetas RFID, pelo menos na ocasião da remessa e da compra. Quando esses dispositivos e produtos sabem onde estão, surgem várias possibilidades. Simplesmente saber onde estão, por exemplo, será vantajoso para as pessoas que se perdem facilmente. Mas quando os seus dispositivos de comunicação sabem onde estão, podem criar um mapa da suas imediações atuais, informar aos seus amigos que você está lá, descobrir se existem amigos seus nas proximidades, acessar informações da Web relevantes para o local onde você está, informar-lhe outro lugar no qual você poderá encontrar algo que precisa, e assim por diante. Serviços como esses estão sendo desenvolvidos neste momento e até imaginados, mas serão comuns e produzirão receita daqui a alguns anos.

A computação em grade é o quarto avanço importante em TI para o futuro a curto e médio prazo. Quando conectados por meio da Internet global, os computadores individuais poderão se tornar, com efeito, nodos individuais dentro de uma única máquina, um vasto "computador global", como diz Mark Anderson. Vários projetos aproveitaram o tempo de processamento não utilizado nas máquinas ociosas dos últimos anos para, por exemplo, pesquisar a inteligência extraterrestre. Este é apenas o começo.

O Grid Computing Information Centre, dirigido pelo Dr. Rajkumar, na Austrália, define a computação em grade como "um tipo de sistema paralelo e distribuído que possibilita o compartilhamento, seleção e agregação de recursos 'autônomos' geograficamente distribuídos dinamicamente em tempo de execução dependendo da sua disponibilidade, capacidade, desempenho, custo e exigências da qualidade de serviço dos usuários". Isso significa simplesmente uma maneira de combinar o poder dos computadores ao redor do mundo em combinações apropriadas para propósitos adequados. De um modo ainda mais simples, significa o acesso sob demanda do poder dos supercomputadores.

Até agora, o poder de um número limitado de supercomputadores efetivos tem sido aplicado, basicamente para prever o tempo ou calcular como explodir coisas. Com a computação em grade, o poder dos supercomputadores pode ser aplicado a todos os tipos de questões científicas e comerciais que precisavam de poder de processamento mas não tinham o acesso. Questões como modelagem molecular para o desenvolvimento de medicamentos, física de alta energia, imitar a atividade cerebral em tempo real e produzir um espelho do cérebro ativo, simulações do meio ambiente, do comportamento do consumidor ou do comportamento do mercado.

Essa capacidade colocada sob controle de empreendimentos de todos os tipos e tamanhos, e até mesmo de pessoas, a um baixo custo ou até gratuitamente, conduzirá a aplicações limitadas apenas pela imaginação.

As aplicações biométricas onipresentes são a provável quinta tendência importante da TI. A capacidade de medir a biometria existe, sob a forma do escaneamento da íris e da retina, do escaneamento das impressões digitais e da palma da mão, do reconhecimento da voz, e assim por diante. É apenas uma questão de desejar uma segurança aprimorada, e tornar as medições biométricas e a comunicação mais baratas. A combinação de vários escaneamentos oferece a maior confiabilidade e segurança e, portanto, é provável. Os sistemas de reconhecimento facial tornam-se mais exeqüíveis à medida que os bancos de dados tornam-se mais poderosos e a velocidade dos processadores possibilita a rápida comparação de padrões. Mais ou menos no decorrer da próxima década, quase todas as formas de identificação, como a carteira de motorista, a carteira de identidade, o passaporte e os cartões de crédito, serão substituídas por sistemas biométricos. Essa medida encerra uma aplicação óbvia nas viagens e na segurança do patrimônio. A mudança que implica fazer a maior parte da computação habitual em dispositivos portáteis wireless, sejam eles laptops, telefones, palm tops ou que podem ser usados, significa que a segurança dos dados se tornará uma questão mais importante e a identidade biométrica embutida se tornará a norma. Você olhará para a câmera do seu telefone e este confirmará que você é quem está dizendo que é, e autorizará a utilização. As transações com o consumidor também se tornarão biométricas, e chegaremos a um ponto no qual um escaneamento da impressão digital e da íris poderá ser a única coisa exigida para concluir uma compra.

O sexto avanço importante na TI está, de algumas maneiras, relacionado com a computação em grade, já que envolve muitos computadores geograficamente espalhados que se comunicam uns com os outros. Este é o empreendimento de jogos *role-playing* online com um número maciço de jogadores, ou MMORPGs. Talvez o jogo desse tipo mais conhecido em 2005 seja o World of Warcraft, que comemorou o seu primeiro aniversário no final do ano, e tornou-se o jogo líder, com mais de quatro milhões de subscritores, dos quais um milhão e meio estão na China. O Matrix Online, vários jogos Star Wars e Middle Earth, bem como muitos jogos Dark Age of Camelot são apenas alguns entre outros que atraem um total de vinte milhões de jogadores do mundo inteiro. A uma média de quarenta a cinqüenta dólares por software e uma mensalidade de 15 dólares, a receita potencial é tremenda.

Esses jogos são belamente produzidos e tão altamente absorventes que freqüentemente as pessoas se referem a eles como realidade virtual, quando não o são exatamente. Os jogos podem até ir além da imaginação e do mundo virtual e tornar-se, em alguns sentidos, reais. Por exemplo, um jogo MMORPG, Second Life, envolve os seus sessenta mil jogadores no mundo inteiro num mundo fictício e numa economia real. Os jogadores usam moeda virtual, que pode ser convertida em dólares americanos verdadeiros por intermédio do PayPal, para comprar produtos como roupas virtuais para o seu corpo virtual no jogo. Outros jogadores desempenham o papel de estilistas de alta-costura, vendendo uma edição limitada fabulosa por, digamos, cinco dólares, enquanto as roupas normais são vendidas por um dólar. Assim o jogo do Second Life continua, com todos os tipos de produtos sendo criados, comprados e vendidos. Os jogadores trocaram por mês, em 2005, dois milhões de dólares em dinheiro verdadeiro, tornando a economia do Second Life equivalente à de um país situado numa pequena ilha no mundo real. Alguns jogadores até ganham a vida dentro do jogo agora, que sustenta cerca de cem empregos virtuais, segundo a desenvolvedora do jogo, a Linden Research.

Além dessas seis tendências e avanços principais da TI, esta encerra duas possibilidades adicionais. Uma é a realidade virtual e a realidade aumentada efetivas, e a outra é a tecnologia da leitura da mente para o controle da robótica e da detecção de mentiras. A realidade virtual (VR) evoluiu a partir do projeto da cabine de pilotagem virtual da Força Aérea dos Estados Unidos dirigido por Tom Furness. Ela envolve a imersão total dentro de um mundo gerado pelo computador, mas nunca decolou comercialmente. Com o tempo, a imersão total na realidade virtual terá um preço acessível para as empresas de menor porte e para as pessoas comuns. Imagine os jogos há pouco descritos se a pessoa pudesse estar dentro do jogo com outros jogadores ao seu redor e compare-os com vê-los numa bela tela, porém ainda bidimensional.

A realidade aumentada está disponível hoje em dia. Neste caso, a pessoa usa algum tipo de dispositivo como um display virtual da retina que pinta uma imagem computadorizada no olho, enquanto permite a visão simultânea do mundo real e a interação com ele. A Microvision, empresa sediada em Bothell, no estado de Washington, está entre as primeiras a vender sistemas comerciais para a realidade aumentada. Embora os futuros protótipos pareçam bonitos óculos escuros, um modelo atual projetado para técnicos de oficinas de automóveis apresenta um display virtual da retina embutido num boné de beisebol com um refletor monocular suspenso, ligado por um fio a um pequeno computador no quadril. Este sistema pode conter todas as informações relevantes de reparos para várias marcas e modelos de veículos e, enquanto trabalha, o técnico pode sobrepor instruções ou diagramas à sua visão do verdadeiro trabalho. Outro desenvolvedor, Mark Billinghurst, diretor do Human Interface Technology Lab na Nova Zelândia, inventou um software chamado Live 3-D, o qual, utilizando desktops normais e a Internet, possibilita que usuários remotos, que usam óculos de realidade aumentada, vejam uns aos outros em terceiras dimensões completas. Você pode, literalmente, se levantar, dar a volta, postar-se atrás de outra pessoa e ver como elas olham de trás, embora não estejam no mesmo aposento que você. Com o tempo, isso também se tornará normal como uma forma de teleconferência e comunicação à distância.

Finalmente, a leitura da mente está sendo desenvolvida. Na verdade, o trabalho está sendo realizado em técnicas de escaneamento do cérebro, que buscam maneiras de medir e registrar a atividade eletromagnética do cérebro em tempo real enquanto ela executa várias funções. Entre as técnicas estão a imagem por ressonância magnética funcional (fMRI), que é a mais comum, ao lado da magnetoencefalografia, que mede a atividade magnética fraca, a tomografia de emissão de pósitrons (PET scan), a estimulação magnética transcraniana e outras. A resolução temporal de cada uma dessas técnicas está aumentando exponencialmente, duplicando anualmente. Se os sensores da nanotecnologia um dia se tornarem disponíveis e capazes de ser usados dentro do cérebro, os resultados do escaneamento serão igualmente aperfeiçoados. Esse escaneamento tem sido capaz de detectar melhor as mentiras do que os métodos convencionais, mas o verdadeiro objetivo é estimular e fazer a engenharia inversa do cérebro. Fazer isso conduziria a computadores de processamento paralelo mais poderosos e, como acreditam alguns, até mesmo à capacidade de fazer um *download* do cérebro e criar um *backup* das nossas memórias.

Antes que essa possibilidade se concretize plenamente, os computadores terão que evoluir. A fim de sustentar a Lei de Moore além da próxima década, a computação terá que se tornar tridimensional ou ir além do silicone e ingressar na esfera dos computadores moleculares ou até mesmo dos computadores com transistor de um único elétron empregando técnicas retiradas da nanotecnologia. Continua o debate a respeito da probabilidade de que sustentaremos um século de crescimento exponencial no poder e na velocidade da computação acompanhado de declínios regulares no custo. Kurzweil (2005) é extremamente convincente ao defender a idéia de que a duplicação exponencial provavelmente continuará ao mesmo tempo que soluções tecnológicas específicas atingem o seu limite de desenvolvimento e surgem novas soluções. Parece que não apenas o poder, como também a seqüenciação do DNA, a velocidade e o custo das telecomunicações, os recursos da nanotecnologia e de outras áreas da tecnologia também estão se desenvolvendo num ritmo exponencial. Isso acontece em parte porque a tecnologia da informação se amplia a partir de tudo o que veio antes, está hoje globalmente conectada, trabalha continuamente e expande a inteligência humana. Desse modo, cada geração da tecnologia tende a acelerar a duplicação do tempo do seu próprio desenvolvimento.

AMOR ROBÓTICO

Em 2004 o DARPA, a Defense Advanced Research Project Agency, patrocinou o DARPA Grand Challenge. Buscando desenvolver tecnologia para veículos autônomos, ou seja, sem motorista, o grande desafio ofereceu um milhão de dólares para qualquer equipe que conseguisse criar um veículo capaz de concluir um percurso de 230 quilômetros de estradas de terra, deserto e com vários obstáculos. O veículo teria que ser do tamanho de um carro ou jipe, e todos os concorrentes apresentaram algum tipo de veículo modificado. Vinte e cinco equipes se inscreveram no desafio. No dia da corrida, lá foram eles. Ou não foram. O vencedor perfez um total de 12,4 quilômetros antes de quebrar, e muitos dos carros robóticos mal conseguiram dar a largada.

Os céticos riram e passaram a ter mais certeza de que a capacidade da inteligência artificial mais uma vez se revelara exagerada. A DARPA decidiu não conceder o prêmio a nenhum dos concorrentes.

No ano seguinte, 2005, a DARPA lançou o mesmo desafio e elevou o prêmio para dois milhões de dólares. 195 equipes se inscreveram e 25 delas concluíram as etapas preliminares e chegaram à final. No dia da corrida, os veículos se alinharam num percurso difícil, semelhante ao de 2004, totalizando desta feita 210 quilômetros. No final do dia, um concorrente da Stanford University, um Volkswagen Touareg modificado, concluiu todo o percurso em menos de dez horas, que era o tempo exigido, e recebeu o prêmio. Quatro equipes adicionais também conseguiram completar os 210 quilômetros autonomamente, e várias outras percorreram uma distância considerável antes de ter problemas no veículo.

Poucas imagens estão mais associadas ao futuro do que a do robô pessoal. Com a aparência de um ser humano mecânico, eles andam de um lado para o outro emitindo um som metálico, de um modo encantador e, às vezes, perigoso, servindo bandejas com salgadinhos. É uma das imagens que leva as pessoas a se perguntar por que o futuro nunca chega.

Mas é claro que ele está chegando. Hoje, existem quase um milhão de robôs industriais no mundo. Geralmente se parecem mais com braços mecânicos do que com pessoas, mas, mesmo assim, são robôs. Um robô é basicamente qualquer máquina capaz de executar tarefas automaticamente e de uma maneira semelhante à das pessoas, geralmente substituindo o ser humano em alguma tarefa, e que também é capaz de funcionar independentemente do controle humano depois de programada. Cada vez mais, os robôs estão se tornando capazes de se deslocar de um modo independente em vez de permanecer num lugar fixo.

Podemos acrescentar aos robôs industriais convencionais uma variedade cada vez maior de robôs de reparo e de robôs pessoais ou auxiliares domésticos. Os do primeiro tipo podem executar serviços em muitos ambientes, como nas empresas, nos campos de batalha e em Marte. Eles são capazes de limpar janelas, ordenhar vacas, ajudar em cirurgias, entregar correspondência, ferramentas ou peças, atuar como observadores militares, conduzir a desativação de bombas e varreduras de segurança, limpar resíduos perigosos, vagar por Marte. Os veículos não tripulados em terra, na água e no ar são robôs de serviço, que executam um serviço para os seres humanos, porém, sem a presença destes últimos.

Os robôs pessoais estão se multiplicando rapidamente, e aspiram o pó do chão, cortam a grama, separam a roupa lavada, oferecem entretenimento e instrução, monitoram a segurança e proporcionam cuidados rudimentares para as pessoas idosas ou doentes. Se somarmos todos os números, incluindo o milhão de robôs industriais, os mais de 600 mil Roomba e Scooba que aspiram o pó e esfregam o chão, os robôs de entretenimento, o DaVinci Intuitive Surgical Robot, uma estimativa segura situa-se bem acima de dois milhões de robôs ativos hoje, isso apesar das vendas relativamente fracas dos clássicos robôs-ferramenta industriais. Nos próximos anos, espera-se que as vendas totais de robôs, que foram de cinco bilhões de dólares em 2004, atinjam os 17 bilhões. Foi esse crescimento, aliado ao seu conhecimento da tecnologia do futuro, que levou Rodney Brooks, fundador de uma das principais empresas de robôs, a iRobot, a presumir que os robôs pessoais estão mais ou menos no nível em que os computadores pessoais estavam em 1978 [...] sendo desenvolvidos ainda bastante básicos e sendo utilizados apenas pelas primeiras pessoas que os compraram. Outras pessoas comparam o que está por vir na robótica aos eletrodomésticos. Há quase um século, aparelhos domésticos como a geladeira apareceram no mercado e, com o tempo, tornaram-se parte do segundo plano da nossa vida. Essenciais. Normais. Como declarou, em 2005, Don Kara, editor de *Robotics Trends*: é raro "encontrar uma mudança no mercado tão profunda que altere radicalmente a maneira como vivemos hoje. O mercado emergente da robótica pessoal e de reparos, ou robótica móvel, se preferirem, é um desses mercados".

Daqui a dez anos, os robôs começarão a dominar o céu dos militares, quando os UAVs (Unmanned Aerial Vehicles)* do tamanho dos aviões de caça começarem a voar. Exatamente no dia em que escrevo estas linhas, a Boeing revelou um modelo de teste do seu veículo de combate aéreo não-tripulado em tamanho real, o X-45C. Os vôos de teste começarão em 2007 e terminarão em 2011. O X-45C dá a impressão de que saltou da tela de um filme de aventura espacial.

---

* Veículos Aéreos Não-tripulados. (N. da trad.)

Há alguns anos, dei uma orientação sobre planejamento estratégico ao departamento de astronáutica e aeronáutica de uma importante universidade. Quando relacionaram prováveis avanços futuros, escreveram que em 2010 os aviões voariam sozinhos. "Estão falando sério?", perguntei. Sem dúvida, responderam, exceto no caso dos jatos comerciais pois, nessa ocasião, os passageiros ainda não se sentirão à vontade voando num avião sem piloto.

No entanto, os robôs menores e mais delicados serão a norma, e muitos deles não parecerão robôs para nós. Na verdade, já interagimos com versões deles [...] o caixa eletrônico, a bomba automática no posto de gasolina, a fila do caixa *self-service* na loja. Esses são robôs rudimentares, fixos, mas que executam um trabalho, anteriormente realizado por seres humanos, e o executam com pouca intervenção humana, exceto no que diz respeito à manutenção e aos reparos ocasionais.

Há uma velha piada a respeito da fábrica do futuro, que empregará um único ser humano, um cachorro e inúmeras máquinas robotizadas. O trabalho da pessoa será vigiar as máquinas. A função do cachorro será evitar que a pessoa toque as máquinas.

Marshall Brain, fundador do web site *howstuffworks.com*, ficou fascinado com o futuro dos robôs e escreve freqüentemente sobre eles na sua série e blog *Robotic Nation*. Ele está preocupado com a possibilidade de que a história do ser humano e do cachorro possa ser excessivamente profética. Se estendermos as tendências da tecnologia e da robótica por duas ou três décadas e começarmos a perguntar quais as funções humanas que poderiam ser executadas por máquinas robotizadas inteligentes, a lista torna-se extremamente impressionante com muita rapidez:

Fabricação.	Manuseio da bagagem.
Vendas no caixa.	Check-in nos vôos (já existe!).
Limpeza.	Pilotar aviões.
Reparos em todos os tipos de coisas, inclusive nos robôs.	Fornecimento do transporte público.
Serviços de restaurante.	Entretenimento.
Vários tipos de empregos na construção civil.	Agricultura.
	E assim por diante.

O que torna a tese de Brain polêmica é uma questão essencial que ele levanta. Por meio de alguns cálculos simples, Brain imagina que cinqüenta milhões de funções poderão ser executadas por robôs em 2015 ou 2020. Brain enfatiza que dizem que não devemos nos preocupar, que a economia inventará cinqüenta milhões de novos empregos para compensar. É verdade que isso historicamente aconteceu. No entanto, pergunta Brain, já que podemos antever que isso vai acontecer, por que a economia não está inventando novos tipos de emprego agora?

A plena aplicação dos robôs às funções complexas está estreitamente associada à TI e à inteligência artificial (IA). As pessoas da área falam de inteligência artificial fraca e forte. Os robôs de hoje têm inteligência, já que são capazes de tomar decisões simples baseadas na sua programação. Eles são capazes de aprender e conseguem até resolver alguns problemas. No entanto, a sua inteligência é limitada e, em geral, não conseguem lidar com novos problemas. Mas isso está melhorando. A inteligência artificial forte envolve a capacidade de raciocinar, de resolver problemas e, quando muito forte, de ser num certo sentido autoconsciente. Essa grande mudança de paradigma poderia acontecer na semana que vem, ou décadas no futuro, e algumas pessoas duvidam de que a inteligência artificial forte seja até mesmo possível. Se não for, nunca veremos os famosos robôs totalmente humanóides da ficção científica.

SAIBA TUDO A RESPEITO DE TODO MUNDO

Para concluir esta sinopse de algumas tecnologias dinâmicas, é importante reconhecer um fenômeno social e cultural escondido bem à vista dentro de toda essa mudança da tecnologia. Trata-se da tensão intrínseca entre a privacidade e a transparência. Numa pesquisa de opinião científica realizada em 2005, junto a cidadãos do estado de Washington, sede da Microsoft e de muitas outras empresas de tecnologia, 64% declararam acreditar que daqui a vinte anos a privacidade e liberdade dos americanos será menor, enquanto apenas 14% acreditavam que haverá mais privacidade e liberdade.

As histórias de roubo de identidade são um dos elementos básicos da mídia, e o roubo de identidade está na verdade aumentando. Já analisamos a probabilidade de que a biométrica da segurança pessoal será uma área de crescimento. O Ministério da Defesa dos Estados Unidos doou oitocentos milhões de dólares para cinqüenta cidades em 2006 com a finalidade exclusiva de instalar câmeras de observação. Os óculos de proteção Google são um presente popular. Faça uma busca na Web e veja que coisas interessantes aparecem. Um dia as câmeras poderão literalmente encolher para a forma de "poeira inteligente" e ficar tão pequenas que você talvez não mais consiga vê-las, mas elas nos verão muito bem.

Isto é um problema, uma oportunidade ou uma ameaça? Ou é apenas interessante? David Brin estava entre as primeiras pessoas mais abalizadas a atacar o assunto. Em *The Transparent Society*, ele sustentou que a transparência não apenas é inevitável mas que, em última análise, poderá ser vantajosa para nós como pessoas e sociedades. Ele quer dizer que a transparência poderá ser uma incrível oportunidade.

O conceito moderno de privacidade é, na maioria das vezes, resultado da industrialização e da urbanização. Um amigo que passou algum tempo com o povo masai no Quênia reparou que uma das características mais interessantes dessa cultura era que uma pessoa quase nunca ficava sozinha; na verdade, todo o conceito da solidão era desconhecido para eles. Hoje, enquanto este livro toma forma, importantes pressupostos da civilização ocidental como a privacidade estão sendo desafiados. Brin faz o seguinte resumo do final do livro (334): "Foi divertido enquanto durou, morar em cidades, entre incontáveis pessoas anônimas, sem conhecer nenhuma delas a não ser que o fizéssemos por escolha, ser capaz de afastar-nos de qualquer constrangimento ou pequena descortesia, apenas outro rosto esquecido na multidão. Também era solitário."

Mas qual é a oportunidade? A minha mãe idosa de 85 anos mora sozinha, numa cidade distante. Quando ela começou a usar a Internet, ficou em contato com as coisas. Quando comprou um telefone celular, tornou-se mais acessível. Quando, no futuro não muito distante, os nossos telefones souberem onde estão, forem ativados pela voz, e a rede estiver muito mais inteligente, imagino que estarei andando pela rua e ouvirei uma voz no fone receptor dizendo: "Glen", e será a minha mãe, que saberá onde estou porque o seu telefone lhe forneceu essa informação. E eu saberei onde ela está. Ou talvez eu me levante certa manhã e ouça o meu computador dizer:

"Já passa das nove na casa da sua mãe, e até agora a cafeteira não foi usada. Talvez você deva telefonar para ela e verificar se está tudo bem." Isso representa, sem dúvida, menos privacidade, mas é melhor.

Se tentarmos nos agarrar ao passado, perderemos muitos dos possíveis benefícios da sociedade da informação, mas não impediremos que as pessoas poderosas ou malignas usem essas tecnologias contra nós. Uma das melhores defesas da liberdade no futuro pode ser a onipresença das câmeras e da comunicação instantânea. Quem teria sabido da tortura na prisão de Abu Ghraib em 2004 no Iraque, se alguns dos participantes involuntários não tivessem tirado fotos digitais de si mesmos e as colocado na Internet? Como saberíamos o que aconteceu no famoso avião seqüestrado que caiu na Pensilvânia em 2001, se a possibilidade de ouvir o ocorrido nos telefones celulares não existisse? Na verdade, como esses passageiros teriam descoberto o que estava acontecendo no mundo se, para início de conversa, não tivessem sido capazes de fazer as ligações? É mais provável que milhões de câmeras – não, provavelmente, bilhões de câmeras – enviando imagens ao redor do planeta pela Internet aumentem a nossa segurança do que ameacem a nossa liberdade. Um maior número de informações em vez do sigilo sempre foi um instrumento mais eficaz contra os tiranos e os governos opressores, e é provável que as coisas continuem dessa maneira.

CAPÍTULO 3

Como lucrar aumentando o conteúdo de conhecimento do seu produto ou serviço

Às segundas, quartas e sextas-feiras acho que estamos experimentando uma transição descontínua de um sistema de mundo para outro, uma "catástrofe". Às terças, quintas e sábados, eu me sinto melhor e acho que será uma transição com continuidade, como a anterior, do medievalismo para o modernismo. Aos domingos, tento descansar e busco um distanciamento contemplativo.

– William Irwin Thompson, 1985

Anos atrás discursei numa reunião de cúpula do Congresso americano. Citando outro futurista, observei que a demografia talvez pudesse ser prevista com precisão de uma geração, ou vinte anos, à frente, a tecnologia talvez pudesse ser antevista para algumas gerações de computador ou cerca de 36 meses no futuro, enquanto a economia, por possuir um número tão grande de variáveis, só pode, na melhor das hipóteses, ser prenunciada seis meses no futuro. Mais tarde, o principal economista da Wells Fargo comentou comigo: "Se você pode realmente prever a economia com seis meses de antecedência, você poderá me ajudar a ganhar muito dinheiro." Bem, é claro que não é tão fácil prever o desempenho da economia. Ao mesmo tempo, a forma e a natureza da economia futura é bastante previsível, e vamos dar uma olhada nisso neste capítulo.

Cinco forças dinâmicas estão moldando a futura economia. Elas não representam a visão completa, mas se você entender essas cinco, terá uma maior chance de moldar o seu futuro econômico. As cinco forças principais são a rápida inovação e a convergência tecnológica, o valor do conhecimento, a onda de consumo, o livre mercado mundial e, talvez, acima de todas, o desenvolvimento impetuoso da China e da Índia.

A RÁPIDA INOVAÇÃO E A CONVERGÊNCIA TECNOLÓGICA

Quando ocorreu o colapso do mercado de ações de tecnologia em 2000, muitos observadores qualificados casuais acharam que o ocorrido não significara apenas que uma bolha do mercado se rompera, e sim que uma bolha de desenvolvimento tecnológico chegara efetivamente ao fim. As notícias estavam repletas de relatos desalentados do final da economia da informação. Especialistas caíam uns sobre os outros para dizer: "Veja bem, a idéia de que existe uma economia impulsionada pela tecnologia com diferentes princípios foi um grande erro; aliás, estivemos certos o tempo todo a esse respeito. A nova economia está morta. É isso aí." Eles não poderiam ter estado mais errados. O que na verdade estavam vendo era o final do início, e o confundiram com o fim. O desenvolvimento e a convergência da tecnologia prosseguiram a passos acelerados, embora um pouco abaixo do radar.

A verdadeira história era que a nova economia conduzida pela tecnologia e baseada na web mal tinha começado. Até mesmo hoje em dia, ela é uma economia limítrofe, de modo que continuamos a presenciar a especulação, erros, perdas e ganhos, inícios e interrupções, experiências que funcionam e outras que não funcionam. Mas ela continuará a crescer. Por quê? Devido a uma coisa chamada Curva S, um elemento básico da teoria econômica relacionado com a inovação.

A Curva S diz que uma inovação que se popularize crescerá lentamente até que cerca de 10% do mercado a tenha adotado. Nesse ponto, um salto tem lugar, e o mercado expande-se rapidamente até uma penetração de aproximadamente 50%. Quando isso acontecer, o entusiasmo é incrível e muitas pessoas entram no jogo, na verdade, um número excessivo delas. Segue-se uma leve crise econômica e o crescimento do mercado se interrompe. A coisa toda parece ter chegado ao fim. No entanto, no caso de inovações poderosas e até mesmo vitais, o verdadeiro mercado acabará chegando a 90%. Isso quer dizer que, durante a pausa, quase metade do crescimento ainda está por acontecer.

Quando o mercado de tecnologia fez uma pausa em 2000, a adoção dos computadores pessoais era de quase 60%, mas a Internet e os telefones celulares estavam em torno de 50% nos países desenvolvidos. A banda larga, o verdadeiro segredo da futura economia regida pela tecnologia, estava apenas começando e não chegava a ser utilizada por 10% dos consumidores. Era compreensível que a economia baseada na Web estivesse fraquejando – a coisa toda estava lenta demais!

O desenvolvimento de múltiplos mecanismos da Internet estava apenas começando. À medida que a banda larga foi sendo implementada, as transações via Internet começaram a crescer rapidamente. A idéia de que as vendas a varejo não iriam dar certo era tão tola quanto a idéia de que todas as empresas a varejo da Internet seriam, automaticamente, bem-sucedidas.

Como pudemos observar, a Internet está crescendo agora como um canal de varejo. O estágio supremo poderá chegar quando quase todas as salas e todos os dispositivos portáteis tiverem uma tela, e cada tela, uma voz. Quando você abrir a gaveta da cômoda para pegar um par de meias e constatar que todos estão velhos, você poderá simplesmente dizer: "Na tela, vá para Nordstrom [...] pausa [...] Encomende cinco pares de meias esportivas em cores lisas variadas", e ponto final. O comércio na Web então se expandirá ainda mais. Quando isso acontecerá? Nos próximos dez anos; algumas pessoas acham que mais cedo ainda.

O QUE CONTA É O QUE UM PRODUTO OU SERVIÇO SABE

Uma nova receita para o comércio surgiu nos últimos 25 anos. Os ingredientes não estavam mais restritos à matéria-prima, ao trabalho e ao capital. O novo ingrediente começou a fazer uma enorme diferença no sucesso ou fracasso. Estou falando da inteligência. Não da inteligência das pessoas envolvidas, e sim da inteligência do produto ou serviço em si.

Peter Drucker salientou décadas atrás que foi o conhecimento aplicado às coisas e não aos seres que gerou a revolução industrial. Quando fiz a apresentação inicial do Summit on the Future 2005 em Amsterdã, pediram-me que eu me concentrasse no que a nova Europa precisaria fazer para tornar-se uma economia baseada no conhecimento. Uma sociedade de conhecimento não representa nada novo. A novidade é que o conhecimento agora é aplicado a tudo, inclusive a si mesmo, tanto que as pessoas, as mercadorias e os serviços concorrem baseados no seu valor de conhecimento. Por mais presciente que Drucker possa ter sido ao ser o primeiro a enxergar esse fato, ninguém o descreveu melhor do que Taichi Sakaiya (1991). Ele ressaltou que embora o conhecimento tivesse contribuído para o surgimento da sociedade industrial, o verdadeiro responsável era a energia barata. O que emergiu daquele período foi uma estética cultural cuja meta veio a ser produtos e serviços padronizados consumidos o mais abundantemente possível.

Agora que a estética está se extinguindo, à medida que os limites da energia barata estão sendo alcançados, a tecnologia da informação está possibilitando a rápida expansão das informações e do conhecimento e, na verdade, a própria sociedade industrial está se transformando no estágio seguinte, o que Sakaiya acreditava que viria a seguir era uma era na qual o valor econômico do conhecimento em si se tornaria a força motriz do comércio, era que ele rotulou de "revolução do valor do conhecimento". Os últimos quinze anos confirmaram a "história do futuro" de Sakaiya, e compreender o valor do conhecimento tornou-se fundamental para o sucesso dos negócios.

O valor do conhecimento é mais profundo do que as concepções populares da sociedade de conhecimento. Esta última enfatiza uma população instruída, o que sem dúvida é vital. No entanto, o valor do conhecimento refere-se ao conhecimento que podemos inserir *nos produtos e serviços propriamente ditos*. Qualquer automóvel hoje em dia não é apenas mais complexo e mais caro do que um Chevy Nova da década de 1970; o veículo em si é mais inteligente, tem um valor de conhecimento imensamente maior embutido nele. No entanto, as pessoas que construíram o carro de hoje podem não ser na verdade mais inteligentes do que as que fabricaram o Nova. Um carro novo com navegação embutida é mais inteligente do que um que não tenha essa característica, mas um automóvel que tenha navegação embutida e aviso de colisão é ainda mais inteligente. Um veículo híbrido não é apenas um motor a gasolina e um motor elétrico combinados num elegante pacote. É uma brilhante máquina computadorizada que faz observações contínuas do seu ambiente externo e interno, e cálculos constantes do que é necessário para operar com a máxima eficiência. Ele possui um valor de conhecimento superior.

O mesmo princípio se aplica aos serviços onde, freqüentemente, avaliamos o valor potencial de um produto baseados no seu valor de conhecimento percebido. O software que reproduz a rede neural usada para prognosticar a falha do concreto nos testes de stress ou para prever o preço das ações pode ser considerado como tendo um valor de conhecimento superior ao de simples ferramentas. À semelhança do que ocorre com os produtos, os serviços que contêm um valor de conhecimento mais elevado tenderão inicialmente a ser mais caros e mais especializados. Uma maior diferenciação e especialização de produtos e serviços é uma característica fundamental de uma economia de valor do conhecimento. No entanto, a rápida produção de um novo conhecimento significa um tempo de vida útil cada vez menor para os produtos e serviços à medida que os concorrentes apresentam produtos mais inteligentes, fenômeno que estamos claramente presenciando. Como o maior conhecimento está inserido tanto no desenvolvimento dos novos produtos quanto numa produção mais eficiente, os preços tendem, na verdade, a declinar com o tempo apesar do valor mais elevado do conhecimento.

A economia de valor do conhecimento encerra várias características que diferenciam a nossa época do passado.

- A principal mercadoria não é a terra, não são as matérias-primas, não são nem mesmo os produtos manufaturados ou os próprios serviços; a principal mercadoria é a informação.
- O conhecimento é o elemento de maior valor, e a capacidade de sobreviver e prosperar depende mais da capacidade para aprender o novo conhecimento e aplicá-lo rapidamente.
- O conhecimento comunicado é o que mais aumenta o valor, e as empresas que possibilitarem essa comunicação dominarão o mercado.
- A vantagem competitiva de todos os produtos e serviços reside cada vez mais no valor de conhecimento do produto ou serviço.

Quanto conhecimento entrou na produção dele? Quanto conhecimento está contido nele? Até que ponto e com que facilidade o consumidor pode perceber o valor de conhecimento ou ter acesso a ele?
- Quando um produto físico como a terra ou um artigo manufaturado é vendido, o vendedor deixa de ter o produto. Já quando o valor de conhecimento é vendido, o vendedor retém o valor de conhecimento após a venda. Por conseguinte, o valor de conhecimento nunca é perdido e, pelo contrário, aumenta por meio das transações. Assim sendo, jamais pode haver escassez do valor de conhecimento, e sem escassez sempre haverá uma pressão para que os preços baixem.
- O ritmo da mudança tecnológica se acelera. Os sistemas de comunicação integrada, que possibilitam a colaboração e rapidamente transmitem novas descobertas, tornam ainda mais acelerado esse ritmo.
- A vida útil do valor de conhecimento decresce continuamente, atribuindo, portanto, um prêmio à velocidade. Ciclos de projeto e produção que levam anos, ou mesmo meses, estão obsoletos.
- A incerteza num ambiente que se transforma com rapidez sugere cautela mas requer a experimentação. As pessoas têm a tendência de querer esperar que as coisas "se acomodem" antes de decidir o que fazer em seguida, mas o ambiente recusa-se a esperar.

O significado de tudo isso é óbvio. Se você quiser colocar o seu produto ou serviço competitivamente no mercado, faça-o mais inteligente. Existem poucas dúvidas de que um iPod é considerado mais inteligente do que os seus concorrentes, tanto na funcionalidade quanto na aparência. Você provavelmente precisará tornar-se mais inteligente para fazer algo assim, mas o segredo é colocar a inteligência no produto ou no serviço.

A ONDA DE CONSUMO DIMINUI

Uma falsa segurança embalou a economia dos Estados Unidos neste século. Montados no impulso de décadas de liderança tecnológica e vantagem demográfica, fomos capazes de suportar os eventos externos e uma temerária política econômica e tributária. No entanto, a jornada encontra-se numa casa de espelhos. As estatísticas do crescimento econômico dissimularam uma decadência subjacente, enquanto a classe média está imprensada em múltiplos empregos para conseguir sobreviver e o número de pessoas que vivem na pobreza aumenta a cada ano. Ao mesmo tempo, o percentual de riqueza que flui em direção aos que ocupam o topo da pirâmide vem subindo vertiginosamente. A poupança como um percentual da renda disponível decresceu para índices negativos em 2005, pois as pessoas tiveram que gastar tudo o que tinham para sobreviver. Os pronunciamentos otimistas a respeito do PNB não levam em conta nenhum desses fatos. Nesse meio tempo, a política monetária está estruturada para possibilitar que as pessoas retirem dinheiro do patrimônio da família e o derramem no consumo, algo que está acontecendo na ordem de bilhões de dólares por ano. Isso mantém a população relativamente feliz, porém enganada.

No entanto, um ponto crítico de inclinação assoma no horizonte. Pouca atenção está sendo prestada a esse ponto, embora ele seja um dos determinantes econômicos mais simples e mais profundos. Trata-se da onda de consumo. Inicialmente popularizada pelo demógrafo e economista Harry Dent (1995, 2004), a onda de consumo é a resposta para a seguinte pergunta: "Em que época da vida você gasta mais dinheiro?" A resposta é: quando você está mais ou menos na faixa dos 42 aos 50 anos, variando um pouco para menos ou para mais dependendo da época em que nascem os filhos, caso você tenha uma família. São nesses anos que as crianças em geral já se tornaram adolescentes e, portanto, você está comprando a maior casa na qual viverá, bem como produtos adicionais de todos os tipos, como carros, computadores e roupas. Aliás, essa é uma característica comum que atravessa as culturas ao redor do mundo.

O desempenho da economia americana determinada pelo consumidor tem sido altamente correlacionada com o percentual da população que se encontra no auge dos seus anos de consumo. Desse modo, nos primeiros anos deste século, quando os Estados Unidos viviam uma recessão, os gastos de consumo aumentaram a cada trimestre. Como isso foi possível? A resposta é que a última leva de *Baby-Boomers* está no auge dos seus anos de consumo. Eles não tiveram escolha a não ser gastar.

A onda de consumo tem apenas poucos anos pela frente, devendo chegar a 2010, quando os primeiros *Baby-Boomers* se preparam para a aposentadoria e os últimos ultrapassam os seus anos de consumo máximo. Esse miniperíodo de prosperidade é um dos espelhos que criam uma ilusão. Os próximos anos terão, na verdade, a propensão de ser muito bons, até mesmo excelentes, de acordo com Dent. No entanto, a geração seguinte, a Geração X, tem milhões de pessoas a menos. Desse modo, supondo-se que os outros fatores permaneçam constantes, o consumo provavelmente começará a decrescer em mais ou menos meia década e os mercados de ações e imobiliário seguirão a mesma tendência. Por conseguinte, uma situação razoável envolve alguns anos de incríveis oportunidades para a criação de negócios e o desenvolvimento profissional, seguidos pela perspectiva de um declínio depois de 2010. A capacidade para prever esses acontecimentos lhe conferem um conhecimento privilegiado de como lucrar nos próximos anos ao mesmo tempo que se prepara para o que virá depois. Fique, portanto, bem atento.

A GLOBALIZAÇÃO – TRAÇANDO O MAPA DE UM NOVO TERRITÓRIO

A nossa capacidade para evitar a retração econômica prevista pela onda de consumo depende fortemente do desempenho da economia mundial daqui a cinco ou dez anos. Não temos muito tempo para chegar lá. Uma vigorosa economia mundial parece ser uma saída.

A economia mundial ou economia global é freqüentemente citada como um novo fator econômico, mas ela faz parte tanto do passado quanto do futuro. Ela se tornou simplesmente a maneira como o mundo funciona agora. Thomas Friedman (2005) a chama de o mundo plano. Na verdade, ele é. Há dois anos a minha mulher abandonou a sua carreira de consultora de negócios e abriu uma pequena loja comercial de presentes finos. Foi esclarecedor descobrir como uma loja com pouco mais de duzentos metros quadrados em Seattle, Washington, pode estar tão inserida na economia mundial. Devido à combinação de produtos que a minha esposa desejava, ela se viu imediatamente lidando com fornecedores *do mundo inteiro*.

Em 2005, dirigi um seminário na Itália para um grupo de líderes empresariais, basicamente CEOs. Analisamos a Starbucks e a maneira como essa empresa havia tomado uma abordagem essencialmente italiana ao café e a globalizá-lo. Como isso acontecera? As empresas italianas tradicionalmente não se consideram empreendimentos internacionais, concentrando-se habitualmente nos consumidores locais. Os CEOs das companhias acharam que isso teria que mudar para que a Itália prosperasse na nova economia. Essa visão foi ampliada numa pesquisa de opinião realizada pela companhia patrocinadora, Ambrosetti, entre executivos da União Européia sobre a futura concorrência. Descobriram que, de um modo geral, os executivos da União Européia esperavam ficar atrás na concorrência na década seguinte por várias razões, principalmente pela ausência da integração européia (Cohen, 2005). Eles também mencionaram a competição internacional injusta, ao lado de imitações ilegais dos produtos.

No mundo em desenvolvimento, a globalização da economia pode ser descrita como uma bênção confusa. No entanto, na opinião de algumas pessoas, até mesmo fazer essa afirmação significa ser caridoso. John Perkins (2004) descreveu a sua experiência absolutamente terrificante com a experiência global na qual ele desempenhara o papel de um "assassino econômico profissional". A sua função era produzir estimativas inflacionadas dos benefícios do desenvolvimento, a fim de criar uma determinada carga de débito que as nações em desenvolvimento não conseguiriam escapar da dívida. Tudo isso estava embutido num processo que envolvia uma exploração extremamente desprezível das nações em desenvolvimento, o qual encerrava um benefício mínimo para as populações locais.

Os subsídios à agricultura interna nos países desenvolvidos são um exemplo da globalização exploradora. Esses subsídios significam que o arroz plantado nos Estados Unidos pode ser vendido mais barato na Tailândia do que arroz cultivado no local, e o mesmo é verdade com relação ao milho americano vendido no México. Desse modo, os agricultores locais não conseguem competir nem mesmo no seu próprio país com os fornecedores estrangeiros amparados por grandes subsídios. Para ser justo, os agricultores americanos fazem as mesmas queixas com relação a outros; podemos mencionar, por exemplo, certos produtos e safras européias. Essa questão tem sido constantemente abordada nas várias rodadas de negociações da Organização Mundial do Comércio, porém sem alcançar sucesso até a presente data.

Outras pessoas argumentam que o desenvolvimento de um mercado global cada vez mais livre tem sido o projeto econômico mais importante e benéfico desde a Segunda Guerra Mundial, um processo que se acelerou na década de 1990 devido ao fato de a antiga União Soviética e a China terem se voltado para a economia de mercado. Hoje, a Internet garante que os negócios se tornarão ainda mais globalizados, já que a integração das informações e a comunicação através das fronteiras são contínuas.

William Knoke (1996) descreveu tanto a dinâmica atual quanto a futura da economia global com uma aguçada capacidade de previsão quando designou-a a "era de tudo em toda parte", na qual as nações se tornariam anacronismos, o terrorismo prosperaria, a religião ressurgiria, as estratégias de negócios e as teorias econômicas precisariam ser repensadas e as antigas qualificações profissionais se tornariam irrelevantes. Ele, erroneamente, previu a fragmentação das grandes empresas e a aniquilação dos sindicatos de trabalhadores. Em vez disso, à medida que a economia mundial se desenvolveu nos últimos dez anos, o poder das grandes corporações aumentou e os sindicatos, embora menos ativos no momento, estão posicionados para uma recuperação global.

O nosso objetivo, ao enfatizar aqui a natureza global da economia, não é fazer uma análise global e tampouco apenas chamar a atenção para o óbvio. Em vez disso, queremos ressaltar três idéias fundamentais. Em primeiro lugar, enquanto força motriz, a globalização é ao mesmo tempo positiva e negativa. Qual delas prevalecerá depende fortemente da maneira como será abordada na próxima década. Se decidirmos racionalizar o trabalho global, criar salários medianos em vez de os mais baixos possíveis e desenvolver abordagens internacionais à sustentabilidade e à mudança climática, no balanço geral, a globalização poderá ser positiva. O distúrbio e a perda cultural talvez ocorram, mas poderão ser superados pelos benefícios. Benjamin Friedman (2005) argumenta persuasivamente que o valor moral dos padrões de vida mais elevados é freqüentemente desconsiderado. A história demonstra que quando os padrões de vida estão aumentando e as pessoas podem razoavelmente esperar que a vida futura seja melhor quando comparada à anterior, elas se preocuparão menos em se comparar com os outros, e se tornarão de um modo geral mais tolerantes e mais dispostas a resolver pacificamente as controvérsias. O oposto é verdadeiro quando os padrões de vida se estagnaram ou são vistos como tendo a tendência de declinar. Esse fato parece vital. Se a globalização avançar de uma maneira que aumente os padrões de vida em comparação com os do passado, ela será positiva. Se ela for exploradora e os padrões de vida permanecerem idênticos ou declinarem, o resultado será o conflito social.

A segunda idéia fundamental é que a terceirização é uma parte fundamental da globalização. Se a economia permanecer global, a terceirização dos empregos terá lugar e o impacto desse fato provavelmente está sendo subestimado. O número total de empregos e mais tipos de empregos serão terceirizados. O número de empregos terceirizados nos Estados Unidos continua obscuro e difícil de calcular. Os órgãos do governo americano, por exemplo, não mantêm uma estatística oficial sobre a terceirização, um fato estranho se considerarmos as estatísticas detalhadas realizadas com relação a praticamente todas as outras coisas. Os números mencionados variam enormemente, de dezenas de milhares de empregos exportados por ano a centenas de milhares ou mais. Ninguém efetivamente sabe a verdadeira história, ou, caso saiba, não a está contando. Estima-se que de 13 a 20 milhões de empregos americanos serão levados para o exterior na próxima década, metade na área da fabricação e metade na de serviços e de alta tecnologia. Se estivermos falando a respeito de empregos existentes que são literalmente escolhidos e transferidos, os números poderão tender para o limite inferior, mas se estivermos falando a respeito dos empregos adicionais que tradicionalmente teriam sido criados no local mas que agora são criados no exterior, os números certamente atingirão o limite superior. De qualquer modo, assim como Ted Fishman (2005), acredito que as estimativas típicas estejam pelo menos 100% mais baixas do que a realidade. À medida que os empregos altamente qualificados continuarem a se tornar vulneráveis, a migração do trabalho se acelerará. A única maneira de contornar essa situação seria por meio de uma legislação protecionista ou de uma extrema boa vontade da parte dos empregadores. Apresentar a qualidade mais alta e o menor custo possível é a única proteção para a empresa individual. Reformar o código tributário americano de maneira a desencorajar a exportação de empregos, em vez de encorajá-la, seria proveitoso. No entanto, se a idéia é que a economia seja global, mais cedo ou mais tarde estaremos falando de um processo no qual a mão-de-obra buscará o seu nível ótimo e no qual o trabalho e a produção terão um lugar indeterminado, usando a idéia de Knoke.

A inevitabilidade da terceirização, salvo se a globalização tiver um fim ou forem criadas proteções contra o deslocamento do trabalho, nos conduz ao terceiro ponto, o mais crítico. Parecemos estar prestes a participar de um processo de nivelamento de várias décadas. Ouvimos garantias agradáveis de que uma grande quantidade de novos empregos altamente remunerados surgirão para substituir os terceirizados. Mas onde estão eles? Firmes defensores do comércio global afirmam que um número maior de empregos são mantidos dentro das empresas do que os que são terceirizados. Também somos tranqüilizados pelos líderes políticos e intelectuais que apóiam a globalização e que garantem que não há com o que nos preocuparmos, que podemos simplesmente mandar as pessoas com 55 anos de idade de volta para a universidade comunitária, e que, de qualquer modo, os empregos com valor agregado não estão indo para lugar nenhum. Existe uma confiança cega de que tudo dará certo no final. Entretanto, parece mais provável que estejamos contemplando um processo de ajustamento que poderá levar umas duas gerações, provocando uma significativa pressão de achatamento nos salários durante todo esse período. Duas gerações é um prazo excessivamente longo e os distúrbios demasiadamente graves.

É fundamental que sejamos muito mais cautelosos com relação a todo esse processo. Um exame realista do impacto profundo e duradouro sobre os salários seria uma maneira de começar. Aliviar os empregadores americanos do fardo dos custos da assistência médica, por intermédio de um programa nacional de seguro-saúde, seria uma medida básica a ser adotada. A educação dos adultos precisa sofrer importantes melhoras e são necessários programas para ensinar as pessoas a tornar-se efetivamente empresários internacionais. Uma revisão próxima do código tributário dos Estados Unidos seria bastante proveitosa, em particular da subseção F, que regulamenta a tributação das subsidiárias estrangeiras controladas pelas companhias americanas. Esses dispositivos tributários estimulam a exportação de empregos, liberando a empresa que transfere empregos para o exterior de importantes impostos sobre a parte do lucro que agora será gerado no exterior. Finalmente, a firme insistência na igualdade de condições nas práticas trabalhistas e na proteção ambiental pode atuar para neutralizar as vantagens dos baixos salários.

A CHINA GANHA, A ÍNDIA CORRE

A Boeing começou a oferecer, alguns anos atrás, um treinamento empresarial de alto nível aos executivos das companhias aéreas chinesas. A intenção era dupla: incentivar os executivos a preferir os produtos Boeing e, em todo caso, aumentar a probabilidade de que as empresas aéreas chinesas se tornassem lucrativas com o tempo, porque os executivos teriam aprendido os métodos do comércio global. Acontece que a minha esposa fazia parte da equipe criativa que elaborou e gerenciou esses cursos intensivos que duravam de um a três meses e que foram realizados em Seattle e St. Louis. Como parte do programa de especialização, tive algumas vezes a oportunidade de passar um dia com as turmas de trinta homens e mulheres de negócios chineses, muito inteligentes e ambiciosos, que exploravam o futuro a longo prazo. Ainda melhor, sob certos aspectos, foi o fato de que a minha mulher e eu pudemos convidar turmas inteiras para festas na nossa casa. Eles chegavam de ônibus para participar, por exemplo, de um churrasco ao estilo americano ou, numa certa ocasião, de uma festa de Halloween à fantasia com brincadeiras tradicionais.

Três coisas se destacam nas minhas impressões dessas sessões em sala de aula e das reuniões sociais. A primeira foi o elevado grau de instrução e ambição exibido. A segunda foi um interesse no futuro a longo prazo, mas não ainda um grande conhecimento a respeito das futuras tendências, quer tecnológicas quer socioculturais. Mas o que mais me chamou a atenção foi o intenso nível de curiosidade com relação a como tudo funcionava. Lembro-me particularmente do primeiro churrasco, quando os convidados se reuniram ao redor da churrasqueira a gás, examinando a parte debaixo para ver o funcionamento, perguntando de onde vinha o gás, quanto custava o produto, e assim por diante. Aqui estão eles, pensei com os meus botões, aprendendo a fazer a modelagem financeira de futuras cargas de passageiros, e pareciam estar mais entusiasmados com o simples projeto de uma churrasqueira a gás.

Considero essa história valiosa porque ela explora algumas verdades contraditórias e, ao mesmo tempo, simultâneas a respeito dos chineses. Embora eles venham crescendo economicamente há trinta anos a uma enorme velocidade, tendo duplicado três vezes o tamanho da sua economia, ainda lutam para satisfazer as necessidades básicas de comida e roupa para grande parte da população. Milhões de chineses, mesmo nos dias de hoje, considerariam uma churrasqueira a gás uma tecnologia bem-vinda, enquanto outros milhões já estão vivendo uma vida de classe média com telefones celulares, carros e trens de alta velocidade. Segundo, os chineses hoje estão ansiosos para ser um dos líderes da economia mundial, e não apenas estreantes. Finalmente, estão avançando rapidamente na área tecnológica, ainda construindo represas com mão-de-obra humana e carrinhos de mão ao mesmo tempo que desenvolvem empresas aéreas internacionais, software de computador e naves espaciais.

O mais recente acontecimento foi esclarecido numa recente entrevista com Jin Lan (2005), fundador da Octaxias Company LLC, a pequena empresa de consultoria especializada da China Connection, que oferece os seus serviços a companhias estabelecidas nos Estados Unidos que desejam fazer negócio com a China. Lan nasceu na China, veio para os Estados Unidos em 1980 para estudar, e decidiu posteriormente permanecer no país e abrir um negócio. Lan alimenta uma perspectiva singular sobre a interseção do comércio entre a China e os Estados Unidos. A sua experiência inclui a facilitação da visita do presidente George W. Bush com a esposa à Grande Muralha em 2002 e a condução de uma sessão de treinamento para 25 prefeitos chineses com prefeitos americanos em Portland, Oregon. Quando pedi a Lan que citasse os acontecimentos mais importantes aos quais deveríamos ficar atentos nas próximas duas décadas, a sua pequena lista incluiu o seguinte:

- Grandes avanços na agricultura, como culturas híbridas de alto rendimento, modificações genéticas e a "agricultura espacial", que envolve um programa de pesquisas espaciais muito ativo que se destina a descobrir se a hibridização das culturas no espaço pode aperfeiçoá-las, projeto que Lan afirma ter aumentado experimentalmente dez vezes a produção.

- A nanotecnologia, porque, embora a China esteja cinco anos atrás do resto do mundo, os chineses estão investindo uma enorme quantidade de dinheiro na pesquisa e no desenvolvimento dessa tecnologia.
- A tecnologia da informação, na qual quatro eventos se destacam. Em primeiro lugar está a enorme base de usuários na China tanto para telefones celulares "além da 3G" quanto para a computação, que pressagiam um papel importante para a China na definição dos padrões globais. Segundo, a produção local de software na linguagem chinesa tridimensional dará origem a futuros avanços revolucionários na computação tridimensional. Em terceiro lugar, vem a crescente predominância dos chineses na fabricação, com a China hoje produzindo 70% dos PCs, 60% dos laptops e, por volta de 2010, estará produzindo 20% dos chips. Por fim, esses dois últimos são combinados num quarto, a capacidade tecnológica local de produzir, por exemplo, um novo chip de computador para funcionar com a língua chinesa e o Linux, aliado a um processo de fabricação barato, para produzir um computador na faixa de cinqüenta a oitenta dólares, o que é fundamental para informatizar toda a população.
- Pesquisas na área da biotecnologia, envolvendo tanto o DNA quanto o RNA, que serão combinadas à medicina chinesa tradicional, possivelmente produzindo grandes avanços médicos.

Por conseguinte, segundo Lan, o futuro da China pouco tem a ver com churrasqueiras a gás e tudo a ver com o desenvolvimento da tecnologia de vanguarda. Este é o fato mais importante sobre a China que precisamos absorver. Os chineses pretendem liderar a tecnologia e, como veremos depois, eles estão desenvolvendo a capacidade para se tornar esses líderes.

"Quando a China começar a ficar visível, será difícil deixar de vê-la em toda parte" (Fishman, 2005, 6). Mas há também a Índia. Esta possui um impacto potencial muito semelhante na economia global e é freqüentemente descrita como a próxima China (embora alguns chamem a China de a próxima Índia!). No geral, temos prestado menos atenção à Índia porque ela não se tornou o centro de produção no qual a China se transformou.

Thomas Friedman corrige esse fato concentrando-se bastante na Índia em *The World is Flat* (2005), quando conta história após história de como a Índia está se tornando o modelo do lugar indeterminado. A informação e o capital intelectual não conhecem nenhum lugar, não precisam de nenhum lugar por causa da tecnologia e, portanto, Bangalore é uma cidade na qual todas as tendências da tecnologia e da informação podem se reunir e produzir uma próspera indústria de informação global. "Países como a Índia são, hoje, capazes de competir pelo conhecimento global como nunca puderam antes, e é melhor que os Estados Unidos se preparem para isso" observa Thomas Friedman (7).

As forças discutidas até agora neste capítulo como propulsoras da futura economia são importantes, mas empalidecem diante do desenvolvimento econômico da China e da Índia. Nunca vimos algo assim: populações maciças, ambições de desenvolvimento e liderança global, repletas de uma energia e demanda reprimidas e, o que é essencial, com acesso à tecnologia no século XXI, às redes globais e à educação. Thomas Friedman (265) resume a situação da seguinte maneira, introduzindo como um bônus um país em desenvolvimento da União Européia:

> É impossível enfatizar o suficiente. Os jovens chineses, indianos e poloneses não estão disputando conosco uma corrida pelo último lugar. Eles estão concorrendo ao primeiro lugar. Eles não querem trabalhar para nós, nem mesmo querem ser como nós. Eles querem nos dominar — no sentido que desejam criar as companhias do futuro, que as pessoas no mundo inteiro irão admirar e nas quais exigirão trabalhar.

Essa declaração pode parecer alarmante, já que vem de uma autoridade reconhecida e Friedman, obviamente, pretende fazer soar um alarme. Os Estados Unidos estão ficando atrás em muitas áreas e, se simplesmente traçarmos algumas linhas de tendências para algumas década à frente, teremos que nos perguntar como os Estados Unidos manterão a sua liderança. O mesmo se aplica a outros países acostumados à liderança econômica. Na medida em que os Estados Unidos precisam despertar, o alarme pode ser bem-vindo. No entanto, também é importante examinar o benefício mútuo que pode surgir do desenvolvimento da China e da Índia e, nesta seção, tentamos fazer isso ao mesmo tempo que destacamos alguns desafios importantes.

OS PRINCIPAIS PROPULSORES DO DESENVOLVIMENTO CHINÊS E INDIANO

O mero tamanho

Como todos sabemos, os dois países são enormes. Se a tendência atual se sustentar, a população da Índia ultrapassará a da China em 2030, em decorrência da taxa de fertilidade da Índia de 2,78 em 2005 *versus* a de 1,72 da China no mesmo ano. A ONU prevê atualmente que em 2050 a Índia, que tem hoje um bilhão de habitantes, terá uma população de 1,6 bilhões de pessoas, quando alcançará um estado estacionário. Prevê-se que a população da China, que hoje é de 1,3 bilhões de pessoas, será de 1,4 bilhões em 2050, quando já estará declinando, o que tornará a Índia a nação mais populosa do mundo.

Rápido crescimento, enorme demanda

A taxa de crescimento do Produto Nacional Bruto atual da China de 9,5% é seguido de perto pelos 8% da Índia. Em 2050, a previsão é que a economia da China seja 75% maior do que a dos Estados Unidos. Se a China atingir uma renda per capital igual à metade da dos Estados Unidos, o que é uma meta razoável, a sua economia se tornará, na verdade, duas vezes e meia maior. A Índia, com o seu crescimento populacional e nível de educação tecnológica, provavelmente estará competindo com a China pela liderança mundial. O mercado indiano de automóveis já está alcançando o da China. A taxa de crescimento das vendas da Índia em 2005 foi quase o dobro da da China, embora a venda total tenha sido um milhão de unidades menor, o que equivale à metade das vendas da China.

Liderança na educação

É na educação que o contraste entre os Estados Unidos, a Índia e a China torna-se mais marcante. A Índia está formando agora 2,5 milhões de universitários por ano, dos quais 350 mil são engenheiros, ou seja, cinco vezes mais do que Estados Unidos. A comparação com a China é favorável, que atualmente produz 3,4 milhões diplomados universitários, 60% dos quais se formam nas áreas de ciência e engenharia, e também produz 350 mil engenheiros. Somente 5% dos 1,4 milhões de estudantes americanos se formam em engenharia, embora outros 25% obtenham algum tipo de grau na área científica. A educação compulsória na China está passando de seis anos para nove anos. O inglês tem o *status* de língua oficial na Índia, o que tem sido crítico para o posicionamento desse país na área da computação e da telecomunicação. Embora cinqüenta mil alunos americanos estudem chinês, havia mais chineses aprendendo inglês em 2005 do que pessoas que falam o inglês como primeira língua nos Estados Unidos, Canadá e Reino Unido combinados.

A mudança para a liderança tecnológica

Fornecer uma produção e serviços baratos ainda é a entrada para a economia global. As empresas japonesas podem contratar três programadores chineses pelo custo de um no Japão. Os trabalhadores da indústria podem ainda trabalhar por 25 centavos de dólar por hora. No entanto, outros tipos de mão-de-obra asiática e africana podem ser ainda mais baratos, de modo que esse não é mais o segredo. Desse modo, as duas nações estão bem adiantadas no caminho de deixar de ser meros fornecedores de uma mão-de-obra barata e colocar-se na liderança tecnológica, primeiro na produção da tecnologia, e agora na concepção e no gerenciamento dessa tecnologia.

Apoio às pesquisas e ao desenvolvimento

Embora as pesquisas dos setores público e privado combinadas nos Estados Unidos ainda dominem o mundo, as tendências não são promissoras. Os gastos federais com a ciência básica nos Estados Unidos permaneceram uniformes durante trinta anos, ao passo que as despesas com as ciências físicas diminuíram. Como vimos, o apoio do governo chinês a ambas as pesquisas científicas, quanto à educação científica e tecnológica, aumentou 22% entre 1995 e 2002, e mais ainda nos últimos anos.

A pobreza

Esta é uma das duas vantagens competitivas mais críticas da China e da Índia. Quando um industrial chinês ou um pioneiro da telecomunicação indiano vai para o interior fazer contratações para uma nova operação, o convencimento é feito mais ou menos assim: "Mudem-se para a cidade, venham trabalhar na minha empresa e vocês poderão comer bem todos os dias." Nos Estados Unidos ou na União Européia a abordagem seria feita da seguinte maneira: "Venham trabalhar na minha empresa e vocês poderão ter uma televisão maior e um iPod com mais memória." O incentivo não é o mesmo, não pode ser o mesmo. De acordo com Benjamin Friedman, depois de um certo ponto, a busca de mais riqueza pode tornar-se na verdade "fútil e moralmente enervante" (*The Economist*, 2005). Ele defende nos Estados Unidos uma inversão do rumo atual, sugerindo no seu lugar um decréscimo do déficit federal, limites nos gastos e uma inversão das recentes reduções de impostos, além de uma total prestação de contas dos gastos ambientais e melhores escolas. Friedman acredita que essas e outras medidas são fundamentais para que se consiga a energia necessária para sustentar uma sociedade que está crescendo, mas já é abastada.

A liberdade com relação ao fundamentalismo religioso

A liberdade com relação ao tipo de fundamentalismo religioso que limita a investigação científica poderá revelar-se uma vantagem no século XXI. Os Estados Unidos e os países islâmicos estão atualmente concentrando-se menos na indústria e na inovação do século XXI, e parece que empenhando-se mais em demonstrar uma lealdade a antigas crenças. Embora a Índia seja um país religioso com a sua própria história de conflito religioso, e a China tenha os seus problemas, ambas estão relativamente livres de limites religiosos no futuro. Embora na sua mensagem de Natal de 2005 o Papa tenha advertido os fiéis dos perigos do avanço tecnológico realizado na ausência da fé religiosa, é mais provável que as escrituras fundamentalistas sobre a ciência e a tecnologia venham a ser o maior problema.

AS PRINCIPAIS VANTAGENS DO DESENVOLVIMENTO DA CHINA E DA ÍNDIA

Se aceitarmos a idéia de que a China e a Índia têm agora vantagens econômicas e tendem a crescer e assumir uma posição dominante na economia global, devemos encarar esse fato como uma ameaça? Veremos constantes esforços de descrever essa ocorrência como uma ameaça, ao lado de clamores por proteção e, o que é triste, convocações para uma corrida armamentista. No entanto, os benefícios do comércio e do desenvolvimento internacional decorrem da vantagem comparativa e não da absoluta. A maioria dos relacionamentos comerciais não contém situações em que o ganho de um lado é igual à perda do outro. Logicamente, nenhum país é capaz de produzir vantagens comparativas sobre outro em todas as indústrias, não importa a freqüência com que possamos afirmar teoricamente que a China poderia produzir todos os bens e serviços para o mundo inteiro. Isso não vai acontecer. Mais exatamente, numa economia global, os seus concorrentes são as unidades produtivas com a vantagem comparativa mais semelhante à sua, enquanto os *seus melhores parceiros comerciais* são as unidades maiores, e aquelas mais diferentes de você. A China e a Índia representarão uma maior concorrência para os Estados Unidos do mesmo modo que a Europa tem sido há décadas. Entretanto, até mesmo a Europa é *basicamente um parceiro comercial mutuamente benéfico.*

Desse modo, os benefícios do desenvolvimento da China e da Índia, à medida que se tornarem economias maiores do que o Japão e depois que os Estados Unidos e a UE, serão maiores do que as perdas competitivas. Não estou dizendo que o processo não será muito tumultuado, como já discutimos antes. Tampouco estou dizendo que não devamos enfatizar bastante a preservação dos empregos com melhores estratégias e políticas competitivas. A pressão contínua e eficaz para a existência de práticas justas relacionadas com o trabalho, o meio ambiente e questões de dinheiro deveria ser uma atitude comum. No entanto, de um modo geral e tendo em vista todas as forças econômicas que discutimos, o fato de a China estar correndo e a Índia ganhando é uma boa coisa para o futuro.

Além da vantagem geral de ter dois grandes e poderosos parceiros comerciais, dois outros objetivos do desenvolvimento da China e da Índia parecem claros. Um deles é a capacidade dessas duas culturas, cada uma hoje com um pé no seu passado agrário e o outro na indústria e na educação do século XXI, de saltar para o futuro, ou seja, se o desenvolvimento for bem feito, elas poderiam saltar por sobre os erros e as lições aprendidos com duzentos anos de industrialização e alcançar um desenvolvimento mais limpo, mais sustentável e até mais humano. É claro que os indícios atuais para que isso seja feito são, na melhor das hipóteses, confusos, mas a oportunidade está presente. O segundo benefício adicional está simplesmente relacionado com a diminuição da pobreza. Por ter uma área e uma população tão grande, cada país tem os seus problemas com a pobreza, e se somente esses dois gigantes obtivessem a liderança econômica e uma crescente classe média, a pobreza global receberia um golpe, embora ainda houvesse muita coisa a ser feita.

DESAFIOS AO DESENVOLVIMENTO DA CHINA E DA ÍNDIA

Para que a China e a Índia cheguem lá, e para que benefícios mútuos tenham lugar, essas duas potências precisarão enfrentar e vencer vários importantes desafios. Alguns são exclusivos de cada país, mas muitos atravessam fronteiras.

Da maneira como Jin Lan (2005) percebe a situação, a China irá enfrentar três desafios duradouros no futuro: alimentar o povo, vestir o povo e possibilitar que ele viva melhor. São metas bem simples e tradicionais. Mas para alcançar essas coisas, a China, e também a Índia, precisarão lidar com a degradação ambiental, com o crescimento populacional e políticas apropriadas, com a chegada à próxima era da energia além dos combustíveis fósseis e, finalmente, com a conciliação das políticas do governo com a liberdade econômica e inovadora.

A energia e o meio ambiente estão na mente das pessoas nesses países. Ao descrever o seu seminário com 25 prefeitos chineses, Lan descobriu que eles estavam principalmente preocupados com a possibilidade de que a

China fosse jogar no lixo o seu meio ambiente e tornar-se simplesmente as abelhas operárias para o mundo, apenas para fabricar tudo. Esse não era um futuro preferível para eles. A seriedade com relação ao desenvolvimento verde, à redução da poluição e das emissões de carbono, ao mesmo tempo que a economia cresce rapidamente, é uma área de crescente interesse na China e na Índia. Na verdade, ao contrário da impressão habitual de que a China não se importa com o meio ambiente, os registros mostram que enquanto o PNB da China aumentou quatro vezes de 1980 a 2000, a utilização da energia apenas duplicou. A China emite 2,6 toneladas de carbono por cada mil pessoas e, os Estados Unidos, 19 toneladas.

Ainda assim, a China e a Índia precisam começar a lidar com o desenvolvimento de indústrias de energia sustentáveis. Tendo em vista a localização geográfica e a capacidade de engenharia desses dois países, se agirem rápido, terão a oportunidade de surgir como os líderes mundiais na próxima era da energia, enquanto contribuem simultânea e amigavelmente para a prosperidade da ecologia no seu próprio país. Enquanto isso acontece, a China e a Índia precisam resistir ao caminho fácil de queimar cada vez mais carvão, atualmente um método básico de gerar eletricidade. Uma das grandes corridas dos próximos dez ou vinte anos será ver quem – a China, a Índia, os Estados Unidos – ou outros países como o Brasil, o Japão e a UE emergirão como os principais inovadores na área do transporte e da energia. Milhões de empregos ficarão em suspenso, bem como o destino do clima do planeta.

No que tange à política populacional, a China enfrentará em breve dois problemas. A política de um só filho por casal conseguiu controlar o crescimento populacional, como vimos na taxa de fertilidade chinesa. No entanto, a China está envelhecendo rapidamente e aproximando-se do ponto em que o declínio terá início. Quando essas duas forças convergirem, poderemos esperar o relaxamento da política do filho único, e até uma política clara de apoio a famílias maiores. Isso provavelmente visará um estado estacionário e não um crescimento efetivo. Nesse meio tempo, a Índia precisará fazer um esforço contínuo para reduzir o crescimento populacional e alcançar um equilíbrio. À medida que o crescimento populacional diminuir no mundo, surgirá uma pressão contrária para aumentar o tamanho da família por razões econômicas e culturais, mas será importante resistir a essas pressões.

Finalmente, tanto a China quanto a Índia enfrentam os seus problemas particulares com relação a políticas governamentais. Na Índia, grandes e contínuos déficits do governo e uma dívida pública correspondente a 62% do PNB dificultam a capacidade do governo de melhorar a infra-estrutura com a rapidez que seria proveitosa. Cortes substanciais nos subsídios do governo e uma reforma tributária se fazem necessários. Na China, a reavaliação do yuan diante do dólar e do euro ainda é algo para o futuro. A constante evolução da liberdade econômica no meio de um governo mais aberto, porém, ainda controlador, também representará um desafio.

A DEFASAGEM DOS ESTADOS UNIDOS

O que os Estados Unidos deverão fazer? Mencionamos os suspeitos habituais. Retornar a uma política fiscal mais sadia reduzindo o déficit e revogando alguns dos cortes nos impostos. Realizar uma grande melhora na educação e voltar a investir mais na ciência e tecnologia básicas. Encarar com seriedade a terceirização, procurando entender a extensão do desafio em vez de adotar medidas protecionistas. Tornar a preservação de empregos de alta qualidade uma prioridade e apoiar pesquisas e inovações que produzam novas indústrias no futuro. Rever o código tributário para desestimular a exportação de empregos em vez de estimulá-lo. Instituir políticas que tornem as empresas americanas mais competitivas no que diz respeito aos preços, sendo o seguro-saúde nacional uma dessas políticas. O financiamento parcial do seguro-saúde nacional, aliado a um imposto nacional sobre a gasolina, que ofereça um incentivo baseado no mercado para que empresas americanas assumam a liderança na nova era da energia e do transporte antes que seja tarde demais e essas indústrias sejam perdidas. Ensinar o espírito empreendedor global. Como diz Michael Cox do Dallas Federal Reserve (Fishman, 275): "Não existe nenhuma razão pela qual não possamos ter um em cada quatro americanos trabalhando nos Estados Unidos e potencializando o trabalho de 95 pessoas em outra parte do mundo." Matuszak (2005) nos aconselha a "celebrar a concorrência" e entender que quando fazemos negócio na China colocamos em risco a nossa propriedade intelectual e o governo poderá não nos ajudar. Mas, mesmo assim, devemos negociar com a China. Especialmente, devemos instituir programas de treinamento na nossa atividade, para que o empreendimento que surgir compartilhe a nossa cultura comercial e possamos fazer negócio com mais facilidade no futuro. Fishman (2005), leitura obrigatória na China, resume a situação da seguinte maneira:

> Para que os Estados Unidos continuem a operar produtivamente, as suas aptidões, sofisticação e poder imaginativo precisam continuar a ser de nível internacional, melhorando a cada dia. Os Estados Unidos precisam tornar-se um novo lugar (282).

CAPÍTULO 4

Como lucrar com a próxima onda de energia

O clímax da produção mundial de petróleo coloca os Estados Unidos e o mundo diante de um problema de gerenciamento de riscos sem precedentes. À medida que o clímax se aproximar, os preços do combustível líquido e a flutuação dos preços aumentarão dramaticamente e, sem um atenuante oportuno, os custos econômicos, sociais e políticos serão sem precedentes. Existem opções viáveis de atenuantes tanto no lado da oferta quanto no da procura, mas para que exerçam um impacto substancial, elas precisam ser introduzidas mais de uma década antes desse clímax.

– Peak Oil, relatório da Science Applications International Corporation para o Ministério da Defesa dos Estados Unidos, 2005

Vamos precisar de tudo que possamos obter da biomassa, de tudo que possamos obter da energia solar, de tudo que possamos obter da energia eólica. E, ainda assim, apresenta-se a pergunta: poderemos obter o suficiente?

– Michael Pacheco, 2005

Temos cinqüenta anos no máximo para refazer o mundo. Mas as pessoas mudam, adaptam e fazem funcionar novas loucuras.

– Michael Parfit, 2005

O FIM DO PETRÓLEO BARATO

O petróleo do mundo está acabando. Bem na hora. Quando chego de avião a um grande aeroporto internacional, fico sempre impressionado quando olho em volta enquanto o avião se dirige lentamente ao terminal. Enormes aviões queimando combustível avançam em todas as direções. A pista de decolagem está abarrotada de veículos que transportam a bagagem dos passageiros, caminhões de combustível, ônibus, veículos de manutenção. Depois de algum tempo, caminho pelo terminal e vejo milhares de pessoas do mundo inteiro indo de um lado para o outro. Finalmente, chego à rua ou ao estacionamento, onde centenas de carros e ônibus queimando gasolina e óleo diesel disputam um espaço, estacionam ou vão embora. E isso vem acontecendo, nessa escala, apenas nos últimos cinqüenta anos.

Faça a seguinte experiência mental. "Desinvente" os computadores e os telefones. Desinvente a energia nuclear e a engenharia genética. Esqueça a nanotecnologia, a televisão e o rádio. Abandone a rede elétrica. Invente apenas carros e aviões rápidos, ponha milhões de pessoas dentro deles diariamente e envie-as para outro lugar para que façam negócios ou se divirtam. Você mudará o mundo, como na verdade o fizemos nos últimos cinqüenta anos. Como, me pergunto no aeroporto, vamos sobreviver se tudo isso desaparecer ou se os preços se tornarem proibitivos? Algumas pessoas acreditam que este será o futuro quando as reservas de petróleo começarem a diminuir.

Caso isso aconteça, as mudanças serão de fato enormes. O século XX foi o século do petróleo barato, pelo menos para os que moram nas nações industrializadas. Nenhuma descoberta mais profunda jamais foi explorada. Um campo maduro de petróleo ainda é impressionante, pois retirar o petróleo do solo custa apenas cerca de três dólares por barril. O que poderia ser melhor? Como poderia o término iminente do suprimento do petróleo bruto convencional ser uma boa notícia? Porque ele está chegando bem na hora, quase como se a Terra, ou Gaia, soubesse que está na hora de fazer com que esta era lucrativa, porém esbanjadora, chegue ao fim.

Atirar toneladas de resíduos na atmosfera é o primeiro hábito a ser rompido. "O efeito estufa tem lugar quando desenterramos fósseis [...] e os queimamos. Nós, seres humanos, vimos fazendo isso intensamente há duzentos anos. Atear fogo a formas de vida há muito extintas é o principal empreendimento industrial da raça humana [...]. Esse próspero negócio endossa quase tudo o que fazemos." (Sterling, 2002, 279)

Um segundo motivo pelo qual o declínio das reservas de petróleo seria positivo é óbvio, ou seja, a situação conturbada no Oriente Médio. Cerca de 75% das reservas futuras de petróleo conhecidas pertencem aos países da OPEP, quase todas localizadas na Arábia Saudita e no Iraque, nações do Oriente Médio. Como veremos, as reservas da Arábia Saudita são mais precárias do que normalmente se acredita. A curto prazo, a situação do Iraque é muito incerta devido à confusão ali ocorrida e, a longo prazo, porque as suas reservas atuais são desconhecidas e estarão sujeitas a contínuas controvérsias num futuro próximo. O petróleo americano encontra-se agora num permanente esgotamento, enquanto as descobertas fora da OPEP já estão com uma defasagem de duas décadas. As reservas fora da OPEP atingirão o auge no máximo em 2015, se é que já não o fizeram. Todas as avaliações razoáveis da oferta futura de petróleo pressupõem que os Estados Unidos aumentarão a sua importação de petróleo da OPEP dos atuais 60% para 75% em meados de 2020. Até mesmo dirigentes comerciais experientes como Charles Shultz, alto funcionário do governo dos presidentes Richard Nixon e Ronald Reagan, dá a seguinte resposta a essa possibilidade: "Quantas vezes teremos que apanhar para fazer alguma coisa definitiva a respeito desse problema crítico?" (Lovins, 2005, xv). O principal problema criado pela excessiva dependência de um único cartel de energia é a suposta necessidade de proteger militarmente esses recursos.

Reduzir a dependência do petróleo da OPEP poderia ser uma boa coisa para os Estados Unidos e para o mundo, mas e a OPEP? A dura realidade é que o petróleo tem tido a tendência de ser uma bênção confusa para os países que o possuem. Ele sem dúvida gerou uma tremenda riqueza, e é melhor ter petróleo do que não ter. Ao mesmo tempo, ele contribuiu para uma tremenda desigualdade entre ricos e pobres, retardou, em vez de acelerar, o desenvolvimento de outras indústrias nas áreas afetadas e tem contribuído para níveis elevados de corrupção. Uma mudança agora para alternativas de energia mais diversificadas possibilitaria uma redução gradual e não repentina para os produtores de petróleo, uma situação mais estável e auspiciosa do que qualquer outra.

O fim do petróleo barato também estimulará as comunidades americanas a reconsiderar o seu projeto. A idéia de construir comunidades que exigem que as pessoas peguem um carro e dirijam alguns quilômetros para comprar pão ou leite pode ter sido divertida nos últimos cem anos, mas é fácil demonstrar que ela é contraproducente de várias maneiras. Uma das mais importantes é a correlação, hoje comprovada, entre a obesidade e a vida no subúrbio. Ter um gramado de dois mil metros quadrados é aparentemente menos saudável do que caminhar pelas ruas da cidade, e isso está para mudar.

Se o fim do petróleo barato pode ser uma boa notícia, a grande notícia é o que vem a seguir, nada menos do que a reinvenção do nosso futuro energético. Todos os indícios apontam para que isso vá acontecer aproximadamente nos próximos 25 anos. Consideradas como um todo, a inovação e as alternativas que serão necessárias provavelmente representarão a maior oportunidade de receita comercial que já existiu.

O QUE É O CLÍMAX E POR QUE ELE ESTÁ PRÓXIMO

Para entender o motivo pelo qual o clímax está próximo, precisamos de um pouco de história. M. King Hubbard, geólogo especialista em petróleo, publicou na década de 1950 uma previsão, hoje famosa, de que a produção de petróleo americana chegaria ao auge no início da década de 1970. Ele demonstrou que a produção de qualquer campo considerado aumenta com relativa rapidez depois da descoberta, diminui quando nos aproximamos do clímax, quando metade do petróleo já foi extraído e, em seguida, declina num ritmo cada vez mais rápido depois que esse ponto médio é atingido. Faz perfeitamente sentido. E os cálculos matemáticos de Hubbard estavam absolutamente corretos, pois a produção dos campos de petróleo americanos de fato chegou ao auge em 1971-1972.

Hubbard não tinha os dados necessários para fazer uma previsão semelhante para as reservas mundiais do petróleo, mas salientou que o mesmo fenômeno era, naturalmente, inevitável. A única questão é quando. Estão aumentando os indícios de que a resposta é que isso acontecerá mais cedo do que se espera, talvez muito em breve. Temos que reconhecer que essa afirmação é muito controvertida. O Departamento de Serviços Geológicos dos Estados Unidos insiste em que as reservas existentes são suficientes para durar quase até 2030, sem atingir o clímax. Na sua perspectiva anual de energia para 2025, a sempre otimista Administração de Informações sobre Energia dos Estados Unidos previu em 2004 que, em 2025, a demanda mundial de petróleo aumentaria de oitenta milhões de barris por dia em 2004 para 120 milhões e que, como resposta, a OPEP aumentaria a sua produção em 80% e que os preços cairiam três dólares por barril com relação a 2010. Exatamente de que maneira tudo isso vai acontecer não está bem claro, mas é óbvio que nem todo mundo acha que a produção de petróleo esteja se aproximando do seu limite máximo.

No entanto, essa é a opinião de um número cada vez maior de especialistas e dirigentes industriais que estão dispostos a declará-la publicamente. Já em 1999, Mike Bowlin, na época *chairman* e CEO da ARCO e *chairman* do conselho administrativo do American Petroleum Institute, disse o seguinte: "Começamos a viver os Últimos Dias da Idade do Petróleo. As nações do mundo que estão lutando para se modernizar farão escolhas diferentes das que fizemos. Serão obrigadas a fazer isso. E até mesmo as potências industriais de hoje modificarão os padrões de utilização da energia [...]." (Lovins, 2)

Quando o preço do barril do petróleo subiu para cinqüenta dólares, em seguida para sessenta e, finalmente, para setenta dólares em 2005 antes de recuar, a atenção à questão de se o clímax está próximo também sofreu um aumento progressivo. No final de 2005, a OPEP anunciou que estava previsto que o preço do barril de petróleo permanecesse em cinqüenta dólares em 2006, aparentemente o novo mínimo para os preços do petróleo. Vários livros escritos por proeminentes pesquisadores e especialistas do mercado do petróleo estavam fazendo soar o alarme que pressupunha que as reservas de petróleo poderiam estar sendo exageradas, que o que resta está excessivamente concentrado numa única região instável do planeta, que a demanda do petróleo continuaria a aumentar à medida que a China, a Índia e outras nações em desenvolvimento passassem a usar mais energia, fazendo com que a defasagem entre a oferta e a procura inevitavelmente aumentasse. Quase todos esses avisos são feitos num tom terrível, como se o fim estivesse próximo. Alguns comemoram o fim inevitável da cultura suburbana centralizada nos automóveis, enquanto outros se perguntam como iremos sobreviver.

Apesar dos preços elevados de 2005, que equivaleram quase a um recorde, quase todas as companhias petrolíferas estão experimentando um declínio na produção. A ExxonMobil produziu menos 4,7% no terceiro trimestre de 2005 do que produziram no mesmo período em 2004. A produção da Shell caiu 11%. Esse declínio real da produção foi mascarado pelo lucro recorde obtido. Além disso, quase todas as companhias de petróleo estão tendo problemas drásticos para substituir o petróleo que vendem por novas reservas. Em 2004, a ConocoPhillips só conseguiu repor 65% do petróleo que vendeu, enquanto a Shell repôs apenas 45% do petróleo e da gasolina.

Projeções de um aumento dramático na demanda e na utilização do petróleo nas próximas décadas pressupõem importantes novas descobertas e o lento esgotamento das reservais atuais. No entanto, a descoberta de novos poços chegou ao auge em 1960 e vem declinando desde então, e isso apesar de uma tecnologia bem mais sofisticada e dos incentivos do preço elevado. A idéia de que existem várias Arábias Sauditas apenas esperando para ser descobertas não é digna de crédito. A projeção é que o campo de petróleo da controvertida Reserva Nacional da Vida Selvagem do Ártico (ANWR) no Alasca contenha petróleo suficiente para satisfazer, na melhor das hipóteses, apenas poucos meses das necessidades de energia globais. E ele é considerado um campo importante.

A Arábia Saudita tem sido tranqüilizadora, porém reservada, com relação às suas reservas de petróleo e ao desempenho dos seus atuais campos produtivos. No entanto, Matthew Simmons, banqueiro de investimento de energia, invadiu o sigilo saudita quando revelou, em 2005, no seu livro de grande sucesso *Twilight in the Desert,* que as reservas sauditas são muito mais indefinidas do que é reconhecido, e o registro de novas descobertas do país não correspondem às expectativas. Além disso, Ghawar, o maior campo de petróleo de todos os tempos, está mais próximo de atingir o seu limite máximo do que de um modo geral se acreditava. Ao mesmo tempo, técnicas de perfuração e de tecnologia da informação do século XXI já estão sendo maciçamente empregadas, mas nem as novas descobertas nem a produção estão aumentando como prometido.

Assim sendo, está crescendo o consenso de que o clímax está se aproximando. Até mesmo Alan Greenspan, que não é um radical não-realista, entrou em ação em 2005 ao fazer um discurso para a Japan Business Federation. "Iniciaremos a transição para as próximas importantes fontes de energia talvez antes da metade do século, já que está previsto que a produção dos reservatórios convencionais de petróleo, de acordo com as situações que representam a tendência principal dos cenários do Ministério da Energia dos Estados Unidos, está para atingir o seu limite máximo. Na verdade, o desenvolvimento e a aplicação de novas fontes de energia, especialmente de fontes não-convencionais de petróleo, já estão em andamento."

É bem verdade que Greenspan sugere o relevante intervalo de tempo de cinqüenta anos. Outros acham que o momento é agora. Colin Campbell, geólogo energético aposentado e especialista em energia, prevê um clímax global em 2007, ao mesmo tempo que afirma que o petróleo mais prontamente acessível já chegou ao máximo em 2004. Greenspan declara, de um modo sinistro:

> O mundo não está prestes a ficar sem petróleo, mas está diante do final da Primeira Metade da Idade do Petróleo. [...] Essa [idade] teve início há 150 anos quando poços de petróleo foram perfurados na costa do Mar Cáspio e na Pensilvânia. A energia barata, conveniente e abundante que ele forneceu conduziu ao crescimento da indústria, do transporte, do comércio e da agricultura, o que, por sua vez, possibilitou que a população se expandisse seis vezes, exatamente na mesma proporção que o petróleo. [...] A Segunda Metade da Idade do Petróleo se caracterizará por um declínio no suprimento do petróleo e de tudo o que depende dele. [...] Esse fato prenuncia uma segunda Grande Depressão e o Fim da Economia como é atualmente compreendida. (Fenderson, 2005)

Quem está certo? O clímax já ocorreu, terá lugar em 2010, ou em 2027 é um palpite melhor? Mesmo que 2030 seja o ano no qual atingiremos a metade do caminho, não temos muito tempo para nos preparar. Quando o limite máximo da produção for atingido, a demanda também atingirá um auge e estará aumentando. Não importa o que aconteça, teremos cerca de uma década para substituir a metade do que é atualmente feito com petróleo, de modo que é melhor começarmos logo.

AS ALTERNATIVAS DEIXARAM DE SER ALTERNATIVAS

Estamos, então, ficando sem combustível? Apesar do que acaba de ser exposto, a resposta é não. Existe um suprimento grande, talvez gigantesco, de combustíveis fósseis não-convencionais como o petróleo, que talvez estejam disponíveis em poços ultraprofundos situados em alto-mar, na areia betuminosa principalmente em Alberta, Canadá, contido em depósitos de xisto nas montanhas, particularmente no Colorado, e o que poderia ser chamado de petróleo digital, ou petróleo que pode ser extraído com mais eficácia dos atuais campos como resultado de informações aperfeiçoadas e técnicas de visualização em terceira dimensão. Reunindo tudo isso, estima-se que essas fontes não-convencionais de petróleo equivalham aproximadamente a dez vezes o suprimento do petróleo convencional ou barato. Então qual é o problema?

Quase 50% da reserva não-convencional do mundo encontra-se na areia betuminosa. Entretanto, é necessário uma grande quantidade de energia para obter o petróleo nessas circunstâncias, o que produz quantidades tremendas de dióxido de carbono mesmo antes de o petróleo se tornar útil. O xisto petrolífero foi considerado um salvador durante a crise de energia da década de 1970, mas a degradação ambiental decorrente da sua mineração fez com que o grande avanço tivesse vida curta. Hoje em dia, a Shell está investigando um método de aquecer o xisto no local. O êxito da abordagem da Shell, se vier a se concretizar, significará que o xisto será uma fonte viável no futuro.

Desse modo, se estivermos pensando no futuro próximo e numa possível receita, muito esforço poderá ser investido na exploração dessas fontes de petróleo. Ao mesmo tempo, apesar de todo o dinheiro que estará envolvido, é provável que os acontecimentos contornem os suprimentos não-convencionais. Um ministro do petróleo saudita salientou certa vez que assim como a Idade da Pedra terminou antes que as pedras se extinguissem, a idade do petróleo acabará antes que o petróleo chegue ao fim.

Existem várias alternativas de energia que envolvem o gás. Estima-se que as reservas de gás natural, principalmente do metano, são suficientes para durar cinqüenta anos. O desafio relacionado com o metano gasoso é que ele precisa em geral ser liqüefeito para poder ser transportado, o que é um processo caro. Quando o metano aprisionado em cristais de gelo nas profundezas do oceano ou no *permafrost*,* conhecido como hidrato de metano, é incluído como um fator, estima-se que o suprimento seja suficiente para durar milhares de anos. O desafio é extrair, liquefazer e transportar esse gás, o que até agora só foi feito experimentalmente com hidratos. Ele está congelado e não flutua, de maneira que um método para derretê-lo no local para que possa ser recuperado faz-se necessário. Vários métodos estão sendo tentados. A viabilidade tecnológica, o custo e o medo da gigantesca mudança climática que a liberação de todo esse gás congelado poderá desencadear serão fatores a ser considerados na análise de se os hidratos poderão um dia tornar-se uma fonte de combustível viável.

O carvão também está na mistura de energia. Usado principalmente para gerar eletricidade, o carvão é historicamente sujo ao ser queimado bem como perigoso e o custo ambiental da sua extração é elevado. A tecnologia do carvão limpo está sendo altamente elogiada hoje em dia, ao lado da possibilidade de liquefazer o carvão para fabricar gasolina sintética, algo que foi feito há muito tempo, na década de 1930. No entanto, as emissões de carbono são muito elevadas quando usamos carvão e, a não ser que o carbono possa ser economicamente isolado ao ser enterrado, o carvão não crescerá como fonte de energia muito além da sua utilização atual apesar dos esforços para promovê-lo. Hoje, a China está construindo usinas termelétricas a carvão mas também definiu metas ambiciosas, porém alcançáveis, para mudar para a energia renovável e as suas grandes reservas de gás natural. A perspectiva de que o aquecimento global acabará resultando no esforço de restringir o uso do carvão, significa que chegará o dia em que o carvão enfrentará um imposto do carbono bem como o custo do isolamento, transformando-o na alternativa mais dispendiosa.

Resumindo, alternativas não-convencionais e não-renováveis para o combustível fóssil provavelmente serão desenvolvidas, mas serão custosas e nocivas ao meio ambiente. Essas fontes poderão ser mais baratas a curto prazo do que algumas das alternativas de energia sustentável. A principal vantagem discernível é que elas não desafiam paradigmas atuais, já que as

---

* Subsolo perenemente congelado nas regiões ártica e antártica. (N. da trad.)

tecnologias para a extração, e especialmente para o refinamento e a utilização final, são conhecidas e, na maior parte, familiares.

Ao mesmo tempo, não é preciso ter uma bola de cristal para enxergar que as alternativas de energia sustentável estão em posição de aumentar substancialmente nas próximas décadas. Quase todas as alternativas de energia renovável já estão duplicando a cada dois ou três anos. Entre essas alternativas estão a produção de energia e a economia de energia através da conservação.

ALTERNATIVAS SUSTENTÁVEIS

Conservação

Uma verdade conhecida há décadas é que se quisermos ganhar dinheiro com energia, uma boa maneira de fazer isso é economizando-a. Isso é verdade até para as pessoas. Depois do primeiro choque do petróleo da década de 1970, a utilização *per capita* de energia nos Estados Unidos declinou de 1973 a 2000, depois do que começou a subir. Em 2005, os Estados Unidos estavam usando 47% menos energia por dólar de geração econômica do que faziam trinta anos antes. O mais importante é que no início da década de 1970 o petróleo era usado para tudo, ou seja, para aquecer as casas, gerar eletricidade e impulsionar os automóveis. Hoje, o uso do petróleo está bastante restrito às áreas do transporte e das indústrias petroquímicas, embora sejam gigantescas. Nos Estados Unidos, a quantidade de eletricidade gerada pelo petróleo declinou de um quinto em 1973 para menos de um centésimo hoje em dia. As casas aquecidas com petróleo diminuíram de uma em cada quatro para uma em cada dez.

Economizar um barril de petróleo custa apenas 12 dólares, ao passo que o custo de adquiri-lo é várias vezes maior. Basta recorrer à engenharia simples e não à engenharia espacial. O custo da tecnologia e de projetos com energia eficiente está caindo rapidamente. O custo das lâmpadas fluorescentes compactas caiu de vinte para dois dólares em duas décadas. O preço dos revestimentos de janela que isolam e refletem o calor, dos aquecedores de água sob demanda, dos motores elétricos eficientes e dos mais diversos tipos de aparelhos que economizam energia despencou nos últimos anos. Não é difícil economizar energia, mas os padrões de construção, a política do governo e décadas de hábitos arraigados ainda estimulam mais o gasto do que a conservação da energia.

O transporte continua a ser uma das principais áreas para a oportunidade da conservação. Os automóveis são notoriamente ineficazes no que tange à queima da gasolina. Cerca de 1% da energia contida no combustível efetivamente desloca os passageiros e 87% da energia é simplesmente perdida com o calor, o atrito, os freios e assim por diante. Isso é incrivelmente ineficaz, já que sabemos como construir veículos mais leves, seguros e inteligentes. Números semelhantes se aplicam aos caminhões e uma revolução nesses veículos está próxima, pois as primeiras frotas que utilizam a energia eficiente estão sendo construídas e, com o tempo, uma inteligência de informação muito maior em todo o empreendimento do transporte resultará no aumento da eficiência.

Biodiesel

O biodiesel é fabricado a partir de vários óleos vegetais, gordura animal e, até mesmo, gordura residual. Trata-se de uma substituição de um para um com relação ao diesel comum, o que significa que pode ser usado nos veículos a diesel atuais com pouca ou nenhuma modificação. Ele também é neutro no que diz respeito ao carbono, porque as plantas mais usadas na sua fabricação removem tanto carbono do ar quanto colocam ao queimar o combustível resultante. O biodiesel é biodegradável, não é tóxico e é obviamente renovável desde que possamos voltar a cultivar as plantas. As melhores plantas são a soja e a palmeira. A promessa do biodiesel é tão grande que antigos empreendedores de TI, como Martin Tobias, entraram no negócio criando a Seattle Biodiesel. Ele ressalta que as refinarias européias já produzem um bilhão de galões de biodiesel a partir da canola, e quer ser um dos líderes de uma nova indústria americana.

Etanol

O etanol é um combustível sintético fabricado por meio da destilação do milho ou do açúcar que já existe há décadas, sendo uma importante fonte de energia em alguns países como o Brasil. Usado mais como um aditivo à gasolina do que como um combustível puro para o transporte, ele pode reduzir substancialmente o uso da gasolina. Embora até agora não tenha sido economicamente competitivo, essa situação está se modificando com os elevados preços do petróleo. Dois novos avanços mostram-se promissores. Um deles é a utilização de resíduos menos dispendiosos da planta, como a haste do milho, como a fonte de obtenção do etanol ou a utilização de *Panicum virgatum*, uma gramínea que cresce naturalmente nas grandes planícies dos Estados Unidos e do Canadá. Esse material lenhoso produz duas vezes mais etanol por tonelada do que o milho. Está sendo concluída uma refinaria canadense para transformar celulose em etanol com um custo de produção de cerca de 67 dólares pelo equivalente de um barril de petróleo. Esse avanço, se for difundido, poderia impulsionar não apenas o setor da energia mas também a agricultura. O outro avanço, que está sendo desenvolvido por Craig Venter, pioneiro da biotecnologia, e outras pessoas, é a pesquisa de um organismo criado pela engenharia genética que converteria a celulose em açúcar a um custo muito menor. Aliás, Venter também está procurando uma solução genética para transformar as algas num método de extrair hidrogênio da água.

Células solares

A energia solar é responsável por apenas 0,05% da produção de energia do mundo. No entanto, as instalações solares estão crescendo em ritmo acelerado e encerram a promessa de levar a eletricidade para partes menos desenvolvidas do mundo sem a necessidade do fornecimento de qualquer infra-estrutura de combustível. Para o mundo industrialmente avançado, a célula solar promete uma fonte de eletricidade limpa e local. A tecnologia da célula solar ainda é de duas a três vezes mais cara do que a eletricidade gerada pelo combustível fóssil. Entretanto, está surgindo um possível futuro no qual a energia solar salta para o primeiro lugar da fila, certamente no que diz respeito ao potencial de crescimento da indústria considerando-se uma pequena base inicial. A atual tecnologia está possibilitando a fabricação de filmes de silicone superfinos, baixando de tal maneira o preço a ponto de, por exemplo, pelo menos vinte mil lares nos Estados Unidos extraírem parte da sua eletricidade de células solares, assim como o fazem setenta mil no Japão. A cidade de Xangai anunciou, em 2005, a meta de instalar células fotovoltaicas em cem mil prédios da cidade. Onde não existe uma rede elétrica, a energia solar já fica mais barata do que construir uma rede.

A energia solar torna-se ainda mais viável devido aos grandes avanços que estão em desenvolvimento. O econômico "silicone amorfo" e as ligas semicondutoras estão permitindo a fabricação de células cem vezes mais finas do que as convencionais e suficientemente flexíveis para ser aplicadas como um revestimento nas janelas, telhas e, até mesmo, nos tetos solares. Além desses materiais reside a promessa de pigmentos semicondutores, fulerenos (carbono 60) em nanoescala e semicondutores orgânicos capazes de ser borrifados em várias superfícies com uma impressora de jato de tinta. Essas superfícies, relativamente frágeis, são então protegidas com uma camada de polímero.

Várias empresas já estão vendendo células solares flexíveis que são relativamente eficazes mesmo com pouca luz e podem ser aplicadas praticamente a qualquer superfície como telhados, carros e trens. A Solatec vende painéis solares flexíveis que podem ser incorporados ao teto dos carros híbridos, transmitindo energia diretamente para as baterias do carro e melhorando a quilometragem pelo menos em 10%. A empresa também tem pendente a patente de um projeto de um avião solar ideal para veículos não tripulados. A Konarka e a ECD Ovonic dispõem de produtos semelhantes. A Itália divulgou o primeiro trem solar em 2005, com células fotovoltaicas (PV) no teto que fornecem eletricidade para os vários sistemas de bordo do trem. Ted Sargent, um dos inventores das células solares flexíveis que podem ser borrifadas, disse o seguinte: "Se pudéssemos cobrir 0,1% da superfície da Terra com células solares [muito eficientes] que cobrem grandes áreas poderíamos, em princípio, substituir todos os nossos hábitos energéticos por uma fonte de energia limpa e renovável." (Lovgren, 2005)

O vento

Um interessante limiar foi transposto em 2005 quando a eletricidade gerada pelo vento tornou-se mais barata para os clientes de algumas concessionárias em Oklahoma, Texas e Washington, do que as alternativas. Clientes que haviam optado por comprar "energia verde", embora tivesse sido mais cara na ocasião, de repente se viram pagando menos do que outros clientes. Imagine só, o vento é mais barato. Custa atualmente cerca de um milhão de dólares por megawatt instalar as turbinas e o equipamento necessário, mas uma vez instalados, a energia torna-se disponível, para sempre, levando-se em conta o equipamento de manutenção.

O fato de o vento ser intermitente tem sido uma das razões citadas convencionalmente para o fato de uma maior quantidade de energia eólica não ter sido aproveitada até hoje, pois sempre se partiu do princípio de que uma quantidade equivalente de armazenamento ou substituição de energia precisaria estar disponível quando o vento não estivesse soprando. No entanto, o vento está sempre soprando em algum lugar e, por meio do acréscimo da inteligência à rede de energia, o problema passou a não ter importância. Uma solução ainda melhor é construir uma combinação de "fazendas eólicas" e "fazendas solares"; quando o vento sopra existe a tendência de que ocorram tempestades e, quando ele não sopra, é provável que o tempo fique ensolarado. A eficiência global da fazenda de energia duplica e torna-se, na verdade, mais confiável do que as usinas de força convencionais. Já mais exóticas são as propostas de construir rotores voadores que pairam permanentemente na estratosfera, aspirando as correntes de jato e enviando energia para a terra por intermédio de cabos ou microondas. Você quer investir no futuro? Passe a usar o vento.

A energia do oceano

O U.K. Marine Oversight Panel afirmou, em 2000, num relatório que a conversão de menos de 1% da energia do oceano em eletricidade atenderia cinco vezes a demanda mundial. Com uma opinião mais conservadora, o Conselho Mundial de Energia declarou que as ondas do oceano poderiam fornecer duas vezes mais o consumo mundial atual de energia. Poderia isso ser parte do futuro da energia? A Wavegen, uma empresa sediada na Escócia, instalou o primeiro sistema baseado em terra destinado a produzir comercialmente eletricidade a partir da ação das ondas. Ao mesmo tempo, o AquaEnergy Group está promovendo uma interessante solução. No sistema deles, uma rede de bóias flutuantes ancoradas a uma distância que varia entre um e meio e três quilômetros da costa, usaria pistões que sobem e descem com a ação do oceano para gerar energia. Parte da energia gerada no local poderia ser usada para operar o equipamento que separa o hidrogênio da água do mar, abastecendo assim a indústria da célula a combustível, um duplo benefício. Um projeto de demonstração que produz um megawatt de eletricidade estará funcionando em 2006.

Rede inteligente

A geração de energia é uma coisa. A distribuição é outra, e o atual sistema de linhas de transmissão foi construído com base na premissa que toda eletricidade seria gerada em usinas centrais muito grandes, e depois distribuída por intermédio de um sistema *hub and spoke*.* O sistema é ineficaz, não apenas devido ao consumo de energia necessário para enviar elétrons a longas distâncias, mas também porque é difícil para o sistema ajustar-se aos padrões da demanda em transformação e, muito menos, usar a energia de um modo inteligente para a obtenção da eficiência máxima. Algum progresso foi realizado nessa área, mas existe no horizonte uma visão na qual uma rede verdadeiramente inteligente aceita e alimenta, simultaneamente, a eletricidade para milhões de pontos locais, pontos estes que geram eletricidade com células solares ou células a combustível, por exemplo, e usam aparelhos inteligentes. Imagine lava-louças, geladeiras e condicionadores de ar capazes de sentir quando os preços estão melhores, quando a rede está superutilizada ou subutilizada, e ajustar a operação concomitantemente para o maior benefício do dono da casa e da rede pública. A geração distribuída inteligente é outra indústria em crescimento.

Hidrogênio

A economia do hidrogênio tem sido fortemente promovida e intensamente criticada. O hidrogênio é obviamente abundante, mas está ligado a outros

---

* Está sendo feito um paralelo com um sistema de transporte aéreo no qual vôos que partem de aeroportos secundários conduzem passageiros a um aeroporto de grande porte onde eles podem fazer uma conexão e embarcar em outros vôos rumo ao seu destino final. (N. da trad.)

elementos, seja ao oxigênio na água ou a moléculas mais complexas no gás natural, no petróleo e no carvão. Desse modo, para ser usado como um condutor de energia ele precisa primeiro ser obtido e, em seguida, armazenado e transportado. Esses desafios técnicos, aliados ao fato de que alguns executivos do petróleo e pessoas como o presidente George W. Bush, levaram a crer que o hidrogênio é uma opção futura a longo prazo, fizeram com que muitos defensores da energia alternativa descartassem o hidrogênio como uma opção não muito séria ou que está muito distante no futuro para ser importante. De certa maneira, ingressamos na economia do hidrogênio quando substituímos o carvão pelo petróleo e pelo gás porque, ao fazer isso, deixamos de queimar principalmente átomos de carbono e passamos a queimar um terço de carbono e dois terços de átomos de hidrogênio não prejudiciais ao clima. No entanto, um futuro de hidrogênio ainda mais intensivo encerra possibilidades fascinantes.

Os primeiros grandes avanços na aplicação comercial estão surgindo agora no uso das células a combustível de hidrogênio, não ainda no transporte, mas na geração local de energia. Silenciosas, limpas, mecanicamente simples, as usinas de força alimentadas a hidrogênio estão começando a competir com as usinas de força locais convencionais como as turbinas de gás. A UTC Fuel Cells é uma empresa que desenvolveu células a combustível suficientes para atender a um prédio comercial de médio porte. No momento, essas unidades estão sendo usadas principalmente como fontes de energia de apoio, nos centros de dados, por exemplo. Hoje os empilhamentos* das células a combustível são mais caros do que as turbinas de gás natural, mas operam com uma eficiência muito maior, ao mesmo tempo que produzem bem menos dióxido de carbono. A água morna produzida como um subproduto da utilização da célula a combustível pode ser usada nos sistemas de aquecimento. Podemos esperar presenciar um crescimento significativo nas instalações de células a combustível para a geração de energia local, particularmente porque as células a combustível começam a usar finas membranas plásticas como a estrutura básica de eletrólitos, bem como a encontrar maneiras de aplicar um catalisador de platina em camadas cada vez mais finas, reduzindo assim os custos. Com o tempo, essas

---

* *Stacks* em inglês, e como é freqüentemente chamado no Brasil. (Nota da trad.)

células a combustível migrarão para os lares como geradores de energia de apoio e, depois, como os próprios eletrodomésticos.

O santo graal das células a combustível continua a ser o automóvel. O mercado é enorme, a vantagem ambiental é óbvia quando nos lembramos de que a maior parte do petróleo é hoje usada nos carros e os possíveis benefícios são sistêmicos.

Avalie a seguinte questão. Quantas horas por dia você dirige o seu carro – talvez uma ou duas horas? O que o seu carro faz no restante do tempo? Junta poeira e evapora um pouco de gasolina. O que um carro com célula a combustível poderia fazer quando ninguém o estivesse dirigindo? Gerar eletricidade. Imagine um mundo no qual você dirige até o escritório e liga o seu carro elétrico na tomada, não para carregá-lo, mas para somar à rede de energia para o prédio. Mais tarde, você volta para casa e liga o carro à tomada para fornecer mais energia à casa. Os estacionamentos podem cobrar uma taxa para os carros com a combustão interna convencional, mas pagam para os automóveis com célula a combustível que estacionem no local, vendendo a eletricidade para a rede de energia desregulamentada.

Se os futuros veículos forem feitos de carbono leve ou de aço ultraleve, como está sendo proposto, um SUV, com a metade do peso de um veículo atual, precisaria apenas de uma célula a combustível de 35 quilowatts e um terço do hidrogênio que geralmente se supõe. Isso significa uma fabricação mais barata de células a combustível e a ausência da necessidade de grandes avanços na tecnologia da armazenagem do hidrogênio. Alguém vai produzir esse veículo. Um milhão de empregos estão correndo perigo.

Num mundo futuro ideal, as fazendas de energia solar, eólica ou oceânica extrairiam o hidrogênio da água, o qual seria então distribuído para ser usado nas células a combustível. Se essa infra-estrutura puder ser construída, um sistema de energia praticamente livre da poluição poderá ser visualizado. Dois desafios imediatos se levantam em resposta a essa situação: a armazenagem do hidrogênio e o custo de refazer o sistema de distribuição da gasolina. A ECD Ovonics é apenas uma das empresas que estão resolvendo o problema da armazenagem com tanques de alta pressão ou com hidretos metálicos que absorvem o hidrogênio e depois o liberam com um pequeno aumento na temperatura. Já a reconstrução da infra-estrutura é uma questão falsa. A simples observação revela que todo posto de gasolina é substituído ou completamente reconstruído num ciclo de mais ou menos vinte anos. Os primeiros postos de abastecimento de hidrogênio já foram construídos. Se o hidrogênio se tornar o combustível do transporte do futuro, o custo de reconstruir os postos de abastecimento não seria de qualquer maneira muito maior do que o custo de substituí-los.

É difícil resistir à utilização das células a combustível no transporte, tanto sob o aspecto econômico quanto ambiental. Existem poucas dúvidas de que o uso do automóvel irá crescer no mundo inteiro. Também não existe nenhuma dúvida de que esse aumento contribuirá enormemente para os gases de estufa mesmo com os substitutos do petróleo convencional mais freqüentemente mencionados. Está na hora de mudar essa tecnologia, e isso precisa ser feito logo.

Entretanto, as barreiras entre a realidade atual e essa mudança são enormes. O custo de operar um motor diesel ou a gasolina é ainda muitas vezes menor do que operar um que use a célula a combustível. Além disso, a durabilidade das células a combustível ainda envolve muita pesquisa, pois a substituição muito freqüente das células a combustível teria um custo proibitivo e representaria um problema ambiental. A segurança é outro receio, embora os pesquisadores possam demonstrar de um modo bastante convincente que a armazenagem, o transporte e a utilização do hidrogênio podem ser efetivamente tão seguros, ou ainda mais seguros, do que os da gasolina.

Células a combustível que não usam hidrogênio

Também estão sendo realizadas pesquisas sobre tecnologias que não usam hidrogênio e requerem materiais menos dispendiosos nas células propriamente ditas. A célula a combustível de metanol direto é a principal candidata. Embora até agora menos eficiente do que as células a combustível de hidrogênio, elas têm uma clara vantagem. Relembre a discussão sobre as grandes reservas de metano que se supõem existir. Se for possível obter o metano a um custo e a um dispêndio de energia menor do que extrair o hidrogênio da água, do carvão ou do gás natural, fará mais sentido seguir nessa direção. O metano, como solução a longo prazo, depende inteiramente da possibilidade do desenvolvimento de uma tecnologia capaz de aproveitar o hidrato de metano congelado. Uma célula a combustível de metano chegará ao mercado em 2006 para alimentar os laptops.

Baterias

Sem ser realmente um recurso renovável, as baterias mesmo assim fazem parte do futuro. As baterias recarregáveis do tipo que está sendo desenvolvido pelos pesquisadores da nanotecnologia, capazes de se recarregarem quase que instantaneamente e utilizadas nos carros híbridos *plug-in*, são outra alternativa. Uma rede de eletricidade altamente eficiente alimentada por uma geração de energia descentralizada e renovável pode tornar os carros *plug-in* uma opção mais atrativa no futuro.

Energia nuclear

É verdade que a energia nuclear, excetuando-se a construção das fábricas, não causa dano ao ambiente já que não são emitidos gases do efeito estufa. No entanto, ela é muito lenta e cara de ser construída em comparação com as alternativas descentralizadas e renováveis, sem mencionar as questões ainda não resolvidas dos resíduos. Desse modo, é muito pouco provável que a energia nuclear venha a ser uma importante nova fonte de energia nas próximas décadas, se bem que alguns reatores serão construídos.

A energia exótica do futuro

Num horizonte longínquo, poderá haver uma mudança de paradigma na energia. Conceitos como energia ponto zero, magnetismo, *gravitics*, energia de fusão que utiliza hélio-3 extraído da Lua, e outros, estão no limbo, mas poderão conduzir um dia a grandes avanços. Esses são considerados os grandes avanços revolucionários. Ou seja, quase todos os especialistas pressupõem, com bastante lógica, que a próxima era de energia consistirá em vários tipos de tecnologias energéticas combinadas que substituirão o que hoje é principalmente feito pelo petróleo. Uma única inovação que mude tudo é considerada improvável.

Entretanto, poderá haver um grande avanço radical mais provável do que os outros, avanço esse que revolucionaria toda a indústria da noite para o dia. Como Mark Anderson destacou num discurso que proferiu em 2005 para executivos do setor de energia e que foi relatado no Strategic News Service, o petróleo nada mais é do que matéria orgânica submetida ao calor e à pressão durante milhares de anos. No entanto, o diamante também passou pelo mesmo processo, só que na presença de mais calor e pressão e por períodos mais longos. A Apollo Diamond de Boston, entre outras, é hoje capaz de fabricar diamantes numa semana, diamantes indistinguíveis dos diamantes naturais e que custam dois terços menos.

Levando-se em conta esse avanço, bem como o que está acontecendo na nanotecnologia e na pesquisa biológica, torna-se cada vez mais provável que alguma descoberta, acidental ou proposital, resulte numa nova maneira de produzir energia.

A MAIOR OPORTUNIDADE COMERCIAL DE TODOS OS TEMPOS

A convergência do final do petróleo barato e a necessidade de que alternativas viáveis sejam desenvolvidas rapidamente se combinam para criar talvez uma oportunidade ímpar. Quando pensamos na transição para a próxima era da energia, a tentação é buscar uma única alternativa, uma fonte de energia ou descoberta tão dramática quanto foi o petróleo há dois séculos. Entretanto, é pouco provável que isso aconteça. Mais realisticamente, uma combinação de várias alternativas precisa ser desenvolvida em breve. Desse modo, existem oportunidades para que muitas empresas, grandes e pequenas, desempenhem um papel na nova era da energia que se aproxima. Quase todas essas oportunidades envolverão a energia renovável e, muitas, estarão relacionadas com a energia descentralizada ou localizada. E será uma situação lucrativa, com muitas chances de inovação e estimulantes possibilidades de negócios.

A geração do hidrogênio, o desenvolvimento e a fabricação da célula a combustível (tanto a de metano quanto a de hidrogênio), o desenvolvimento da célula solar, a manufatura e a instalação solar, a construção da turbina de vento e o desenvolvimento da "fazenda eólica" são apenas algumas das oportunidades de negócios que provavelmente florescerão nos anos vindouros. Esse é um acréscimo à toda a atividade que terá lugar com as fontes de energia tradicionais quando o ápice do petróleo for atingido e os preços subirem cada vez mais.

Além dessas oportunidades, haverá uma tremenda iniciativa no desenvolvimento e na fabricação de veículos mais leves e mais eficientes, na reconsideração e no retroajustamento do projeto comunitário para uma maior eficiência da energia e do transporte, no projeto e na construção da arquitetura "verde" e na simples fabricação de mais bicicletas e motocicletas.

A energia é fundamental para a vida moderna e o futuro. A chegada de uma nova era de energia representará um desafio esmagador para um mundo industrial baseado no petróleo ou uma incrível oportunidade, provavelmente um pouco de ambos. O mundo gastou em 2005 cerca de quatro trilhões de dólares com o petróleo. Imagine o investimento e o potencial de crescimento se uma parte dessa despesa fosse deslocada para telhados nanossolares, turbinas de vento, várias tecnologias de células a combustível, combustíveis de biomassa, a obtenção do hidrogênio, e assim por diante. Como obteremos a energia capaz de sustentar de sete a oito bilhões de pessoas no planeta num padrão de vida razoável sem, simultaneamente, danificar o ecossistema e tornar a vida excessivamente difícil ou até impossível? A maneira como respondermos a essa pergunta terá implicações mundiais e para as gerações futuras.

SEGUNDA PARTE

COMO PREVER O FUTURO DO SEU NEGÓCIO OU CARREIRA – E PLANEJAR PARA ELE AGORA

SUPOSIÇÕES PARA O FUTURO

Freqüentemente pensamos no futuro como algo que simplesmente nos acontece. Mas também sabemos que o futuro é criado pelas escolhas que fazemos. Na verdade, só existem duas coisas na vida que não podemos evitar: a morte e as escolhas. Se escolhemos, criamos um futuro. Se não escolhemos, criamos outro.

Também pensamos no futuro como sendo bastante incognoscível. Investimos muito dinheiro e esforço em tentativas para conhecê-lo, mas geralmente recuamos à idéia de que o futuro é imprevisível. No entanto, existem aspectos do futuro que são cognoscíveis, e tendo em vista a nossa capacidade aparentemente inata de prever o futuro, deveríamos fazer um esforço.

Alguma coisa acontecerá nos próximos anos que surpreenderá todos os que estão vivos hoje. Isso sempre acontece. Aqueles que observam as tendências aprendem desde cedo a tomar cuidado com a tendência permanente. Como você reage ao inesperado, na sua vida pessoal ou profissional? Você reage de acordo com os seus valores. Desse modo, conhecer os seus valores e esclarecê-los no seu empreendimento o ajuda enquanto você se ajusta a um futuro incerto.

Finalmente, o futuro cria o presente, como já aprendemos. Passar algum tempo desenvolvendo uma visão compartilhada é um passo crítico em direção à descoberta de uma estratégia vitoriosa. Se você pensar na visão simplesmente como a descrição de um estado futuro preferível, e depois trabalhar de trás para a frente a partir daí para o que você deverá fazer na semana seguinte, não existe nenhum conceito mais prático.

Para resumir, quatro suposições a respeito do futuro se destacam como essenciais se você quiser moldá-lo.

1. O futuro pode ser criado, de modo que você tem uma escolha.
2. O futuro pode ser conhecido, de modo que você precisa olhar.
3. O futuro é imprevisível, de modo que você precisa de valores.
4. O futuro cria o presente, de modo que você precisa de uma visão.

MODELO DE TRÊS CONES PARA O PLANEJAMENTO DO FUTURO PREFERÍVEL

Se a sua meta é moldar o futuro, você precisa de algo mais além de suposições básicas. Também necessita de modelos mentais para criar o futuro. Três perguntas simples a respeito do futuro formam esse modelo.

1. O que é provável?
2. O que é possível?
3. O que é preferível?

Essas três perguntas penetram um nível abaixo da questão ampla da nossa imagem do futuro. Todas as explorações futuras e todas as atividades de planejamento representam, num certo sentido, um esforço para responder a essas três perguntas. As respostas são embaralhadas, classificadas e examinadas para que possamos, com o tempo, identificar o que precisamos estar aprendendo e fazendo agora, a curto prazo.

As três perguntas foram desenvolvidas num simples e elegante modelo de uma visão do futuro enquanto eu estava assessorando um estado que estava desenvolvendo uma visão de cinqüenta anos para o transporte. O modelo de três cones para o Planejamento do Futuro Preferível (Figura II.1) pode ser aplicado a qualquer horizonte de tempo, a curto ou a longo prazo.

Você começa no presente e olha para o futuro. No centro, situa-se o cone de "futuros prováveis", a esfera dos que fazem previsões, planejamentos e prognósticos. Este cone contém duas coisas. Primeiro, temos os eventos, as tendências e os avanços que tenderão a acontecer no seu ambiente. Essas são as forças motrizes que você prevê, otimiza e para as quais se prepara. Além disso, esse cone também contém a aparência da sua empresa se você simplesmente continuar a fazer o que está fazendo. Parte do que você verá será magnífico, mas parte do que é provável se você se limitar a seguir o mesmo rumo não será tão espetacular.

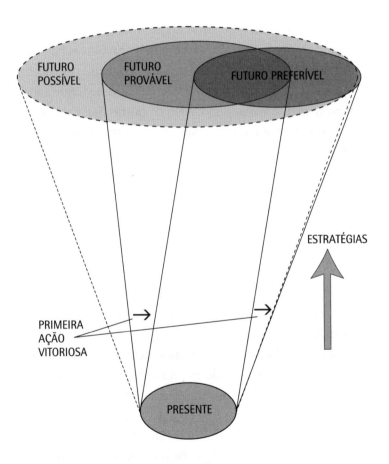

Figura II.1
Modelo de Três Cones para o Planejamento Futuro Preferível

O cone maior é o dos "futuros possíveis". Ele contém todas as futuras possibilidades tanto no ambiente externo quanto na empresa. Que avanços não são prováveis mas que poderiam acontecer? Esse cone tem como borda externa uma linha pontilhada, porque sempre haverá possibilidades que não enxergamos e ainda não conseguimos imaginar. Esse cone é a esfera dos autores de ficção científica e dos inventores.

O terceiro cone é o do "futuro preferível". Dentro dele está a sua descrição de onde você deseja estar em algum ponto do futuro. Você poderá rotulá-la de visão ou usar outro termo para captar a idéia. O cone do futuro preferível poderá estar situado em qualquer lugar no mapa dos Três Cones. No entanto, de acordo com a minha experiência com centenas de equipes que descreveram uma visão preferível do futuro, ele sempre se coloca exatamente onde você o está vendo na Figura II.1. Quando as pessoas descrevem o seu futuro preferível, o cone resultante coincide parcialmente com os cones do futuro provável e possível. Ou seja, a visão tende a incluir coisas que provavelmente acontecerão, além de outras que você já está fazendo e deseja continuar a fazer. A visão também apresenta a tendência de incluir algumas coisas que são possíveis, porém pouco prováveis. Essas partes de uma visão preferível provavelmente só acontecerão se você fizer algo diferente.

Se você examinar com cuidado o cone do futuro preferível, descobrirá outro elemento vital. Um pedaço do cone do futuro preferível situa-se não apenas além do que é provável, mas *fora do futuro possível*. Essa é a parte do seu futuro preferível que outras pessoas dirão que é impossível! Que não poderá ser feito. As grandes visões encerram, pelo menos, um aspecto que representa um vôo tão grande que se afigura impossível no início da jornada.

A elegância do Modelo de Três Cones inclui uma maneira simples de captar estratégias e ações. Quando as linhas que formam os cones são arrastadas de volta para o presente, a verdadeira tarefa de moldar o futuro fica clara. Você quer levar a sua trajetória do cone do futuro provável para o do futuro preferível. Se você continuar simplesmente a fazer o que está fazendo, obterá o que sempre obteve, bem no meio do futuro provável. Se você quiser avançar em direção ao futuro preferível, precisará realizar uma mudança, o que significa que terá que fazer algo novo.

Bill Hainer, um colega meu, foi o primeiro a rotular essas ações de "primeiras conquistas". Essas são as ações iniciais, empreendidas cedo, celebradas quando bem-sucedidas e que têm o efeito de começar a conduzi-lo em direção ao futuro preferível. Hainer gostava de barcos e freqüentemente comparava esta idéia à navegação. O capitão de um barco determina uma posição referente a uma meta distante – como uma ilha, um farol ou um porto – e avança em direção a ela. Em algum ponto, o vento, a corrente e os obstáculos farão com que o barco se desvie da trajetória desejada, uma nova posição será determinada e uma correção a meio curso terá lugar.

O Modelo de Três Cones expõe uma poderosa idéia a respeito das primeiras conquistas e de correções a meio curso. Pequenas mudanças no início da jornada conduzem a grandes diferenças quando você se aproxima do futuro preferível. Imagine uma linha de tempo de dez anos do presente ao futuro preferível. Observe que quanto mais você espera, maior o intervalo entre o cone do futuro provável e o do futuro preferível. As pessoas na organização freqüentemente dizem que adoram o destino, mas querem esperar um pouco para começar, já que todo mundo está tão ocupado no momento e os recursos são insuficientes. No entanto, quanto mais você esperar, maior poderá se tornar o intervalo entre o provável e o preferível, fazendo com que mais tempo e energia sejam necessários mais tarde para efetuar a mudança.

A característica final do Modelo de Três Cones é o conceito da estratégia. As primeiras conquistas fazem você começar, mas a jornada em direção a um futuro preferível leva algum tempo o que, em geral, significa a necessidade de agrupar algumas ações em estratégias com um prazo mais longo. Esses são os conjuntos de atividades que precisam ser coordenadas e sustentadas durante um período prolongado, geralmente de uns dois anos, para que você continue a avançar em direção ao futuro preferível.

Se você simplesmente fizer mudanças sem a imagem de um futuro preferível, você se manterá ocupado. Você chegará a algum lugar. Mas como o gato em *Alice no País das Maravilhas*, se não soubermos para onde estamos indo, provavelmente acabaremos chegando num outro lugar. A ação vitoriosa conduz a algum lugar. Decidir que lugar é esse é atribuição da visão estratégica, que requer que você vá para o futuro, o que é o tema do Capítulo 5.

CAPÍTULO 5

Faça planos para o futuro, mas limite as suas apostas

É a consciência que precede a realidade e não o inverso.

– Vaclav Havel, presidente da República Checa,
dirigindo-se ao Congresso americano em 1990

Nada acontece sem ser primeiro um sonho.

– Carl Sandburg, s.d.

CHEGANDO AO FUTURO

No final da década de 1990, fui convidado pelo CEO de uma organização para acompanhar a direção executiva à sua reunião anual de planejamento. Perguntei o que ele esperava realizar por meio da minha apresentação e discussão. Recebi a seguinte resposta: "A direção executiva sempre acha que se esperarmos um pouco mais, as coisas 'voltarão ao normal'. Quero que você convença os meus executivos que a rápida mudança com a qual estamos convivendo é a nova situação normal, e que não existe volta. Esperar só torna as coisas piores." Esse CEO tinha uma equipe no presente que olhava saudosamente para o passado. Enquanto fazia isso, as decisões sobre novas iniciativas eram adiadas e a organização vivia no passado.

Russell Ackoff (1999), teórico de sistemas, descreveu perspectivas reativas, inativas e pró-ativas para a administração e o planejamento. Ser reativo é focalizar o passado. Ao olhar para trás, você consegue ver as melhores práticas que funcionaram no passado, consegue se lembrar de quando tudo era simples e fácil, consegue recordar os seus valores essenciais que resistiram ao teste do tempo. Você poderá reconhecer essa perspectiva na sua organização se ouvir as pessoas dizendo coisas como: "Não é assim que fazemos as coisas por aqui", quando uma nova idéia é apresentada. Ou então você poderá escutar: "Por que as coisas não podem funcionar como antigamente?" As pessoas também podem simplesmente se recusar a mudar, mesmo quando a necessidade parece premente. Entender a história de uma organização e reter as melhores práticas e valores que farão sentido no futuro poderá ser essencial para sustentar uma cultura de sucesso. Entretanto, o mundo está mudando constantemente e as empresas precisam ser ágeis. Olhar para trás não é a melhor perspectiva.

Uma segunda posição é permanecer concentrado no presente, a posição dominante da maioria das pessoas nas organizações. Elas dizem: "Veja bem, o passado foi maravilhoso, e o futuro será interessante, mas estou ocupado demais para levantar os olhos agora. Tenho que trabalhar, portanto, deixe-me a sós." As pessoas nessa perspectiva inativa tendem a ser muito ocupadas. Na verdade, nada muito importante aconteceria se quase todo mundo não estivesse quase o tempo todo no presente, concentrado no presente. Quando essa visão é a perspectiva de planejamento dominante na sua organização, você ouvirá as pessoas dizendo coisas como: "De qualquer maneira, o futuro é imprevisível; vamos então permanecer concentrados no que podemos fazer" e "Por que nos preocupar com idéias que não são viáveis?" Não dar atenção ao futuro para permanecer concentrado no presente não será satisfatório no final das contas. A inércia e os grandes recursos poderão sustentá-lo durante algum tempo, mas não para sempre.

Qualquer líder inteligente sabe que é preciso olhar para cima e para fora e tentar preparar-se para o futuro. Você se torna pró-ativo quando define planejar como fazer uma previsão precisa do futuro, e depois preparar-se para esse futuro melhor do que qualquer outra pessoa.

Quando a previsão é a sua única perspectiva de planejamento, você não enfrenta apenas o problema de fazer previsões precisas. Existe um segundo problema interessante, que é o circuito causal entre as nossas ações e o futuro que nos acontece. Isso pode não parecer tão perigoso – já que a questão é reagir às nossas previsões, não é mesmo? – mas o processo pode nunca levá-lo aonde você quer ir, porque você não pergunta qual é o destino. Finalmente, as pessoas tipicamente fazem previsões extrapolando tendências atuais no futuro, baseadas em suposições lógicas – um pouco mais disso, menos daquilo. Essa simples extrapolação do presente no futuro pode ajudar as pessoas a enxergar determinadas opções, mas com muita freqüência produz planos concebidos *para criar um passado mais eficiente do que um futuro verdadeiramente novo.*

O PLANEJAMENTO DO FUTURO PREFERÍVEL

Por meio de um único passo, um salto quântico por assim dizer, você poderá descobrir algo único e potencialmente poderoso, o *planejamento do futuro preferível*. Nessa perspectiva, você deixa o presente para trás, coloca-se no futuro e contempla o presente e o passado (Figura 5.1).

Até que uma máquina do tempo seja inventada, você não pode fazer isso na vida real, de modo que você viaja para o futuro como um exercício mental. Na verdade, isso é algo que você faz o tempo todo, por exemplo, quando sonha acordado a respeito da praia onde gostaria de estar no mês seguinte. Você viajou para o futuro e deu uma olhada numa imagem preferível. Se essa imagem for suficientemente agradável, você poderá fazer alguma coisa agora para torná-la realidade.

Se você conseguir colocar-se figuradamente no futuro, poderá dar uma olhada em volta e anotar as suas características. O que é igualmente importante, é que a partir desse futuro você pode olhar para o presente, independentemente do intervalo de tempo, e ver as coisas que você deveria fazer, lá atrás no presente, para vir parar aqui, no futuro. Este método chama-se planejamento retroativo. Ele oferece uma poderosa visão adicional a partir da qual é possível descobrir tanto as estratégias quanto as primeiras ações vitoriosas, e será explorado mais detalhadamente no Capítulo 10. Por enquanto, queremos nos concentrar no que você vê quando viaja no tempo para o futuro. É aquele termo perigoso, a visão.

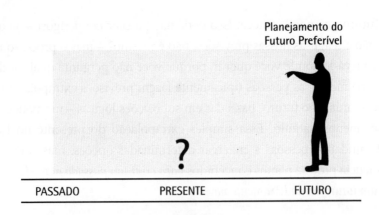

FIGURA 5.1
O Planejamento do Futuro Preferível Começa no Futuro

O QUE É A VISÃO DO FUTURO PREFERÍVEL

Como você tem controle sobre o que vê quando se coloca no futuro – afinal de contas você o está inventando – o melhor a fazer é criar um futuro que você deseje, o seu futuro preferível. A visão é uma descrição convincente do seu futuro preferível. Essa visão é tipicamente expressa em palavras, às vezes com imagens ou outros símbolos. O nível de detalhe pode variar de poucas palavras a algo muito complexo.

A Whole Foods descreve o seu futuro preferível na seguinte declaração, que eles colocam no web site da empresa e chamam de Declaração de Interdependência. Ela é longa, detalhada e funciona como uma descrição clara do estado futuro preferível da companhia. Termina com as seguintes palavras:

> A nossa Declaração da Visão reflete as esperanças e as intenções de muitas pessoas. Não acreditamos que ela retrate sempre com precisão a maneira como as coisas são, atualmente, na Whole Foods e sim a maneira como gostaríamos que as coisas fossem. [...] O futuro que viveremos amanhã é criado passo a passo hoje.

A visão não precisa ser longa ou complexa. A Disney, por exemplo, ainda aspira a "Fazer as pessoas felizes". A Novo Nordisk diz simplesmente que "nós nos esforçamos para ser a principal empresa do mundo no tratamento do diabetes, e cada um de nós assume pessoalmente essa visão". A Southwest Airlines adotou uma famosa visão em 1978, que tem guiado a companhia desde então: "Proporcionar um transporte aéreo seguro e confortável [...] a preços que possam competir com os dos automóveis e os dos ônibus [...] tornando a empresa aérea uma experiência divertida, lucrativa e de qualidade para todos."

Essas são apenas palavras lançadas ao vento? Essa é a opinião de muitas pessoas, descartando a visão como algo interessante para ter na parede mas que não é fundamental para o sucesso. Entretanto, no início da década de 1990, Jim Collins e Jerry Porras realizaram uma pesquisa, pedindo a 170 dirigentes de empresas que designassem as vinte companhias mais "visionárias". Collins e Porras investiram então um dólar simbólico em cada uma das vinte empresas em meados da década de 1920. Durante o período observado, as empresas visionárias superaram em desempenho a média da Wall Street por um fator de 50 (Vision Thing, 1991). Mais tarde, quando analisaram empresas bem-sucedidas para o seu livro *Built to Last: Successful Habits of Visionary Companies* (1997), chegaram à conclusão que as empresas visionárias haviam superado em desempenho o mercado por um fator de 12.

Donald Povejsil, vice-presidente de planejamento corporativo, aposentado, da Westinghouse expôs a sua opinião da seguinte maneira (1989, 42):

> Todo o meu conceito sobre o que é gerenciamento estratégico mudou. Dez anos atrás eu acreditava que o segredo da estratégia era uma análise rigidamente fundamentada dos mercados e da concorrência. [...] Eu passei a acreditar que a visão empreendedora, a parte visionária do processo, é o mais importante. A visão é o eixo do gerenciamento estratégico; depois de algum tempo, não é possível chegar a outra conclusão.

Nas ocasiões em que as organizações desenvolveram, sustentaram e usaram uma visão convincente, os resultados foram fenomenais. Um cliente meu desenvolveu uma visão de 15 anos e um plano estratégico e, depois de dois anos, recebeu milhões em receita adicional e deu um "salto quântico" na abertura da organização à mudança. Outra empresa trabalhara durante três anos numa contínua melhora da qualidade com algum sucesso. No entanto, quando os seus dirigentes pararam para desenvolver e se comprometer com uma visão do que desejavam alcançar por intermédio dos processos de qualidade, deram um salto de 40% de pontualidade na entrega do serviço para quase 100%.

Magnética

Independentemente de como seja expressa, a visão precisa ser magnética. As pessoas na sua empresa precisam se sentir atraídas pela visão. Uma visão na qual as pessoas dizem: "Isso não me importa" não é suficientemente atraente. Se você pretende criar e transmitir uma visão, certamente desejará algo a respeito do que as pessoas digam: "Uau, isso vai fazer diferença. Gostaria de trabalhar nisso." Steve Jobs, conhecido principalmente como um brilhante criador de produtos, descreveu a visão da Apple em 1980 como: "fazer uma contribuição para o mundo fabricando ferramentas para a mente que façam a humanidade avançar". A linguagem pode ter sido um pouco desajeitada, mas a imagem foi irresistível e muitas pessoas criativas foram atraídas por ela.

Transformadora

A visão poderosa precisa ter alcance, precisa representar um futuro no qual as coisas seriam transformadas para melhor quando a visão se realizasse. Tentar alcançar uma visão significa saltar além da rotina de hoje. Quando a McCaw Cellular Telephone ajudou a lançar a revolução do telefone celular e afirmou que a visão da empresa era: "Imagine a ausência de limites", os seus dirigentes transmitiram uma visão abstrata com um grande alcance, uma visão que seria transformadora se realizada. Esse alcance precisa ser a longo prazo. De dez a trinta anos para uma visão audaciosa não é muito tempo.

Flexível

A visão proveitosa precisa ser flexível. Ela deverá mudar à medida que a empresa avança em direção a ela, porque o mundo estará em constante mudança. Neste sentido, a visão não é uma declaração gravada em pedra, e sim uma conversa contínua, na qual as pessoas estão constantemente perguntando: "Para onde estamos indo, por que queremos ir para lá, onde estamos agora e o que faremos a seguir?"

Ponto de alavancagem para a mudança

Como dissemos anteriormente, se você deseja mudar a sua organização, mude a imagem dela do futuro preferível. Tanto a sabedoria popular quanto as pesquisas afirmam que temos a tendência de avançar em direção à coisa que pensamos e tornamo-nos como ela. Se a imagem do futuro da sua empresa estiver confusa, você provavelmente se comportará de uma maneira confusa. Se a sua imagem for nítida, convincente e flexível, é mais provável que você se comporte de uma maneira clara, flexível e estratégica.

Com você no presente

A visão é do futuro, mas não está realmente "lá fora". Em vez disso, pense na visão como um campo holístico de energia que o circunda no presente. Você precisa ver a visão acontecer o tempo todo na sua mente.

Reforçada por valores

Embora a visão lhe diga aonde você quer ir, atrás dela existem valores que lhe dizem por que você deseja avançar em direção à visão e como quer se comportar à medida que o fizer. A articulação clara e aberta desses valores favorecerá imensamente a busca de uma visão.

O QUE A VISÃO PREFERÍVEL DO FUTURO NÃO É

Não é raro confundir a visão com outros conceitos semelhantes.

Não é a solução anual de problemas

Praticamente todas as organizações americanas estão familiarizadas com o planejamento anual. Este último concentra-se, tipicamente, em comparações com as metas do ano anterior, a identificação de problemas atuais e o desenvolvimento de algumas novas metas baseadas nessas duas análises. Esse planejamento não resulta em uma visão.

Não são as previsões

Um erro muito comum relacionado com a visão é pressupor que ela é, de algum modo, a previsão do futuro. As previsões, as explorações dos futuros prováveis e possíveis, até mesmo uma profunda análise que conduz à capacidade de previsão lhe conferem um sentimento da situação futura. Estas são informações valiosas para você ter na hora de decidir que direção tomar, mas não são a direção propriamente dita.

Não é a missão

Existe uma freqüente confusão entre os conceitos da missão e da visão. Esta última é uma descrição do futuro preferível. A missão é uma descrição clara do propósito ou razão de ser da organização, hoje. Como a missão é um conceito mais familiar, já vi muitas empresas usarem a missão como um substituto da visão, quando é melhor mantê-las separadas. Quando as organizações tentam se voltar mais para o futuro, eu as tenho visto reescrever a sua declaração da missão de maneira a que reflita o seu ideal do que gostariam de ser em vez de espelhar o seu propósito. Quando isso acontece, elas acabam tendo nas mãos uma missão que nem descreve muito bem o futuro preferível e nem capta o objetivo da organização. As pessoas a lêem e dizem: "Nós não somos realmente assim." O resultado é apenas uma grande confusão.

Não são desejos fantasiosos

Embora a visão descreva o futuro preferível, ela não deve ser apenas uma lista de desejos. Para ser uma força poderosa e magnética, a visão precisa transmitir um sentimento refinado e sincero do que as pessoas ardentemente desejam, conciliado com o entendimento das forças que moldam o futuro.

COMO CRIAR O FUTURO PREFERÍVEL

A visão provém de uma pessoa poderosa, talvez do fundador da empresa? Ou ela procede do grupo de pessoas que formam a organização? Qualquer um dos dois casos pode dar certo. O que importa é que todos compartilhem e compreendam a visão e assumam um compromisso com ela. O processo de criar a visão ou o "futuro preferível" envolve várias atividades que compartilham essas características.

Explora o futuro provável, o possível e o preferível

O processo precisa possibilitar, em algum ponto, que examinemos as nossas três perguntas futuras e lidemos com elas de várias maneiras: O que é provável no futuro? O que é possível? Que futuro consideramos preferível?

Feito no futuro

Para realmente experimentar o futuro preferível e a partir daí expressar uma visão, o processo precisa possibilitar que você saia mentalmente do presente e vá para o futuro. Em outras palavras, em algum ponto você deverá de algum modo viajar no tempo para o futuro e descrevê-lo no presente do indicativo, como se você realmente o estivesse vendo.

Combina o passado e o futuro

Se você não recuar o suficiente na memória e não avançar o bastante na esperança, o seu presente será limitado. Um esforço completo de refletir sobre a visão incluirá um exame da sua história, para que você possa decidir quais os melhores recursos que deverá levar com você para o futuro.

Fornece uma perspectiva "retrospectiva"

Se você conseguir ir para o futuro, a partir dessa perspectiva poderá "olhar retrospectivamente" para o dia de hoje. Ao perguntar: "O que fazíamos naquela época (no presente) que nos permitiu chegar aqui (no futuro preferível)?", você pode adquirir um grande discernimento com relação à estratégia e ao planejamento da ação.

Tensão criativa entre o futuro e o presente

Um processo de visão e uma declaração da visão eficazes produzem uma tensão criativa quando as pessoas comparam o ponto em que estão agora com o ponto em que desejam estar. A tensão precisa existir na medida certa – se for excessiva, as pessoas ficarão desanimadas, se for muito pouca, as pessoas não se importarão.

O processo é crítico

Em última análise, o objetivo de uma iniciativa de planejamento baseada na visão não é criar um plano maravilhoso. A visão envolve atuar como uma estrela que servirá de guia e não como um mapa a ser seguido. A meta é, na verdade, fomentar um fluxo diário de decisões sábias na busca de orientações estratégicas. A organização onde isso ocorre terá a visão como o seu eixo.

A VISÃO NÃO É A MODA DE ADMINISTRAÇÃO DA ÚLTIMA DÉCADA?

Poucos conceitos de administração duram muito tempo, devido, provavelmente, à necessidade tanto dos gerentes quanto dos consultores administrativos de dar a impressão de que têm novas idéias. Por conseguinte, é verdade que a palavra "visão" tem sido freqüentemente trocada por substitutas nos últimos anos. Collins e Porras, que estavam escrevendo a respeito de como "construir a visão da sua empresa" em 1996, fizeram uma transição para o conceito que chamaram de BHAG* – metas grandes, difíceis e audaciosas – e

---

* No original em inglês, "big, hairy, audacious goals". (N. da trad.)

combinaram-no com a visão. Mais tarde, Collins (2001) abordou os segredos da mudança do bom para o excelente, concentrando-se particularmente no princípio do porco-espinho* ou na descoberta da coisa que fazemos melhor. Hamel e Prahalad (1989) foram da visão para outro termo, "intenção estratégica", concebido para transmitir uma visão de longo alcance e um foco estratégico mais penetrante. E a década de 1990 até mesmo presenciou "a coisa da visão" assumir uma espécie de aura ridícula na esfera política. Desse modo, o termo é usado com cautela, mas é um conceito perene. Sem uma visão, as pessoas perecem, diz o Salmo do Antigo Testamento.

O PLANEJAMENTO QUASE SEMPRE FALHA

Temos defendido até agora o planejamento do futuro preferível, visionário. No entanto, os leitores sabem que esse planejamento falha mais freqüentemente do que tem êxito, e alguns especialistas estimam que ele chega a deixar de fazer uma diferença visível nas empresas até 65% das vezes. Com muita freqüência, ele se revela um enorme desperdício de tempo. Por que o planejamento falha? Quais são as armadilhas e como podem ser superadas?

Uma das razões cruciais do fracasso é a interpretação errônea do que é o planejamento estratégico e de como ele difere do tipo de presciência e visão do futuro aqui apresentadas. Na prática, o planejamento estratégico é tipicamente definido como decidir o que é viável dentro dos recursos pressupostos da organização. Literalmente, bem no momento em que uma equipe está começando a pensar no futuro, alguém diz: "Um momento. Por que desperdiçar o nosso tempo discutindo coisas que não são viáveis? Vamos simplesmente elaborar uma lista dos problemas e dos recursos disponíveis, decidir no que é viável trabalhar e dar o assunto por encerrado."

---

* No livro *Good to Great: Why Some Companies Make the Leap [...] and Others Don't,* citado na bibliografia neste livro, Jim Collins discute os atributos e o comportamento mais comuns e exclusivos de empresas que saíram de uma longa história de resultados medíocres para uma longa trajetória de resultados excepcionais. Um dos aspectos identificados é chamado de "Hedgehog Principle" [Princípio do Porco-Espinho]. Nesse princípio, três perguntas são respondidas: "Em que podemos ser os melhores do mundo?", "O que desperta o nosso entusiasmo?" e "Qual é o meu motivador econômico?" (N. da trad.)

Rapidamente o plano futuro deixa de conter um futuro, apenas uma resolução limitada de problemas.

O planejamento futuro preferível, por outro lado, pode ser entendido como perseguir o que é possível e preferível dentro da capacidade da organização. A pressa em direção à viabilidade é evitada pelo maior tempo possível. Em última análise, nada acontecerá que não seja viável, então por que se preocupar com isso no início? Tome uma decisão a respeito de um direcionamento do futuro preferível e a viabilidade cuidará de si mesma.

Observamos anteriormente que o planejamento estratégico é freqüentemente confundido com a tomada de decisão estratégica. O planejamento estratégico envolve fazer planos para implementar decisões estratégicas. Estas últimas surgem melhor a partir de um processo de visualização do futuro que produz a capacidade de previsão, e depois uma decisão sobre um direcionamento a longo prazo refletido numa visão. A diferença fundamental encontra-se entre os planos de um lado e as decisões sobre o direcionamento do outro. A missão, as estratégias e as primeiras conquistas podem ser escritas num plano em algum ponto, mas produzir descuidadamente longas seqüências de passos práticos no papel, sem uma cuidadosa e renovada avaliação do direcionamento, o levará a algum lugar, mas provavelmente não ao futuro.

Existem indicações de por que o planejamento falha com tanta freqüência. John Kotter (1995) identifica oito principais erros que conduzem ao fracasso nos esforços de transformação das organizações. Vale a pena prestar atenção aos erros, particularmente aos três primeiros.

1. *Deixar de estabelecer um sentimento de urgência.* A mudança tende a acontecer com mais freqüência quando as pessoas sentem que precisam mudar. É por esse motivo que eu, na condição de futurista, sou convidado principalmente para dar consultoria quando as organizações acreditam estar enfrentando mais do que uma mudança de rotina. Algo de grandes proporções está em ação, é temido, de modo que está na hora de adotar uma perspectiva abrangente e a longo prazo. Na ausência de um sentimento de urgência, até mesmo uma visão magnética poderá não ser magnética o suficiente para criar a mudança.

2. *Deixar de criar uma coalizão orientadora suficientemente poderosa.* Raramente uma ou duas pessoas conseguem impulsionar uma visão e liderar uma mudança. Com o tempo, uma equipe básica se faz necessária, e essa equipe de pessoas dedicadas precisa crescer.
3. *Ausência de uma visão convincente.*
4. *Transmitir a visão de um modo insuficiente.*
5. *Deixar de remover obstáculos à visão.* As barreiras de 3 a 5, de uma maneira ou de outra, lidam com a necessidade de que você crie uma visão clara e convincente e que a compreenda, compartilhe e avance na direção dela.
6. *Ausência de pequenos passos vitoriosos,* concluídos com sucesso e celebrados.
7. *Deixar de consolidar os aprimoramentos e fazer mudanças ulteriores.*
8. *Deixar de institucionalizar novas abordagens.*

Barreiras como essas enfraquecerão qualquer mudança e destruirão toda e qualquer iniciativa de planejamento orientada para o futuro. Mas podemos acrescentar armadilhas adicionais à lista de Kotter. As mais fascinantes são as menos esperadas.

- *A tendência do planejamento do futuro preferível de aumentar a incerteza, quando o oposto era esperado,* particularmente no início do processo. Por que as pessoas e as organizações tentam fazer planos para o futuro? Porque ele parece incerto, e acredita-se que um planejamento eficaz tornará o futuro mais claro. O que acontece em vez disso é bastante simples. A investigação de futuros prováveis e possíveis conduz à descoberta de tendências e avanços, de ameaças e oportunidades que ninguém conhecia. As opções tornam-se mais numerosas. Reina a confusão. Notei que equipes de planejamento, capturadas nesse crescente tumulto, freqüentemente acreditam que se pesquisarem um pouco mais tudo ficará claro e, de uma maneira mágica, uma orientação ficará óbvia e ninguém na verdade terá que decidir nada. Essa é uma vã esperança. A transparência pode ser aumentada por meio de atividades de análise como organizar a incerteza em situações plausíveis. No entanto, a nitidez depende de que uma decisão seja tomada quanto ao direcionamento. A direção fica clara, mas os dados conducentes a essa decisão talvez nunca sejam tão claros quando se esperava. Ficar à vontade com a incerteza adequada em vez de buscar a certeza inadequada é simplesmente parte do processo.

- *Uma experiência precoce da doença IFD, que é a idealização, seguida pela frustração que é, por sua vez, seguida pela desilusão.* O entusiasmo inicial declina à medida que a lida diária prossegue, os recursos ficam aquém das expectativas, a liderança muda e todos os outros obstáculos clássicos ao sucesso surgem no caminho. O que parecia tão sedutor quando a visão foi escolhida agora parece mais distante do que nunca. Quando isso acontece, todo o processo pode ser experimentado como debilitante em vez de gratificante. O segredo para combater essa armadilha é a realização e a celebração de pequenas vitórias.
- *O entendimento errôneo do significado de uma visão "compartilhada".* Compartilhar uma visão não significa criá-la no isolamento e depois vendê-la para todo mundo. Tipicamente alguma comunicação persuasiva faz parte do cenário, mas, numa visão compartilhada, as pessoas desempenham algum papel na sua criação e conseguem se ver nela.
- *Encarar a visão como apenas outra tarefa a ser cumprida* e não como a essência da organização. A visão, ao contrário, precisa ser vivida plena e continuamente. Nas reuniões de todos os níveis da empresa, a seguinte pergunta tem que ser feita regularmente: "O que estamos fazendo para alcançar a visão?"
- *Pressupor que uma vez que as pessoas entendam e compartilhem a visão, elas automaticamente saberão o que fazer para alcançá-la.* Ao contrário, esforços deliberados são necessários para ajudar as pessoas a criar os pequenos passos e ajustar o trabalho diário para avançar em direção à visão. Caso contrário, esta última torna-se palavras na parede que pouco tem a ver com o que acontece a cada dia.

A REGRA DOS 15% PARA A VISÃO PREFERÍVEL DO FUTURO

Certa organização com a qual trabalhei estabeleceu uma visão de 15 anos. Eles estavam envolvidos com recursos naturais, de modo que uma visão de longo prazo fazia sentido. Na ocasião, achavam que estavam sendo bastante ousados. Dois anos depois, fizeram uma avaliação qualitativa e quantitativa do progresso. Quanto tinham avançado nos dois primeiros anos? Chegaram à conclusão de que haviam percorrido mais da metade do caminho. O que isso lhes disse? Que estavam fazendo um bom progresso, sem dúvida, mas principalmente que tinham sido muito tímidos ao criar a sua visão.

Há alguns anos, quando havia uma empresa de computadores chamada Digital Equipment Corporation (DEC), um dos gerentes da empresa chegou à conclusão de que seria uma boa idéia colocar todos os computadores em rede. Os computadores pessoais, os PCs, eram novos. O conceito como um todo era que cada pessoa teria um computador e que cada um deles seria independente. Esse gerente, em particular, conseguiu perceber que se todos pudessem se comunicar seria vantajoso e pôs-se em campo para convencer as pessoas de que a idéia era boa. Depois de tentar durante meses, ele recebeu autorização para experimentar uma rede, e quando estava no auge, a DEC tinha mais de sessenta mil computadores em rede, isso antes de surgir a Internet pública. Ao relembrar essa experiência, o gerente fez um maravilhoso comentário. "Quando começamos", disse ele, "sabíamos no máximo 15% do que precisávamos saber para alcançar a visão. Apenas acreditávamos que seria importante tentar."

Com base nessa história, criei a "regra dos 15% para uma visão convincente". *Se você souber mais do que cerca de 15% do que precisa saber para alcançar a sua visão, ela é excessivamente tímida.* Quando trabalhei num projeto chamado Atlanta Vision 2020, citei essa regra num artigo que escrevi para um jornal. Um consultor amigo meu que estava passando por Atlanta na época leu o artigo e me telefonou. "Como você sabe que é 15%", perguntou. Suponha que o número esteja errado. Imagine que se você souber 50% do que precisa saber, então neste caso a sua visão é muito limitada. Talvez o percentual seja de 75%. O que parece certo é que se você souber 100% do que precisa saber para alcançar a sua visão, praticamente não há nenhuma dúvida de que você esteja sendo excessivamente cauteloso.

No entanto, equipes de planejamento, concentradas na viabilidade e em não parecer tolas, fazem a visão recuar repetidamente, até que ela se torna tão insípida que todos têm certeza de que poderá ser alcançada. Mas a essa altura, ninguém mais se importa com isso.

Existe uma história maravilhosa sobre o poder da visão que teve lugar há quase seis séculos. A história é verdadeira e qualquer pessoa pode ir à Espanha e ver a evidência dela. No dia 7 de julho de 1401, um grupo de pessoas reuniu-se num lugar chamado Pátio dos Olmos. Elas pertenciam a uma ordem religiosa, a Ordem de Sevilha. No pátio, fizeram juntas um solene juramento: "Vamos construir uma igreja tão grande que aqueles que vierem depois de nós nos acharão loucos por tê-lo tentado."

E assim foi construída a catedral de Sevilha. A construção levou mais de 150 anos, fato conhecido por aqueles que fizeram o juramento. Você estaria disposto a empreender a jornada de uma visão que você soubesse que levaria várias gerações para ser concluída, que era muito mais abrangente do que você, e que os seus semelhantes o considerariam louco por tentar?

CAPÍTULO 6

Seja o seu próprio futurista e ponha a ênfase da sua organização no futuro

Patine na direção em que o disco está indo, e não em direção ao lugar onde ele estava.

— Wayne Gretzky,* 1990

Os dirigentes excepcionais cultivam o hábito característico de Merlin de agir no momento presente como embaixadores de um futuro radicalmente diferente, a fim de impregnar as suas organizações de uma visão inovadora do que é possível alcançar.

— Charles Smith, 2005

Um amigo meu, hoje consultor de negócios, foi certa vez funcionário da IBM. Um dia, quando participava de uma reunião de vendas em Nashville, Tennessee, usou parte do seu tempo livre para ir até a região rural e conhecer essa parte do Tennessee. Enquanto dirigia, chegou ao cruzamento de uma linha de trem. O cruzamento não tinha luzes que piscavam ou uma cancela, apenas uma simples placa indicando a via férrea, pendu-

---

* Menção ao jogo de hóquei. Wayne Gretzky nasceu no Canadá em 1961, sendo considerado pela NHL [National Hockey League] dos Estados Unidos como o melhor jogador de hóquei de todos os tempos. Gretzky aposentou-se como jogador em 1999 e é hoje co-proprietário e principal treinador do Phoenix Coyotes. (N. da trad.)

rada num poste de madeira perto da estrada. No entanto, alguém pregara no poste, embaixo da placa, um aviso pintado à mão, com os seguintes dizeres: "O trem leva exatamente 21 segundos para passar por este cruzamento – quer você esteja ou não sobre os trilhos."

Esse aviso capta quatro respostas alternativas para o futuro.

1. Subir nos trilhos, identificar o trem que avança a toda velocidade na nossa direção e tentar parar o futuro. No início da década de 1990, quando fui contratado pelos dirigentes de uma associação de assistência médica para ajudá-los no planejamento a longo prazo, perguntei à CEO o que os membros estavam buscando. Ela respondeu que muitos deles esperavam descobrir uma maneira de subir nos trilhos e impedir que a reforma do sistema de saúde tivesse lugar. Como demonstra o registro da época, a associação e os seus colegas conseguiram parar o trem. Em outro sentido, contudo, eles apenas conseguiram adiar o futuro e tornar mais difíceis as mudanças vindouras. Se parar o futuro é a sua única resposta, o tempo todo, as chances estão contra você.

2. Entrar no trem, escolher um assento no vagão de passageiros e ajustar-nos ao destino do trem, seja ele qual for. A adaptação ao futuro é, naturalmente, a resposta que ocupa a maior parte do nosso tempo. Essa resposta, embora útil e necessária, não faz muita coisa para moldar o futuro.

3. Entrar no trem e sentar-nos no mesmo lugar no vagão de passageiros. Desta feita, contudo, vamos contratar um especialista para prever aonde o trem está indo, para que possamos estar preparados para o destino antes de qualquer outra pessoa. Esta é a resposta que envolve a previsão e a preparação. Sem dúvida somos passageiros inteligentes, mas ainda assim esperamos que o trem chegue aonde quer que esteja indo.

4. Moldar o futuro. Isso envolve entrar no trem, ir até o compartimento do engenheiro e desempenhar um papel na condução ou no controle do trem. Imagine um conjunto de trilhos diante de você e a capacidade de decidir que trilho seguir e qual velocidade tomar. Isso é criar o futuro.

Você poderá levantar a objeção de que na vida real temos pouco controle sobre o trem. Mas isso depende. Você certamente tem mais controle do que imagina na sua carreira, na vida em família, na vizinhança e na comunidade. Que trilho você deverá seguir? A que velocidade deverá avançar? Essas são decisões pessoais. Em sistemas maiores, mais complexos, como a sua empresa ou o seu país, a sua influência talvez seja mais difusa e compartilhada com muitas outras pessoas. No entanto, a escolha entre se adaptar, prever e moldar ainda é relevante. A história está repleta de histórias de pessoas que fizeram uma simples escolha que levou um grande sistema a tomar um novo rumo. Rosa Parks* me vem à mente, uma mulher que simplesmente recusou-se a deixar um assento na frente do ônibus e ir para parte de trás do veículo, fazendo com que uma nação inteira seguisse um novo caminho.

Você é um líder capaz de voltar a sua organização para o futuro e conduzi-la por um caminho em direção à mudança fundamental e transformadora? Para moldar o futuro, você precisa tornar-se um futurista.

Quatro componentes cruciais se destacam para que você faça a sua empresa voltar-se para o futuro e a conduza a uma mudança transformadora. Essas características são:

1. Você precisa estar voltado para o futuro.
2. Você precisa ser impulsionado pela visão.
3. Você precisa estar disposto a colaborar.
4. Você precisa ser estratégico.

---

* Rosa Parks era uma costureira de 42 anos quando entrou para a história americana. No dia 1º de dezembro de 1955 ela estava num ônibus na cidade de Montgomery, Alabama, quando um homem branco exigiu que ela se retirasse do banco onde estava sentada para que ele pudesse se acomodar.

Rosa recusou-se a ir para a parte de trás do ônibus, desafiando as regras que exigiam que pessoas negras se sujeitassem a abrir mão dos seus lugares no transporte público para as brancas. Devido a essa atitude, Rosa foi presa e multada em 14 dólares.

A prisão da costureira desencadeou um boicote de 381 dias ao sistema de ônibus, organizado pelo pastor da Igreja Batista, Martin Luther King Jr. Anos mais tarde, Luther King ganharia o Prêmio Nobel da Paz graças à sua luta pelos direitos civis nos Estados Unidos. Rosa Parks morreu em 2005, aos 92 anos de idade. (N. da trad.)

Esses componentes representam características e comportamentos de liderança que vão além do gerenciamento. São aptidões e perspectivas que você pode aprender a aplicar a fim de levar um empreendimento a transformar a sua natureza, função e condição. Ao apresentar o perfil de cinqüenta dirigentes, a *U.S. News & World Report* chegou à conclusão de que "Os estilos de liderança dessas pessoas é tão variado quanto as organizações que dirigem. [...] Mas *todas compartilham uma visão claramente articulada, resultados mensuráveis e, nas palavras de um dos gurus da administração, Metas Arriscadas e Ousadas*" (2005, 19, itálico acrescentado). Em outras palavras, esses componentes são necessários para moldar o futuro.

SEJA UMA PESSOA VOLTADA PARA O FUTURO

Qualquer pessoa que já tenha dirigido uma organização, ou simplesmente trabalhado em uma, sabe que o urgente sempre parece desalojar o importante. O mesmo é verdade com relação às organizações como um todo, pois estão repletas de pessoas capazes de ver que o trem está se aproximando, mas que estão simplesmente ocupadas demais para fazer alguma coisa a respeito. O dirigente que se propõe a efetuar a transformação precisa fazer um esforço deliberado para superar a inércia, voltando-se para o futuro.

Somos capazes de relembrar o passado e antever o futuro, enquanto vivemos no presente. Como disse certa vez Ed Lindaman: "Se você não recuar o suficiente na memória e nem avançar o bastante na esperança, o seu presente ficará empobrecido." Ser uma pessoa voltada para o futuro significa fazer um esforço consciente de viver simultaneamente no passado, no presente e no futuro. Essa idéia parece impossível, mas o que está sugerindo é que você faça o esforço de expandir e inspirar a sua perspectiva. Os dirigentes eficazes e voltados para o futuro se esforçam para enxergar mais adiante e com um ângulo mais amplo do que aqueles que meramente se ajustam a tudo o que acontece.

Ser uma pessoa voltada para o futuro significa fazer as três perguntas fundamentais a respeito do futuro numa conversa contínua para aguçar o seu entendimento do futuro e expandir a sua visão. Uma das principais tarefas da liderança para tornar a organização mais orientada para o futuro é criar oportunidades para que essa conversa tenha lugar. Certo dirigente, por exemplo, exige que os novos funcionários no nível gerencial se reúnam regularmente com ele no primeiro ano que estão na empresa, com a atribuição de levar para cada reunião uma idéia empreendedora que se beneficie de uma tendência ou evento futuro. Dessa maneira, esse dirigente estava tentando treinar esses funcionários para ser futuristas.

Ao mesmo tempo, a liderança voltada para o futuro não é um esforço para descobrir o que fazer "lá adiante, no futuro". Ao contrário, a ênfase concentra-se em entender o futuro de uma maneira que torne mais óbvio o que você deve fazer aqui e agora. Em outras palavras, a ênfase suprema concentra-se nas decisões estratégicas do futuro imediato, inspiradas por uma visão aprimorada do futuro a longo prazo. Desse modo, uma pessoa verdadeiramente voltada para o futuro também é orientada para a ação.

Finalmente, ser voltado para o futuro não significa desprezar o passado. O que deu certo antes? O que mudou? O que perdemos que gostaríamos de recuperar? Que lições aprendemos ou esquecemos? Na correria do dia-a-dia freqüentemente não paramos para relembrar, e ser uma pessoa voltada para o futuro envolve tanto recordar quanto olhar para a frente.

SEJA UMA PESSOA MOVIDA PELA VISÃO

A Komatsu é uma empresa japonesa fundada em 1921, que fabrica equipamento para construção. Ela produziu a sua primeira escavadeira de terraplenagem em 1947. Na década de 1970, com as vendas e a participação no mercado enfraquecendo, os dirigentes da Komatsu propuseram uma nova visão, captada em duas simples palavras: "Cercar a Caterpillar". Talvez nenhum visão melhor de três palavras tenha sido escrita até hoje.

Com essa visão clara e simples impulsionando tanto a estratégia quanto o trabalho do dia-a-dia, nos vinte anos que se seguiram a Komatsu conseguiu enfrentar a Caterpillar. Embora nunca tenham conseguido superar a Caterpillar nas vendas globais de equipamento para construção, a empresa tornou-se líder no Japão e a segunda no mundo. A visão foi o segredo.

A visão que cria um movimento desse tipo não é maçante, não é uma mera extrapolação do presente no futuro. Não é simplesmente dizer que no ano que vem vamos vender 10% mais do que vendemos este ano.

Quando as equipes da liderança e as empresas se sentam para levar em consideração uma visão empresarial, quase sempre erram no sentido de criar uma visão modesta demais, em vez de uma excessivamente ousada. O medo que existe durante o desenvolvimento de uma visão preferível do futuro é o de ser considerado louco. Isso, apesar do fato de que durante anos a literatura dos negócios esteve repleta de histórias e exortações para que ampliássemos as metas ou encontrássemos a coisa especial capaz de levar a empresa às alturas.

No final de década de 1980 fui convidado para dar uma palestra para cem estudantes do ensino médio, que estavam participando de um programa de verão de liderança com duração de duas semanas. Quem estava dirigindo a escola naquele ano era um antigo colega de um jovem empreendedor, que ele também convidara para falar. O nome desse empreendedor era Bill Gates e a sua empresa se chamava Microsoft. Nós dois, Bill e eu, passamos três horas numa determinada noite sentados diante dos cem jovens, explorando o futuro e como o mundo poderia ser no início do século XXI.

Anos mais tarde, ao falar sobre o tema da visão de negócios eu às vezes ouvia pessoas dizendo que a idéia da visão era ótima quando o mundo se movia lentamente, mas olhem para a Microsoft, diziam. Ela não tem uma visão, eles apenas seguem os inventores, escolhem as melhores idéias e superam em desempenho e na concorrência todas as outras pessoas ao apresentar a idéia.

Quando ouvia isso, eu me lembrava do que Gates dissera aos jovens naquela noite no final da década de 1980. Os ciclos de desenvolvimento tecnológico eram tais, disse ele, que era difícil afirmar com precisão que tecnologia estaria disponível depois de mais ou menos 36 meses. Desse modo, acrescentou, ele estava apenas imaginando o mundo de 2001 quando adivinhou que o seguinte talvez fosse possível. Parafraseando a história como me lembro dela, "Eu me levanto de manhã", disse Gates, "e o meu primeiro pensamento é: 'Hoje eu gostaria de ser como DaVinci'. Eu me viro para a parede e peço que DaVinci apareça, e todas as imagens da casa se transformam em DaVinci. Tendo algum tempo disponível antes de sair para trabalhar (sim, ainda iremos para o trabalho), decido me divertir um pouco. Sento-me no meu *display surround* de realidade virtual, onde faço uma breve caminhada virtual pelo Grand Canyon, acompanhado por duas celebridades. Por serem celebridades, a personalidade delas foi transformada em software, e posso travar uma conversa simulada em tempo real com elas, como se estivessem realmente presentes. Talvez a minha unidade *surround* de realidade virtual também me permita vivenciar outros sentidos além da visão e da audição, como o olfato ou até mesmo o tato. No entanto", prosseguiu Gates, "não sei ao certo se a tecnologia do computador se desenvolverá com rapidez suficiente para que tudo isso seja possível, mas esse é o tipo de mundo computadorizado que imagino."

Por conseguinte, sempre sorrio quando as pessoas me dizem que ter uma visão é interessante, mas que a Microsoft sobrevive sem ela. Passados relativamente poucos anos, Gates construiu uma casa na qual as imagens podem fazer exatamente o que ele imaginava. O centro de entretenimento *surround* de realidade virtual ainda não está conosco. E a Microsoft deixou mais ou menos escapar o impacto da Internet por mais tempo do que deveria, por estar excessivamente obcecada pela visão de um computador em cada mesa, com um software independente, compartilhado, para cada computador.

Hoje Gates afirma nas suas palestras que todas as grandes visões enfrentam o teste do riso, ou seja, as pessoas riem inicialmente das grandes visões, e se ninguém ri é porque a visão não está forçando suficientemente os limites.

O dirigente motivado pela visão e pela transformação esforça-se, então, para combater a tendência de ser acanhado demais ou de se concentrar na viabilidade em vez de na possibilidade, desafiando as pessoas a avançar em direção aos seus sonhos mais extravagantes. A meta é criar a quantidade certa de tensão dinâmica e criativa entre o lugar onde estamos e o lugar onde queremos estar. Larry Page e Sergey Brin, criadores do Google, tiveram idéias ambiciosas desde o início. "Eles foram capazes de organizar não apenas a Web, o que em si já foi um gigantesco empreendimento, mas também todas as informações do mundo. E conseguiram torná-las disponíveis para todo mundo. [...] Enquanto ainda em Stanford, 'achávamos que deveríamos efetivamente digitalizar as bibliotecas.' " (LaGesse, 2005, 26)

Também é importante entender que a visão não é exatamente um ponto no tempo ou um destino fixo, e sim uma conversa. Perguntar às pessoas no que elas estão trabalhando é assumir o empreendimento em direção à visão. Pergunte-lhes o que precisa ser reconsiderado ou expandido ainda mais. Howard Shultz, CEO da Starbucks é um dos grandes líderes visionários dos nossos dias. "Não começamos dizendo: 'Vou criar a maior empresa de café do mundo', começamos com uma sensibilidade que diz: 'Vou criar um tipo diferente de empresa'" (Meyers, 2005, 50). Nessa busca, a Starbucks continuamente expandiu e atualizou a sua visão, acrescentando, por exemplo, a venda de discos, envolvendo-se nas iniciativas de apoiar maneiras ambientalmente corretas de cultivar o café e apoiando a água limpa no mundo inteiro. Shultz é famoso pelas suas conversas individuais abertas com os sócios da Starbucks e nas reuniões com os funcionários, observando idéias, retornos e empenho.

Em última análise, é fundamental reconhecer que a visão compartilhada é o eixo da liderança. Com uma visão poderosa e compartilhada, as ações adquirem um propósito e uma direção. Na ausência da visão, as ações apenas nos mantêm ocupados.

COLABORE

Tanto a história do mundo quanto a dos negócios estão repletas de narrativas de dirigentes visionários e eficientes que não gostavam, particularmente, de colaborar. No entanto, esse estilo de liderança da águia solitária está cada vez menos eficaz no nosso mundo hipercomplexo e interligado. Existem poucos empreendimentos hoje nos quais a liderança não-participativa é suficiente. Esse fato é reconhecido até mesmo na propaganda das empresas, como quando a Chevron produz um anúncio que coloca em evidência uma carta de David O'Reilly, no qual *chairman* e CEO discutem a transição iminente da energia, e ele diz: "Acreditamos na Chevron que a inovação, a colaboração e a conservação são as pedras angulares sobre as quais iremos construir este novo mundo. Não podemos fazer isso sozinhos." (*The Economist*, 2005, 7)

Quando a liderança não é participativa, a liderança eficaz pode ser vista como uma questão de transmitir as idéias e diretrizes do dirigente aos funcionários, para que saibam o que fazer. Num paradigma de liderança participativa, os dirigentes trabalham para possibilitar o equilíbrio nas idéias e na ação em todos os níveis da organização.

Várias aptidões são necessárias para que haja colaboração. Entre elas estão lidar com a complexidade e a incerteza de uma maneira sincera, aprendendo a se relacionar profissionalmente, e aprender a negociar os interesses a fim de ajudar a resolver as diferenças.

Uma rara aptidão entre os dirigentes mais graduados é a capacidade de simplificar a interação do grupo para mobilizar a ação. Isso foi demonstrado com extrema eficácia por Alan Lewis, presidente e CEO da Grand Circle Travel, num retiro estratégico da equipe executiva que orientei no verão de 2005. A Grand Circle é uma empresa cuja visão é ser "a líder mundial em viagens internacionais, aventuras e descobertas para os viajantes americanos, proporcionando-lhes experiências interculturais de impacto, que melhorem significativamente a qualidade de vida deles".

Durante o retiro, observei Alan empregar aptidões participativas para fortalecer e motivar a equipe dirigente. Diante do seu pessoal, que estava sentado em grupo ao redor de pequenas mesas, Alan apresentou um componente fundamental da visão da empresa e, em seguida, comentou que estava na hora de dar o segundo e enorme passo. "Proponham cinco coisas que poderemos fazer no ano que vem para chegar lá", disse Alan. "Vocês têm 15 minutos." Os grupos trabalharam rapidamente e 15 minutos depois já tinham propostas para apresentar. O que aconteceu a seguir foi algo digno de um grande talento.

O primeiro grupo a se apresentar forneceu o seu resumo. Quando terminaram, Alan fez a seguinte pergunta a todas as pessoas ali reunidas: "Numa escala de 1 a 5, como vocês avaliam o plano deste grupo? 1 = não é ousado o suficiente, 5 = muito ousado. Todo mundo deve levantar de um a cinco dedos. OK, mais ou menos 3, mas ele não tem a ousadia que precisamos. Temos que pressionar um pouco mais!"

Por intermédio dessa metodologia simples e participativa, Alan estava ensinando duas lições cruciais à sua equipe: a primeira era que eles tinham um papel a desempenhar no futuro da companhia, e a segunda que era vital para a empresa ser ousada, para que mantivesse a sua liderança no mercado e alcançasse a sua visão. Um pouco mais do que sempre haviam feito não era o suficiente.

Essas aptidões participativas são sempre encaradas, nas pesquisas de administração e liderança, como qualidades femininas e não masculinas.

Esta não é uma diferença trivial. Ao apresentar um relatório especial na revista *Fortune* (2005, 144), a escritora Janet Guyon observou que: "A diferença não é apenas de peculiaridades pessoais de comportamento. Depois de entrevistar CEOs de empresas durante 25 anos, posso afirmar com segurança que os homens adoram dar palestras e as mulheres adoram escutar." Um crescente acervo de literatura indica que as mulheres "colaboram, escutam e tentam formar equipes. Os homens tendem mais a comandar, culpar os outros e usar o pronome da primeira pessoa do singular". (144)

Essa é uma diferença que faz diferença? Aparentemente é, já que a abordagem participativa e voltada para a equipe parece relacionada com uma maior capacidade de enxergar a realidade mais ampla. Os dirigentes com esse estilo percebem as crises que se aproximam antes dos seus colegas. Desse modo, seja você homem ou mulher, é vantajoso ser participativo, se a sua meta é voltar a sua empresa para o futuro. Repare, no entanto, que colaboração não é sinônimo de indecisão.

Meg Whitman, CEO da eBay, freqüentemente citada entre as mulheres mais poderosas do setor dos negócios, é extremamente voltada para o futuro e é o epítome da liderança participativa. Apesar disso, ao descrever a aquisição da Skype pela eBay em 2005, Whitman descreveu o processo da seguinte maneira. "Quando avaliamos aquisições, sempre fazemos três perguntas. Existem sinergias? [...] Segundo, gostamos dela como um negócio independente? E, finalmente, qual é a adequação cultural? Fui a Londres três vezes conversar com a diretoria da Skype, e cheguei à conclusão de que são pessoas muito diretas que encaram o mundo como nós. Decidi ir em frente. Nós a compramos em outubro." (*Fortune,* 146) Observe a combinação de Whitman de colaboração, iniciativa e uma clara responsabilidade para a decisão final.

Quando utilizada como um meio de evitar decisões, a colaboração pode ser um pesadelo. Jared Sandberg narra no *Wall Street Journal* a seguinte história sobre a chefe de um escritor técnico: "... a sua chefe tomava tão poucas decisões que ninguém jamais sabia o que ela queria. No entanto, ela tinha que estar envolvida em todas as decisões que nunca tomava". (2005, B1)

O fato de a colaboração fazer naturalmente mais parte da esfera das mulheres ou dos homens como dirigentes é irrelevante. Todas as organizações são fontes ricas de idéias para a criação do futuro. As aptidões participativas da visualização do futuro aproveitam esses recursos com mais eficácia. As duas aptidões participativas mais importantes são fazer perguntas e ouvir. O consultor empresarial Peter Senge (1994) ressalta que a maneira mais eficaz de um dirigente criar a visão compartilhada não é, como você poderia esperar, transmitir a visão do dirigente ou convencer as pessoas de que ela está certa. Ao contrário, a tática mais eficaz é perguntar às pessoas qual é a visão delas, tanto para a organização quanto para si mesmas, e conversar a respeito de como as duas se relacionam e como se comparam com a visão do dirigente e com a visão da empresa. Um ato genuíno de perguntar e ouvir pode ser mais poderoso do que o discurso mais convincente.

SEJA UM ESTRATEGISTA

Finalmente, para ser o seu próprio futurista, você precisa ser um estrategista. Ser um estrategista encerra vários aspectos importantes, mas o primeiro se concentra na palavra "ser" em vez de na palavra "estrategista". Em outras palavras, ser um líder futurista significa encarar a estratégia como um modo de ser em vez de como uma tarefa a ser cumprida. Quantas vezes você já participou de uma sessão de "planejamento estratégico" que tenha terminado com um conjunto de ações essenciais e uma atribuição de responsabilidades? Todo mundo volta ao trabalho e, depois de um certo tempo, lhe ocorreu que a "ação estratégica" combinada está perdendo força porque todo mundo está ocupado demais? Desse modo, uma reunião é marcada e todos voltam a assumir o compromisso de levar adiante o combinado. Desta feita, algumas coisas são realizadas e algum progresso é alcançado, antes que as pessoas-chave se distraiam com os assuntos urgentes do dia. Talvez uma segunda reunião de reforço seja marcada posteriormente. Esta seqüência é uma experiência extremamente típica.

O que acontece nessa situação é que as pessoas estão encarando o trabalho estratégico como uma interrupção do seu trabalho efetivo. Elas entendem e concordam que o plano estratégico é importante, mas existem questões prementes com as quais precisam lidar antes que possam se ocupar do trabalho adicional do plano.

Ser um estrategista significa tomar medidas para integrar o trabalho do dia-a-dia ao trabalho estratégico, de modo que, com o tempo, eles se tornem o mesmo. Se a pessoa está "sendo" uma estrategista, praticamente toda a atividade do trabalho pode ser vista e é interpretada pela maneira como contribui para as direções estratégicas combinadas. Em vez de o trabalho estratégico ser encarado como uma interrupção da atividade cotidiana, a atividade cotidiana que não é estratégica é considerada a interrupção. Esta é uma total inversão da experiência habitual.

Se você estiver sendo um estrategista, dará consigo fazendo coisas como imaginando uma rede de ações que podem ser constantemente atualizadas e refinadas, à medida que você reage a condições em transformação. Você anteverá continuamente ocorrências futuras para estar em posição de agarrá-las como oportunidades. Ao tentar enxergar a imagem global, você talvez tente refletir sobre conseqüências acidentais e de segunda ordem das ações estratégicas.

Robert Austin, co-autor de *The Broadband Explosion* (2005), evidenciou o valor de antever as conseqüências de segunda ordem: "Uma segunda percepção: muitos dos benefícios da explosão da banda larga provavelmente surgirão de efeitos que não são óbvios, de efeitos de segunda ordem – coisas que não podemos enxergar com clareza neste momento. A tendência humana ao tentar prever o que acontecerá no futuro é extrapolar em linha reta a partir de hoje. Assim sendo, imaginamos fazer mais do que fazemos hoje com a comunicação quando tivermos mais banda. Mas isso é um erro. [...]" (Grant, 2005)

Quando ouvimos as histórias de sucesso da Komatsu, da Canon ou da Honda, freqüentemente notamos que essas empresas pensam muito mais a longo prazo do que os seus concorrentes internacionais, particularmente os americanos. Esta é uma questão de *ser* um estrategista, não de criar planos estratégicos para vinte anos. Essas empresas conseguem estar voltadas para o futuro. São motivadas por uma visão a longo prazo, independentemente da linguagem que seja usada para captar essa idéia. Colaboram para descobrir maneiras de envolver profundamente todas as pessoas na busca da visão.

Na verdade, para que um empreendimento possa ter êxito no século XXI, ele precisa perseguir simultaneamente dez direções estratégicas, e é para essas dez características vitais que nos voltaremos no próximo capítulo.

CAPÍTULO 7

As dez principais características do empreendimento voltado para o futuro

As empresas que deram o salto da competência para a excelência*
compreenderam que fazer aquilo no que você é competente apenas o
tornará competente; concentrar-se exclusivamente no que você pode
potencialmente fazer melhor do que qualquer outra organização é
o único passo para a excelência.

– James Collins, 2001

Em novembro de 2005, um e-mail interno de Bill Gates e um memorando do Superintendente de Tecnologia Ray Ozzie que, na ocasião, estavam circulando pela Microsoft, foram revelados, anunciando que estava na hora de aquela grande empresa uma vez mais reinventar a si mesma. A Microsoft desempenhara um papel fundamental ao reinventar a computação com a idéia de um computador em cada mesa, cada um com o seu software independente. Como todos sabemos, o modelo foi um sucesso fabuloso, mas, em 1995, Bill Gates transmitiu aos seus funcionários a famosa mensagem de que a World Wide Web era o novo segredo do sucesso e que

---

* Tradução da expressão "good to great", que é uma referência ao livro de mesmo nome de James Collins, cujo objetivo é descrever como algumas empresas médias fazem a transição para ser grandes empresas e como outras não conseguem fazer a transição, mesmo estando no mesmo setor e enfrentando circunstâncias semelhantes. (N. da trad.)

todos os produtos e serviços da Microsoft precisavam ser reorientados para ser amigáveis à Web. Criticado por ter chegado um pouco tarde a essa constatação, Gates foi mesmo assim aplaudido por transformar de supetão uma empresa, na ocasião já gigantesca, e não levou muito tempo para que a companhia dominasse o crítico mercado do navegador da Web, integrando-o aos seus produtos básicos.

Ainda assim, o software independente nos computadores hoje conectados à Web continuou a ser a fonte de dinheiro, mas, embora os produtos operassem cada vez mais perfeitamente com a Web, o modelo básico não mudou tanto quanto deveria. Agora, contudo, a ameaça e a oportunidade pareciam ainda mais sérias. Os softwares, afirmaram os memos de 2005, estavam mudando para a Internet, e era chegada a hora de a Microsoft fazer outra revolução no seu negócio, desta feita construir estratégias em torno de serviços na Internet.

Uma vez mais, a Microsoft ia girar numa nova direção. Peter Drucker argumentou que, no mundo em rápida transformação dos nossos dias, a pessoa que não reexamina o seu negócio mais ou menos a cada três anos não entende a época em que está vivendo. Alguns consultores comerciais recomendam ciclos ainda mais breves para as pequenas empresas. "A principal vantagem que a pequena empresa tem sobre uma grande companhia é o fato de poder se reinventar e agir com extrema rapidez", afirma Jeff Hyman. "[...] é muito importante para a pequena empresa promover essa vantagem reinventando a si mesma, e acredito que fazer isso todos os anos, ou a cada dois anos, não é excessivamente freqüente." (Virtual Advisor, 2004)

Mas que tipo de empreendimento pode fazer isso? Quais seriam as características necessárias de um empreendimento próspero quando nos aprofundamos mais no século XXI? Essas características são em número de dez.

FAZER DA ESTRATÉGIA UM MODO DE VIDA, NÃO UMA TAREFA

Com poucas exceções, como mencionamos anteriormente, a premência da atividade do dia-a-dia tende a sobrepor-se ao raciocínio estratégico na maioria dos empreendimentos. Uma liderança poderosa e eficaz, aliada a um contínuo reforço, faz-se necessária para voltar o trabalho diário para uma nova direção estratégica. Com o tempo, a meta precisa fundir os dois fluxos de trabalho, o estratégico e o cotidiano, num todo integrado, para que quase todas as tarefas do dia-a-dia possam ser explicadas e experimentadas em função de como estão conduzindo o empreendimento a uma direção estratégica.

PROMOVER A MUDANÇA RÁPIDA

O estratagema *não* é administrar ou lidar com a mudança, e sim promover a rápida mudança à nossa volta de maneira a avançarmos em direções preferíveis. Quando nos vemos diante de uma mudança rápida, a nossa primeira reação é ficar na defensiva, na esperança de que, em algum ponto, as coisas se acomodem e voltem a uma condição anterior ou se tornem mais claras com relação às exigências do futuro. O setor automobilístico é um bom exemplo. A produção lenta de veículos híbridos, por não haver muita demanda para eles, significou que quando os preços da gasolina duplicaram em 2005, o estoque desses veículos estava inadequado quando comparado com a possível demanda por veículos mais eficientes no que diz respeito ao combustível. A Toyota, o principal fabricante de veículos híbridos, informou que estava com enormes listas de espera.

Tentando aproveitar o ambiente energético em rápida transformação, a Ford anunciou a iniciativa de redesenhar e fazer readaptações para estar produzindo 250 mil veículos híbridos por ano em 2010 e oferecer modelos híbridos para metade da sua frota. Podemos estar certos de que vozes poderosas dentro da Ford estavam apresentando contra-argumentos, afirmando que se a Ford esperasse um pouco, os preços da gasolina iriam cair, como sempre acontecera, e o mercado voltaria ao normal. No entanto, a direção da Ford estava fazendo mais do que simplesmente posicionando a empresa para um mundo de combustível mais dispendioso. Ela também estava aproveitando a rápida mudança para avançar em direção à sua visão amplamente divulgada e aparentemente sincera de tornar-se a mais "verde" das empresas fabricantes de automóveis. Em 2010 saberemos se a Ford fez a aposta certa.

REESTRUTURAR-SE PARA O FUTURO

Visualizar o que está por vir é o ponto de partida. Uma das visões da Intel para daqui a dez anos é colocar centenas de núcleos num único processador, capacitando-o a pôr dezenas de *arrays* num único chip dedicado a funções individuais, como elementos gráficos, voz ou vídeo. Propostas a longo prazo como essa e outras como "humanizar" a computação estão expressas em documentos de marketing que descrevem o mundo de 2015.

Após anos de experiência com a visão comunitária, Kenneth Hirsch, da Hirsch Architects, concluiu o seguinte num discurso dirigido ao American Institute of Architects (2005):

> A expressão de uma visão para 200 anos à frente está se tornando corriqueira. Ela não consiste em como as coisas serão e sim em como queremos que elas sejam. Expressar o que desejamos para o futuro influencia as escolhas que fazemos hoje. [...] Os líderes do futuro serão facilitadores capacitados que possibilitarão que outras pessoas expressem a sua visão do futuro. Desafio todos os arquitetos a exprimir o que desejam para o futuro e colocar essa visão num lugar de destaque como um lembrete diário do rumo que estão seguindo. Quanto maior a visão, maior a intensidade com que ela nos conduzirá ao futuro.

Neil Golightly, apropriadamente nomeado diretor do setor de Estratégias de Negócios Sustentáveis da Ford, captou numa entrevista a essência da reestruturação a longo prazo, dizendo: "Como Bill [Ford] afirmou no nosso mais recente relatório de sustentabilidade [...] somos uma empresa de cem anos de idade que quer chegar aos duzentos." (Elkington e Lee, 2005)

Fazer uma reestruturação a longo prazo não significa esperar ou fazer as coisas lenta e deliberadamente. Muito pelo contrário. A estratégia fundamental é tornar-se ágil e rápido. Agilidade significa adaptar-se com rapidez às mudanças bruscas no ambiente dos negócios e aproveitar as oportunidades emergentes. Esse tipo de agilidade tornou-se a "condição necessária do vigor empresarial". Na verdade, ao conceder o seu CIO Awards em 2004, a *CIO Magazine* observou que a "agilidade" era citada como uma estratégia básica específica por 85% dos vencedores, que provinham de 18 diferentes setores dos negócios, empresas sem fins lucrativos e entidades governamentais. " 'A agilidade encontra-se no nosso sistema de governo, na maneira como administramos os nossos projetos e os nossos fornecedores, e na forma como configuramos os nossos financiamentos', declara Marilyn Delmont, superintendente de TI da cidade de Chandler, Arizona, [...]" uma das três municipalidades homenageadas. (Prewitt, 2004)

Agilidade significa cultivar nas pessoas o desejo de abraçar a mudança em vez de evitá-la, usando técnicas destinadas a observar os gatilhos da mudança no ambiente externo e estruturando os sistemas e processos internos para que sejam capazes de adaptar-se rapidamente. As táticas específicas irão variar de setor para setor e poderão incluir sistemas flexíveis de fabricação, um treinamento contínuo, uma administração mais participativa e ciclos rápidos de obtenção de informações junto aos clientes.

TRANSCENDER A QUALIDADE CONSTANTE E SEGUIR EM DIREÇÃO À INOVAÇÃO SUSTENTADA

Satisfazer os padrões globais de qualidade e realizar melhoras contínuas na qualidade tornaram-se incontestáveis no ambiente global competitivo. Eles representam a taxa de inscrição que permite a participação no jogo. No século XXI, a inovação sustentada proporcionará uma vantagem. Essa inovação precisa acontecer em três áreas, segundo Gary Hamel (Sparks, 2005), que criou o novo Management Innovation Lab na London School of Business. Essas três áreas são a "inovação institucional, que inclui contexto legal e institucional para os negócios, a inovação tecnológica, que cria a possibilidade de novos produtos, serviços e métodos de produção e a inovação administrativa, que muda a maneira como as organizações são estruturadas e administradas". Foi a inovação administrativa que, historicamente, gerou os maiores aprimoramentos na produtividade nos negócios, de acordo com Hamel. Golightly (2005), da Ford, resumiu a visão da empresa: "Estamos nos concentrando na inovação porque enfrentar o século XXI de uma maneira inovadora é o caminho mais sólido em direção ao sucesso comercial."

REAPRENDER PARA O TRABALHO BASEADO NO CONHECIMENTO

O aprendizado contínuo tornou-se incontestável. Um percentual cada vez maior de empregos nos Estados Unidos poderá exigir um conhecimento científico, técnico ou avançado, ou todos eles. O treinamento que oferecemos à nossa força de trabalho hoje é insuficiente.

O futuro verá o dia em que as pessoas serão igualmente pagas para aprender a trabalhar. Estamos nos referindo particularmente ao aprendizado que se destina a acrescentar um profundo valor de conhecimento aos funcionários, produtos e sistemas. Esse aprendizado transcende o simples treinamento, que também é necessário, possibilitando que as pessoas tornem-se mais flexíveis e independentes. Ser contínuo significa oferecer acesso a qualquer hora e em qualquer lugar ao aprendizado por intermédio de cursos online, webcasts, comunidades de aprendizado, fóruns online e outros.

ADMINISTRAR A INTERCONEXÃO

Se existe uma coisa que efetivamente aumentou nos últimos cinqüenta anos, essa coisa é a complexidade. Mais *stakeholders** precisam ser incluídos num maior número de decisões, e antigos limites desapareceram. Na verdade, a contínua dissolução de limites é uma imagem útil para entender as tendências atuais. Isso eleva a remuneração das qualificações relacionadas com a colaboração e comunicação, que podem não ser as qualidades principais das pessoas-chave, mas que podem ser adquiridas.

LEVAR A SÉRIO A SOCIEDADE MULTICULTURAL

Os dirigentes precisam enfrentar o desafio de criar uma cultura comum de oportunidade e sucesso para todos os setores da sociedade. Isso requer ino-

---

* O termo "stakeholders" foi criado para designar todas as pessoas ou empresas que, de alguma maneira, são influenciadas pelas ações de uma organização. São pessoas que têm interesse em uma empresa mas não são acionistas. Ele é amplamente utilizado na área de negócios no Brasil. (N. da trad.)

vação, mas acima de tudo o compromisso. Imigrantes de primeira geração perfazem atualmente 12% da população dos Estados Unidos, o nível mais elevado desde a onda imigratória da primeira década do século XX. Mais de 50% das pessoas que imigraram depois de 1970 para os Estados Unidos são provenientes de países de língua espanhola da América Latina, sendo que mais da metade destes vêm do México. Esses números são grandes, mas, ainda assim, mascaram o impacto na força de trabalho. Na década de 1990, metade dos novos assalariados eram imigrantes que haviam imigrado naquela década. Mais impressionante ainda, é o fato de que oito em cada dez homens que ingressaram na força de trabalho naquela década eram novos imigrantes. Como a imigração americana, legal e ilegal, só fez aumentar nos primeiros anos deste século, podemos pressupor que esses números estão se mantendo estáveis no que diz respeito aos novos trabalhadores.

O interessante é que esse desafio estende-se agora para muitas outras regiões, pois a migração global levou o multiculturalismo para a Europa, para a Austrália e, agora, para a Ásia. A Austrália, apesar de acostumada a um percentual elevado de imigrantes na sua população, vê agora uma crescente diversidade na sua população imigrante. A facilidade de viajar, as desigualdades econômicas, a capacidade de permanecer em contato por intermédio dos meios modernos de comunicação, a falta de mão-de-obra local e a dinâmica da família se combinam para estimular a imigração. As migrações globais só farão aumentar, atenuadas apenas pelas rigorosas políticas contrárias à imigração, o que intensificará os desafios das sociedades multiculturais.

RECORRER A TRABALHADORES MADUROS E DISPENDIOSOS

Examinamos anteriormente o envelhecimento surpreendente, até descontínuo, das sociedades e da força de trabalho ao redor do mundo, particularmente nas nações industrialmente amadurecidas. As práticas atuais do setor de recursos humanos baseiam-se na suposição de que os trabalhadores mais velhos serão e devem ser retirados da força de trabalho. No entanto, em breve chegará a época em que as regras do jogo irão mudar e o desafio passará a ser manter essas pessoas no emprego. A inovação em contratos de trabalho flexíveis, aliada a pacotes de benefícios também flexíveis serão necessários para alcançar esse objetivo. Essa idéia será inicialmente considerada cara, mas no final das contas poderá ser menos dispendioso empregar nas próximas duas décadas os 20 a 25% não aproveitados da população idosa do que permitir que esse recurso permaneça inaproveitado. O ganho líquido é potencialmente maior se considerarmos o pequeno pecúlio e os frágeis benefícios de aposentadoria que respaldam esse grande grupo. O trabalho também lhes permitirá participar da economia do consumidor. Além dessas necessidades básicas está a possibilidade de extensão da vida, o que modificará ainda mais o perfil das pessoas empregadas.

USAR O PODER VERDE

É quase certo que os empreendimentos do século XXI que terão sucesso a longo prazo em algo além da inércia, serão aqueles que tornaram o fato de ser "verdes" uma prioridade estratégica. Os mercados do futuro exigirão "a inovação em torno da eficiência dos combustíveis fósseis, uma menor emissão de gases do efeito estufa, a diminuição da pegada ecológica, mais segurança, menos congestionamento, menos barulho, um acesso mais justo à mobilidade [...] e esta lista é apenas parcial". (Elkington e Lee, 2005) Tornar-se verde atenderá, portanto, às exigências do mercado, dando origem, nesse meio tempo, a uma maior eficiência.

Empresas de todos os tipos estão avançando na questão da sustentabilidade e, em particular, reduzindo a emissão de gases do efeito estufa e a sua pegada ambiental como um todo. A Harvard University, por exemplo, começou uma Green Campus Initiative (2005) em toda a universidade para reduzir a emissão de gases do efeito estufa e a pegada ecológica, tendo convidado outras universidades para se unir a ela. Os fatores de aprimoramento visados foram os projetos dos prédios, a construção, as reformas, as compras, a paisagem, a energia, a água, o lixo, as emissões, o transporte, a saúde humana e a produtividade. O projeto de uma única universidade pode parecer irrelevante, mas em conjunto a pegada ambiental das universidades americanas ultrapassa a de muitos países pequenos. A iniciativa definiu seis princípios de sustentabilidade que merecem ser assinalados:

1. Exibir práticas institucionais que promovam a sustentabilidade.
2. Promover a saúde, a produtividade e a segurança.
3. Melhorar a saúde dos ecossistemas do *campus*.
4. Desenvolver ferramentas de planejamento.
5. Estimular a investigação ambiental.
6. Estabelecer indicadores para a sustentabilidade.

Há muito tempo foi determinado que o sucesso econômico e os cuidados com o meio ambiente caminham de mãos dadas e fazem bons negócios.

MANTER E PROMOVER O EQUILÍBRIO

Procurar o equilíbrio na vida pessoal e profissional vem sendo objeto de um crescente interesse. A revista *Fortune* até mesmo deu destaque ao assunto num artigo de capa de 2005 intitulado "Get a Life: The 24/7 grind hurts – but corporations are helping executives escape it".* (Miller e Miller, 2005) Ao assinalar a tendência impressionante de os executivos americanos trabalharem sessenta e até mesmo oitenta horas por semana, os autores do artigo chegaram à conclusão de que o equilíbrio "é uma lição que o setor empresarial dos Estados Unidos precisa aprender antes que toda uma geração de pessoas maduras e talentosas desapareça ou decida ficar em casa".

Alcançar equilíbrio ou integridade é uma disciplina para as empresas que estão aprendendo. O equilíbrio começa simplesmente equilibrando-se o trabalho em si. Quando a última revolução industrial possibilitou que as pessoas deixassem a região rural e fossem trabalhar nas fábricas, o salário melhor e mais seguro era uma das coisas que as atraíam. Outra, no entanto, era o fato de que o trabalho tinha um começo e um fim. As pessoas talvez trabalhassem 12 horas por dia, mas, mesmo assim, o apito soava pela manhã e, horas depois, no final da tarde, depois do que o trabalhador estava "livre". Hoje, com as telecomunicações funcionando ininterruptamente, com a alta velocidade da vida no trabalho e a elevada conectividade do

---

* "Reivindique a sua vida: trabalhar 24 horas por dia sete dias por semana é doloroso – mas as empresas estão ajudando os executivos a escapar." (N. da trad.)

mercado global através das redes de computadores, as pessoas talvez tenham uma probabilidade ainda maior de trabalhar continuamente do que na época em que trabalhavam no campo. Existe um limite superior para a nossa capacidade de fazer isso, e promover o equilíbrio será uma atividade cada vez mais valorizada.

O equilíbrio é um conceito que vai bem além de equilibrar o tempo entre o trabalho e a vida pessoal, ou fazer um pouco de exercício físico num mundo sedentário. Num nível mais profundo, significa equilibrar a energia que estamos enviando com a energia que estamos recebendo, para que possamos alcançar o que esperamos na esfera mental, física, emocional e espiritual (T. Hiemstra, 2001) Questões como essa não têm dominado historicamente o local de trabalho, mas as empresas do século XXI tratarão o equilíbrio entre a vida no trabalho e a vida pessoal como uma vantagem competitiva, e instituirão políticas que tornarão possível esse equilíbrio.

A revista *Fortune* aconselha os dirigentes empresariais a tomar algumas medidas simples. A primeira é deixar de definir equilíbrio como "assunto de mulher". A segunda, refletindo a pesquisa, é criar um ambiente no qual o equilíbrio seja um tema apropriado para a conversa.

MANTER A ESPERANÇA E A VISÃO NO MEIO DO TUMULTO

É pouco provável que o século XXI diminua o ritmo e se torne simples. Ao contrário, a turbulência, o fluxo e a mudança serão provavelmente a norma. Chamar a atenção para o possível e o preferível e aumentar a nossa capacidade, é vital para a manutenção da esperança e da visão. Posicionar o seu empreendimento e a si mesmo colocando em prática as dez características vitais que acabam de ser descritas, provavelmente aumentará as suas chances de prosperar.

TERCEIRA PARTE

EXERCÍCIOS, FERRAMENTAS E ATIVIDADES PARA O PLANEJAMENTO DO FUTURO PREFERÍVEL

Na Segunda Parte do livro exploramos um conjunto de perspectivas para que você visualize o futuro, para que se torne o seu próprio futurista e para o empreendimento do século XXI. Apresentamos o Modelo de Três Cones para o Planejamento do Futuro Preferível, organizado em torno das três perguntas básicas sobre o futuro – o que é provável, possível e preferível. Nesta Terceira Parte, oferecemos perspectivas, ferramentas e atividades concebidas para ajudá-lo a moldar o futuro. A abordagem básica é resumida com um esboço de perguntas organizadas ao redor dos componentes do Modelo de Três Cones.

ESBOÇO DO PLANEJAMENTO DO FUTURO PREFERÍVEL

1. Avaliação Sincera do Presente.
    - Qual é a nossa situação – especificamente, qual a nossa posição com relação aos melhores do mundo?
    - Quem são os nossos clientes – o que sabemos e não sabemos?
    - O que fazemos melhor ou pior do que os nossos principais concorrentes?
    - Quais dos nossos paradigmas e suposições atuais estão obsoletos?
    - Se pudéssemos parar de fazer uma coisa, qual seria ela e por quê?

2. Exploração do Provável.
   - Quais são os eventos, tendências e avanços críticos que moldarão o ambiente futuro, olhando pelo menos duas décadas à frente?
   - O que é provável no ambiente da nossa empresa e no dos *stakeholders*?
   - Qual a nossa situação: estamos seguindo a tendência ou não?
   - Que oportunidades estão surgindo no horizonte?
   - Se não mudarmos, como seremos no futuro? Quais são os riscos e os benefícios?
3. A Exploração do Possível.
   - O que é impossível hoje para nós, que, se o tornarmos possível, mudaria as coisas fundamentalmente para melhor?
   - Como seria se nos sentássemos com os nossos clientes e as pessoas ligadas à empresa e concebêssemos o melhor sistema, produto ou serviço possível?
   - De que maneira nós nos reorganizamos e acabamos na capa de _____ como um referencial de excelência ou uma grande organização?
4. A Exploração do Preferível.
   - Qual é o meu ou o nosso futuro preferível, e como eu ou nós podemos descrevê-lo?

     Na esfera física – produtos, estruturas, tecnologia, e assim por diante.

     Na esfera intelectual – sistemas, teoria e prática do gerenciamento, processos utilizados, e assim por diante.

     Na esfera emocional – atmosfera no local de trabalho, cultura da empresa, sentimento, comunidade, satisfação, e assim por diante.

     Na esfera espiritual – o nosso propósito maior, o objetivo supremo, alcançar o domínio pessoal, e assim por diante.
   - Como seria e o que estaríamos fazendo se não tivéssemos limitações e tivéssemos certeza de que não poderíamos falhar?
   - De que maneira o nosso futuro preferível se harmoniza com a minha visão pessoal e com qualquer visão mais ampla?

- Quais aspectos do meu ou do nosso futuro preferível, que se destacam, são os mais magnéticos e irresistíveis?
- Qual é, num nível apropriado de detalhe, a minha ou a nossa visão refinada?

5. A Realização do Futuro Preferível.
    - A minha visão se encaixa na regra dos 15%?
    - O que eu ou nós precisamos fazer primeiro para avançar em direção à visão – qual é a nossa primeira conquista?
    - Que estratégias básicas relacionadas com a visão precisamos seguir com o tempo?
    - Que ciclo rápido, simples e regular de verificação do progresso podemos estabelecer para garantir que iremos até o fim?
    - Que barreiras precisamos remover para avançar em direção à visão?

Se você se esforçar sistematicamente para responder a essas perguntas na ordem em que são feitas, sem fazer nada além disso, você realizará uma exploração simples, mas ao mesmo tempo penetrante, do presente, do futuro e da tomada de decisões estratégica. O próximo capítulo apresenta alguns métodos para a obtenção da presciência por meio da exploração do presente e do futuro provável. Em seguida, aprendemos métodos para decidir sobre a direção estratégica por intermédio da exploração de futuros possíveis e para tomar decisões a respeito de futuros preferíveis. Depois, examinamos técnicas para que você transforme as suas decisões em ação. Finalmente, você terá a chance de aplicar as lições que aprendeu à sua carreira.

CAPÍTULO 8

Prevendo o futuro: atividades para você e para o seu empreendimento

Tudo deverá ser feito da maneira mais simples possível, porém não mais simples.

– Albert Einstein, s.d.

A originalidade nada mais é do que um novo par de olhos.

– Thomas Wentworth Higginson, 1871

Planejar pode ser uma coisa complicada ou simples. Eu me inclino para o simples. Planejar é tomar decisões e não encontrar respostas. Equipes de planejamento com as quais trabalhei ao longo dos anos acreditam particularmente que lá fora, em algum lugar, reside *a resposta*. Na verdade, lá fora encontramos infinitas informações e a suprema necessidade de julgar as coisas.

Descobri cedo na minha carreira de futurista que as intermináveis pesquisas, investigações e discussões, a redação de missões, as metas, os objetivos, as estratégias e as táticas, debater o que essas coisas realmente significam, se uma meta tem números ou não, designar responsabilidades, debater orçamentos e o que é viável, definir programações, voltar a debater se estamos falando sobre uma estratégia, tática ou talvez na verdade sobre uma meta, a respeito de se deveríamos colocá-la lá e quando é a próxima reunião são atividades destinadas a impedir que as coisas aconteçam, apesar de parecerem ser ações. Tome cuidado com isso.

Ferramentas quantitativas para a previsão e o planejamento estão sendo desenvolvidas o tempo todo, particularmente se você estiver interessado num prazo bem curto. Os "mercados de prognósticos" estão entre as novidades mais em alta no negócio da previsão. A Tech Buzz é um exemplo. Trata-se de um site de leilões online no qual os jogadores "compram" ações fictícias em várias tecnologias atuais, de telefones celulares a formatos HDTV. A suposição é que as "ações" que sobem indicam quais as tecnologias mais populares e que, portanto, serão vitoriosas no mercado. Existem indícios de que a sabedoria dos enxames*, captadas em atividades como essas, pode ser bastante profética, especialmente no que diz respeito ao futuro imediato e próximo. Um site de leilões semelhante, o NewsFutures, tenta fornecer previsões a curto prazo para os eventos que são notícia. Assim como a pessoa que prevê o resultado de uma corrida de cavalos e a partir disso define quanto pagam as apostas, o site vende cotas, por exemplo, que dizem se os índices de aprovação do presidente subirão ou descerão no mês seguinte, e, baseado no que está vendendo, o site fará uma previsão a respeito desses índices.

Estamos interessados em algo mais simples, estratégico e com uma perspectiva mais a longo prazo. Queremos a presciência, pois essa capacidade descreve a mais valiosa de todas as informações comerciais. Com o esforço e a técnica adequada e, provavelmente, com alguma sorte, os eventos, as tendências e os avanços no horizonte poderão ser mais bem compreendidos e, desse modo, aproveitados ou evitados.

A presciência pressupõe que o futuro é cognoscível, não apenas no curto a médio prazo, a esfera das previsões, mas também no médio a longo prazo, a esfera dos prognósticos. Sabemos, por exemplo, muita coisa a res-

---

* Uma única formiga ou abelha não é inteligente, mas as suas colônias são. O estudo da inteligência dos enxames está oferecendo esclarecimentos que podem ajudar os seres humanos a administrar sistemas complexos. A inteligência de enxame já é usada por empresas para aprimorar a eficiência e, pelos militares, no desenvolvimento de robôs terrestres e aéreos, mas logo pode melhorar o transporte público, o movimento nos aeroportos e a direção de aviões em situações de mau tempo.

A edição de julho de 2007 da *Revista National Geographic* (tanto em inglês quanto em português) publica um artigo intitulado "Swarm Theory" (Teoria dos Enxames), de autoria de Peter Miller.

peito da forma e da natureza futuras da população européia, tanto a curto quanto a longo prazo. Trata-se de uma maneira de prever o tamanho de uma população ou o seu perfil etário num período considerado, embora seja muito mais difícil antever onde as pessoas irão morar e de que maneira as futuras políticas de imigração poderão mudar as coisas.

A tecnologia e os avanços no setor dos negócios também podem ser antevistos, embora isso seja mais difícil. Mark Anderson, do Strategic News Service (SNS) prevê o futuro da tecnologia de curto a médio prazo, com resultados respeitáveis e, de fato, é capaz de demonstrar que cerca de 90% das previsões do SNS são precisas. É freqüentemente comentado na esfera da tecnologia que quando conseguimos descobrir o que está acontecendo nos laboratórios de pesquisas ou ter um contato pessoal com os dirigentes das indústrias como fontes de informações internas, podemos prever o que estará no mercado de 18 a 36 meses depois. Anderson discorda, e afirma que as previsões comerciais precisas na área da tecnologia dependem (1) do conhecimento do mercado atual, (2) do conhecimento de maiores tendências sociais e globais, (3) de algum conhecimento a respeito da ciência básica e de avanços que estejam sendo realizados nesse nível e (4) do que é mais essencial, ou seja, do desenvolvimento de uma lógica do que é necessário e, portanto, provável, no mercado no futuro de curto a médio prazos.

As previsões e a presciência não são exatamente a mesma coisa. As previsões ocorrem num prazo mais curto, visam reduzir a incerteza por estar corretas, concentram-se nas probabilidades e são, em geral, quantificáveis. O horizonte de tempo da presciência, ao contrário, é geralmente mais longo e visa mais explorar a incerteza do que reduzi-la. A ênfase recai nas tendências e contratendências, nas descontinuidades e surpresas pelo menos tanto quanto nas probabilidades. O discernimento de qualidade é o resultado desejado, e não a precisão mensurável, e as ferramentas podem incluir a exploração ambiental, a construção de cenários, o consenso e a intuição.

MÉTODOS PARA ADQUIRIR A PRESCIÊNCIA

A presciência começa no presente, não no futuro. Um desafio fundamental que as organizações e as pessoas estão enfrentando é fazer uma pausa para entender claramente a sua situação atual. Referindo-se ao Modelo de Três

Cones introduzido anteriormente, um dos membros de uma equipe de planejamento perguntou certa vez: "E se você pensar que está aqui, mas na verdade estiver ali? Então toda a sua visão do futuro estará incorreta."

Comece com um perfil do negócio ou da organização. Isso significa fazer um inventário cuidadoso e detalhado da organização, procurando pontos fortes e fracos, e comparando áreas da empresa com padrões de excelência do setor. As áreas a ser avaliadas irão variar de acordo com o setor e a organização, mas, em geral, poderão incluir os seguintes:

- Produtos.
- Serviços.
- Clientes e *stakeholders*.
- Recursos humanos.
- Tecnologia.
- Sistemas.
- Rede de abastecimento e relacionamentos da rede de abastecimento.
- Instalações ou fábrica e equipamentos.
- Qualidade e inovação contínuas.
- Avaliação, análise do desempenho.
- Tomada de decisões e comando.
- Finanças.

Enquanto você realiza essa avaliação ou tem em mãos a avaliação básica, será interessante que faça perguntas como as seguintes, extraídas do Esboço do Futuro Preferível apresentado anteriormente na visão geral da Terceira Parte.

- Qual é a nossa situação – especificamente, como nos comparamos com a nata do mundo?
- Quem são os nossos clientes – o que sabemos e não sabemos?
- O que fazemos melhor ou pior do que os nossos principais concorrentes?

Essa avaliação pode ser reunida numa tabela como a Tabela 8.1. Cada setor da sua lista deve ser comparado com indicadores de organizações semelhantes e padrões do setor. É particularmente proveitoso comparar a sua organização com as melhores do setor, a fim de comparar o seu desempenho com os líderes do ramo. O objetivo é oferecer uma imagem precisa e sincera da organização. É muito difícil encontrar honestidade na maior parte das organizações. Não que as pessoas sejam desonestas, embora isso seja certamente um problema. O fato é que as organizações são institucionalmente desonestas, quando é difícil suportar ou contemplar a verdade. Quando não estamos à altura da nata do mundo, faz parte da natureza humana e da organização desejar evitar olhar para esse fato, porque isso implica que as coisas terão que mudar. Se você conseguir obter uma visão sincera do presente, sabendo então qual é o seu ponto de partida efetivo no Modelo de Três Cones, então poderá começar a fazer perguntas como:

- Quais dos nossos paradigmas e suposições estão obsoletos?
- Se pudéssemos parar de fazer uma coisa, qual seria ela e por quê?

A esta altura, algumas das respostas poderão ser óbvias, mas é mais provável que apareçam com novas luzes depois que você olhar para o futuro usando ferramentas para fazer um prognóstico.

TABELA 8.1

A Avaliação da Situação Atual

CATEGORIA	CONDIÇÃO ATUAL	REFERENCIAL DO SETOR
Produtos		
Serviços		
Clientes, *Stakeholders*		
Recursos Humanos		
Tecnologia		
Sistemas		
Relacionamentos da Rede de Abastecimento		
Instalações, Fábrica, Equipamento		
Inovação, Qualidade		
Análise, Avaliação		
Comando, Decisões		
Finanças		

SONDAGEM AMBIENTAL

A sondagem ambiental envolve o esforço de identificar eventos, tendências e avanços ou determinantes que norteiam o futuro. Esses elementos são em geral evidenciados em publicações, mas também podem ser explorados por meio de entrevistas, de grupos de discussão ou de outras maneiras destinadas a envolver os especialistas no assunto. A sondagem se concentra no volume de atenção que está sendo prestada às questões como uma maneira de indicar um tema dominante. A sondagem também se concentra em avanços singulares ou de vanguarda que possam estar despertando apenas uma atenção mínima no momento. A sondagem envolve especialmente o esforço de entender que questões poderão levar o seu empreendimento para fora ou além dos seus paradigmas atuais, ou maneira de fazer as coisas.

A sondagem precisa ser realizada regularmente para que possa ser capaz de acompanhar as questões à medida que deixam de estar "além do horizonte", passam a estar "no horizonte" e, finalmente, situam-se "na ordem do dia". A sondagem habitual também pode ajudar a identificar questões anômalas. A sondagem é semelhante à análise da literatura acadêmica, mas os assuntos observados tendem a se concentrar mais no empreendimento e ser mais impulsionados pelas notícias. Sob o aspecto de possíveis impactos, a amplitude e a profundidade são tão importantes para a organização quanto a relevância.

O QUE A SONDAGEM FAZ E O QUE ELA NÃO FAZ

Para os dirigentes, o relatório de sondagem ambiental é valioso mas também apresenta armadilhas. Uma boa sondagem indicará a natureza do mundo no qual a organização estará decidindo o futuro que deseja. Em segundo lugar, uma boa sondagem leva a um ângulo mais amplo e a uma visão mais a longo prazo do futuro para a organização. Ao fazer isso, a sondagem estende o pensamento estratégico e o criativo além dos limites normais, ao mesmo tempo que sugere novas possibilidades a ser consideradas.

Entre as armadilhas estão fazer suposições enganosas ou incorretas a respeito do futuro, bem como o fato de as condições locais poderem não estar refletidas numa sondagem geral. Além disso, acredita-se erroneamente, com freqüência, que se procurarmos arduamente por um período suficientemente longo, se realizarmos corretamente a sondagem, as decisões estratégicas serão tão óbvias que surgirão por si sós. A sondagem torna-se um fim em si mesma, mas nunca termina porque as respostas nunca aparecem. Finalmente, as previsões futuras associadas à sondagem são geralmente realizadas por meio da extrapolação de tendências passadas e presentes no futuro, com base em várias suposições. Como mencionado anteriormente, esse método pode conduzir a pontos cegos e à elaboração de planos voltados para a criação de um passado eficiente em vez de um futuro melhor.

Entre os objetivos típicos de uma sondagem ambiental estão os seguintes:

- Fornecer uma visão geral e abrangente de várias tendências, entre elas as sociais, científicas e tecnológicas, econômicas, políticas e governamentais e profissionais.
- Fornecer uma análise das implicações dessas tendências para a sociedade, o setor relevante e o mercado.
- Fornecer uma análise preliminar das implicações para a empresa em si.
- Fornecer informações produtivas e atuais que possam ser atualizadas regularmente.

A sondagem em si pode ser terceirizada ou designada para uma equipe interna. Essa equipe pode fazer parte de um grupo de planejamento estratégico ou pode ser criada como uma força-tarefa a partir de uma amostra representativa da empresa. Quando uma equipe interna é formada para realizar uma sondagem, recomendamos o seguinte processo:

1. Forme uma equipe de sondagem a partir de uma amostra representativa da empresa. O tamanho ideal gira em torno de 12 pessoas.
2. Nomeie um dos membros da equipe como coordenador do trabalho.
3. Contrate um especialista com experiência em sondagem e em visualizar o futuro para ajudar a equipe a alcançar as suas metas por meio de um processo de formação de consenso.

4. Designe membros da equipe para várias áreas com a finalidade de recolher dados ao longo de um determinado período.
5. Reúna, depois de algum tempo, os membros da equipe de sondagem para que comparem anotações e façam sugestões mútuas sobre outros caminhos para a pesquisa. Depois de uma reunião inicial frente a frente, as posteriores poderão ser virtuais, caso necessário, o que provavelmente será o caso se a equipe estiver espalhada geograficamente.
6. Organize reuniões intensivas nas quais a equipe submeta as suas informações, utilizando uma Tabela de Sondagem Ambiental (ver Tabela 8.2), preenchendo as diversas áreas da tabela à medida que questões relevantes forem surgindo.
7. Comunique a sondagem básica dentro da empresa de uma maneira que permita o *feedback*.
8. Repita o processo anualmente fazendo um rodízio nos membros da equipe.
9. Envolva periodicamente *stakeholders* de fora e especialistas externos realizando um levantamento nacional, usando grupos de discussão ou organizando um retiro empresarial.

O processo que acaba de ser descrito encerra muitas variações. A prática efetiva que você irá usar dependerá intensamente do tempo que você tem disponível e que deseja dedicar a essa atividade. Este processo pressupõe que você está disposto a dedicar um ano à realização de uma sondagem e depois adotar o acompanhamento anual. É claro que, na prática, as empresas hoje em dia tendem a ter muita pressa, e se for este o seu caso, todo o processo poderá ser condensado em alguns meses ou até mesmo algumas semanas.

Uma excelente ferramenta para condensar o tempo é conduzir um *think tank* no qual tenha lugar uma forma de sondagem ambiental. Recentes *think tanks* da Futurist.com reuniram equipes internas, *stakeholders* e vários especialistas externos, incluindo em alguns casos autores de ficção científica. Trabalhando em conjunto por alguns dias, esses *think tanks* produzem a versão de uma sondagem ambiental que pode ser suficiente para os propósitos de planejamento da empresa em questão. Embora não sendo tão completos ou detalhados quanto um processo de imersão, os resultados podem ser ao mesmo tempo criativos e satisfatórios.

TABELA 8.2

Sondagem Ambiental

ESFERAS GENÉRICAS FUTURAS	FONTES	CONDIÇÕES ATUAIS	PROVÁVEIS EVENTOS, TENDÊNCIAS E AVANÇOS FUTUROS	URGÊNCIA: HORIZONTE DE EVENTOS E IMPLICAÇÕES
Demografia Condições Econômicas Ciência e Tecnologia Tendências Culturais Tendências Ambientais Tendências Políticas e Governamentais Tendências Globais				
Esferas do Setor • • •				
Esferas do Empreendimento • • •				

USANDO O GABARITO DE SONDAGEM AMBIENTAL

A sondagem tem lugar por intermédio de três amplas esferas:

1. **Esferas Genéricas Futuras**: Fornecem uma visão ampla do futuro nas áreas das faixas demográficas da população, da ciência e da

tecnologia, da política e do governo, da economia, do meio ambiente e das tendências culturais e globais.
2. **Esferas do Setor:** Oferecem uma visão do futuro relacionada com o setor no qual a empresa se situa, seja de produção ou de serviços.
3. **Esferas de Empreendimento:** Oferecem uma visão do futuro relacionada com a maneira como a empresa funciona, como a força de trabalho, as finanças, as instalações, a tecnologia, a comunidade e o serviço ao cliente, a ética, a visão e os valores, e o gerenciamento das informações.

Enquanto a pesquisa e a investigação têm lugar dentro dessas três amplas esferas e os seus subtítulos, você estará procurando eventos, tendências e avanços que se encaixem, aproximadamente, em três horizontes de tempo. A curto prazo, os dois ou três anos seguintes dizem respeito aos assuntos que estão "na ordem do dia". São os avanços que exigem decisões ou que estão sendo ativamente perseguidos ou desenvolvidos no mercado. A médio prazo, de quatro a seis anos depois, estão os eventos, as tendências e os avanços que estão "no horizonte". São os assuntos que estão sendo observados, mas com relação aos quais nada ainda foi feito. Se você puder identificar questões nessa esfera, poderá começar a aprender a respeito delas, desenvolvê-las ou reagir a elas na frente dos concorrentes. Finalmente, a longo prazo, além de sete anos e até umas duas décadas, estão os eventos, tendências e avanços que estão "além do horizonte". Essas questões estão bem longe no futuro e a sua natureza é tal que somente os especialistas costumam estar conscientes dos possíveis avanços, mas de resto ninguém está prestando atenção a eles. Apesar das dificuldades dessa sondagem a longo prazo, podemos perceber de imediato a possível vantagem competitiva de discernir esses avanços quando outras pessoas não os estão percebendo.

Quando as informações da sondagem são compiladas e analisadas, as seguintes informações podem ser relatadas dentro de cada setor, utilizando-se o formato apresentado na Tabela 8.2:

- *Fontes*: Fontes específicas para itens particulares e fontes de exemplo para investigação posterior.

- *Condições Atuais*: Um breve resumo da situação atual com relação ao setor que está sendo abordado. Isso já terá sido concluído no que diz respeito aos setores da administração da empresa, se a análise da sua situação atual, discutida anteriormente, tiver sido realizada.
- *Eventos, Tendências e Avanços Futuros Prováveis*: Síntese dos avanços futuros gerais e específicos.
- *A Urgência e as Implicações*: Um julgamento da urgência do avanço e das implicações para a empresa. A urgência se apresenta observando-se se o avanço que está em discussão se encaixa em um dos três relevantes horizontes de tempo.

  Além do Horizonte: Longo Prazo, 7 anos ou mais.

  No Horizonte: Médio Prazo, de 4 a 6 anos.

  Na Ordem do Dia: Curto Prazo, de 0 a 3 anos.

Cada ciclo de relatórios deverá incluir uma breve listagem ou resumo das principais tendências, ao lado do relatório completo.

O DESENVOLVIMENTO DO CENÁRIO

Durante a última década, o planejamento do cenário adquiriu grande renome como ferramenta de planejamento na organização, tanto no setor empresarial quanto no público. A técnica é uma excelente maneira de explorar futuros prováveis e possíveis, bem como de obter presciência a partir dessa exploração.

Essa abordagem ao planejamento foi desenvolvida e aprimorada durante as décadas de 1970 e 1980, e o seu propósito é prever possíveis futuros e imaginar respostas estratégicas alternativas para esses futuros. O desenvolvimento do cenário futuro não é elaborado para determinar um cenário "mais provável" e nem para desenvolver um "leque" de cenários como "cenários de crescimento alto, baixo ou médio". O objetivo clássico é desenvolver várias histórias plausíveis que descrevam como o mundo poderá se desenvolver de fato, levando-se em conta certos eventos, tendências e avanços futuros e depois registrar gatilhos que indicarão quando um cenário particular der a impressão de estar emergindo. Em seguida, a tarefa é discernir respostas estratégicas para esses futuros plausíveis. Nessa condição, esse processo reconhece a natureza incerta e com freqüência surpreendente do futuro à medida que ele efetivamente se expande. É esse reconhecimento da incerteza que torna o desenvolvimento do cenário uma ferramenta atraente, pois ele parece ser compatível com a natureza do mundo real. Ele também é tipicamente uma ferramenta para que possamos fazer um exame do futuro mais a longo prazo do que habitualmente. Descobrimos que ele é uma excelente ferramenta para que possamos obter uma presciência a longo prazo e, desde o final da década de 1990, tem sido solicitado à Futurist.com que ajude as empresas na criação de cenários com a mesma freqüência que qualquer outro procedimento para a exploração do futuro.

Existem três alternativas para a criação de cenários: (1) Contratar uma firma de pesquisas é um método freqüentemente utilizado. O ideal é que uma equipe interna trabalhe durante um período prolongado, desenvolvendo um profundo discernimento. (2) Como é praticado na Shell, uma das pioneiras da técnica, a preferência é que haja uma equipe permanente com uma liderança fixa, trabalhando durante muitos meses para criar cenários. Entretanto, poucas empresas estão dispostas a dedicar tanto tempo a isso usando os próprios funcionários. (3) Uma terceira opção, quando o tempo é curto, é fazer com que uma equipe crie cenários em um único evento concentrado, ou em uma série restrita de eventos.

A criação do cenário começa com o desenvolvimento de um conjunto de suposições a respeito do futuro provável, freqüentemente chamadas de "elementos predeterminados". São as forças motrizes consideradas como tendo a probabilidade de acontecer dentro do espaço de tempo em questão, e aplicáveis a todos os cenários possíveis. Exemplos de elementos predeterminados típicos para as duas próximas décadas podem ser que a população ficará mais velha e a tecnologia da computação ficará mais rápida e mais barata. Cada acontecimento, embora não seja garantido, é tão provável a ponto de ser considerado predeterminado. Essas forças motrizes podem ser identificadas cedo no processo de conjuntura ou extraídas de uma sondagem ambiental recente.

O segundo passo é atribuir um conjunto exclusivo de possíveis futuros a diferentes cenários, freqüentemente chamados de "incertezas críticas". São eventos, tendências e avanços que não têm probabilidade de acontecer, ou que podem acontecer de uma maneira ou de outra. Mas independentemente do que ocorrer, a incerteza exercerá um impacto importante dentro do período em questão. Durante um longo tempo, por exemplo, não era certo que os indícios do aquecimento global causado pelos seres humanos fossem se tornar opressivos. Indícios mais recentes sugerem que esse evento está deixando de ser incerto e avançando em direção à esfera predeterminada, embora o assunto ainda seja discutível para algumas pessoas. Outro exemplo é o possível desenvolvimento de um método barato e não-poluente para aproveitar a energia dos oceanos. Isso pode acontecer, ou não, nas próximas duas décadas, e essa definição poderá ser decisiva para alguns cenários. O futuro encerra muitas incertezas, e somente as mais críticas são escolhidas para ser usadas num cenário determinado. Em geral, duas ou mais incertezas exclusivas e críticas são atribuídas a um cenário específico, incertezas que contêm uma certa lógica. Usando os exemplos precedentes, se os indícios da responsabilidade humana no processo do aquecimento global se tornar uma certeza, seria lógico que maiores esforços na área da energia alternativa contribuíssem para um desenvolvimento mais rápido da energia oceânica. Criar um cenário no qual as incertezas irrompem nessa direção faria sentido.

Tendo como ponto de partida um conjunto comum de elementos predeterminados e um conjunto único de incertezas críticas, o terceiro passo num cenário particular é delinear e, com o tempo, desenvolver, uma história escrita do futuro. À medida que a história vai acontecendo, os elementos predeterminados e as incertezas críticas se desenrolam de maneiras plausíveis de acordo com os construtores do cenário. Na verdade, o objetivo é uma história plausível que faça sentido.

Os bons cenários são difíceis porque lembram o ato criativo de contar histórias, o que não é uma habilidade natural para muitas pessoas. Técnicas literais de desenvolvimento de enredo são freqüentemente recomendadas às equipes de cenário como uma ferramenta para imaginar o futuro. O ponto-chave é que o desenvolvimento de um cenário utilize ferramentas de escrita e de histórias, em vez de ser apenas uma lista de coisas que acontecem ao longo do tempo.

Esses processos criam o cenário futuro clássico ou provável. Tipicamente, uma empresa desejará produzir de três a cinco cenários futuros, cada um plausível por mérito próprio. Cada cenário conterá pistas que indicarão quais os eventos, tendências e avanços são gatilhos prováveis do cenário que deixará a história e se tornará realidade. Suponha que você tenha um cenário no qual se pressupõe que o petróleo seja barato, mas uma incerteza fundamental é que o petróleo se torne caro. Nesse caso, um acontecimento como uma guerra na Arábia Saudita ou o simples fato de o barril de petróleo ultrapassar o marco dos cem dólares podem ser gatilhos apropriados. Os usuários dos cenários saberão, com os gatilhos à mão, que se o petróleo atingir um preço constante, um determinado cenário será mais plausível. E se o preço do petróleo voltar a cair, um cenário diferente poderá se apresentar.

É altamente recomendável que você leia a respeito de outros exemplos de bons cenários antes de tentar o seu, e as Referências oferecem várias possibilidades. Entre os principais estão os cenários da Shell, disponíveis ao público na Web.

APROFUNDANDO O DISCERNIMENTO

Neste ponto, você terá um conjunto de dados a respeito do provável futuro bem como uma avaliação do seu presente, baseados nas atividades anteriores. Mas você ainda precisa transformar esses dados e informações em presciência. Várias ferramentas simples de análise estão disponíveis. Todas foram desenvolvidas para possibilitar que você responda a uma ou mais das questões fundamentais levantadas no esboço do planejamento do futuro preferível a respeito do futuro provável:

- Quais são os eventos, tendências e avanços críticos que moldarão o ambiente futuro, se olharmos pelo menos duas décadas à frente?
- O que é provável no ambiente da nossa empresa e no dos *stakeholders*?
- Qual a nossa situação: estamos seguindo a tendência ou não?
- Que oportunidades estão surgindo no horizonte?

- Se não mudarmos, como seremos no futuro? Quais os riscos e os benefícios?

O CENÁRIO VIGENTE

Existe um cenário único para explorar algumas das perguntas fundamentais a respeito do presente e do futuro provável. Tendo à mão a avaliação do presente, e com uma sólida noção do ambiente futuro baseada em sondagens ambientais ou em cenários, você pode explorar o "cenário da situação vigente". Esse simples cenário pressupõe que todo empreendimento muda com o tempo, mesmo quando está tentando não mudar. No entanto, ao mesmo tempo, quando uma empresa não está executando nenhuma *mudança fundamental* em face de acontecimentos turbulentos no ambiente externo, ela está vivendo o cenário vigente.

Para conduzir a atividade, forme uma equipe para criar o cenário. Faça a seguinte pergunta: "Como seremos daqui a dez anos, partindo do princípio de que o ambiente externo mudará da maneira como previmos e imaginamos, enquanto internamente não realizamos nenhuma mudança fundamental? E se simplesmente continuarmos a fazer o que estamos fazendo agora? Descrevam a nossa empresa numa data futura se mantivermos a situação vigente."

Quando a lista criada pelas respostas apresentadas estiver completa, a equipe poderá dar um passo atrás e perguntar: "O que isto significa? Quais são os riscos e os benefícios de manter a situação vigente enquanto o ambiente externo evolui?" Se o cenário vigente corresponder ao que a organização deseja no seu futuro preferível, está tudo ótimo para o seu lado. Mas este não será o caso, já que as organizações não ousam ficar paradas.

MUDANÇAS DE PARADIGMA

Explorar paradigmas obsoletos e mudanças de paradigma é outra ferramenta de análise simples, porém poderosa. Quando uma análise do futuro revela que paradigmas no mundo exterior estão mudando, provavelmente é o caso de que os paradigmas dentro de um empreendimento também devam se modificar. Embora a palavra paradigma tenha uma definição científica e uma popular (Barker, 1992), a melhor definição para os propósitos desta atividade é que *paradigma* significa "a maneira como fazemos as coisas por aqui". Isso pode ser a maneira como os produtos são concebidos, a maneira como você administra os relacionamentos com os fornecedores ou a maneira como as devoluções dos clientes são conduzidas. As organizações têm maneiras de fazer as coisas que são em geral conhecidas e relativamente fixas.

Quando o mundo se modifica, os paradigmas convencionais começam a apresentar problemas. Para avaliar que problemas podem ser esses, crie um quadro "de–para" (Tabela 8.3), e depois pergunte: "Das coisas que fazemos por aqui, quais já estão obsoletas ou vão ficar obsoletas daqui a alguns anos? Do que iremos nos afastar e do que iremos nos aproximar?"

TABELA 8.3

Paradigmas – A Maneira Como Fazemos as Coisas por Aqui

Paradigmas – A Maneira Como Fazemos as Coisas por Aqui	
De...	Para...

DIÁLOGO SOBRE DESCONTINUIDADES E SURPRESAS

Lembre-se de que a presciência foi distinguida da previsão em parte pela idéia de que as previsões se concentram em reduzir a incerteza, ao passo que a presciência explora a incerteza e a mudança descontínuas. A presciência procura surpresas bem como tendências dominantes, e depois tenta descobrir o que elas significam para a organização no futuro. É fundamentalmente importante transcender o superficial e seguir em direção a um nível mais profundo de entendimento do futuro. Joseph Voros (2005) apresenta um modelo final para alcançar a presciência, com os seguintes passos:

1. Entrada de informações: olhar e ver o que está acontecendo.
2. Análise: perguntar: "O que parece estar acontecendo?"
3. Interpretação: perguntar: "O que está realmente acontecendo?"
4. Prospecção: perguntar: "O que poderia acontecer?"
5. Resultado: perguntar: "O que poderíamos ter que fazer?"

Ao discutir essa técnica de análise, Voros acrescenta um passo final que envolve decidir o que fazer e como fazê-lo. Com a presciência obtida por meio do exame do presente e da exploração dos futuros prováveis e possíveis, podemos modificar a perspectiva do tempo e avançar para o futuro propriamente dito. É no futuro que a direção estratégica é decidida, o que é o tema do próximo capítulo.

CAPÍTULO 9

Escolhendo uma direção: atividades para você e para o seu empreendimento

Se em vez de gastar o sem número de horas e os milhões de dólares que gastamos tentando prever o futuro, nós, seres humanos, imaginássemos juntos opções preferíveis, estaríamos vivendo num mundo diferente."

– Edward B. Lindaman, 1982

Agimos de acordo com a maneira como vemos o nosso futuro, e nós nos tornamos da maneira como agimos.

– Barbara Marx Hubbard, 1984

No final das contas, o planejamento do futuro preferível se resume no seguinte. Que direção você quer seguir? Você poderia rotular essa direção com vários termos – visão, meta, direção estratégica, intenção estratégica, pressentimento, foco único, decisão. Independentemente do termo que escolher, você está tentando dizer o seguinte, da maneira mais simples possível: Hoje estou aqui, amanhã eu gostaria de estar lá.

Vamos explorar, neste capítulo, algumas maneiras de criar uma visão e esclarecer valores. Ambos são importantes para estabelecer uma direção estratégica. Uma visão nada mais é do que uma descrição de um futuro preferível, a resposta à pergunta: Para onde eu quero ir? Os valores são a resposta às duas perguntas: Por que eu quero ir para lá e como me comportarei durante a jornada?

A visão tem início, num sentido extremamente importante, no futuro, quer este seja um futuro possível ou preferível. O que estou dizendo é que para que você veja o futuro preferível, você precisa deixar de alguma maneira o presente para trás e se colocar no futuro. Ao chegar lá, você pode olhar em volta, observar as duas possibilidades e as melhores características, e evocá-las quando voltar ao presente. Como você pode fazer isso?

O notável autor de ficção científica Ray Bradbury (1988) escreveu certa vez um conto chamado "The Toynbee Convector". No conto, o personagem principal, insatisfeito com o rumo que o mundo está tomando, convence o público de que construiu uma máquina do tempo verdadeira. Ele anuncia que, num determinado dia, entrará na máquina, viajará cem anos no futuro e, em outra ocasião definida, voltará ao presente. Ele convida a imprensa para o evento e, por meio de uma elaborada farsa, dá a impressão de ter desaparecido. Na época prevista, ele volta usando a mesma farsa. Agora, supostamente de volta ao presente, ele descreve o futuro. É grandioso. Ele exibe filmes e gravações impressionantes do mundo inteiro, e pacotes de documentação de um planeta no qual a poluição foi eliminada, a guerra cessou, a pobreza é coisa do passado e as pessoas vivem com saúde até a velhice. O personagem passou vários anos forjando as provas detalhadas e fictícias que agora apresenta. No conto de Bradbury, os seres humanos ficam empolgados e aliviados ao saber que no final das contas tudo vai dar certo, apesar dos conflitos, do medo e da angústia que assolam o presente. Desse modo, a humanidade se põe em campo para garantir que o futuro que ele documentou, e que agora está garantido, efetivamente se realizará.

Não temos máquinas do tempo, mas temos a capacidade de criar as nossas imagens fictícias do futuro. Se forem realmente preferíveis, e se nos dedicarmos a elas, essas imagens encerram o potencial de inspirar ações estratégicas no momento atual.

O FUTURO POSSÍVEL

Podemos começar com as perguntas do Esboço do Planejamento do Futuro Preferível. Mesmo na ausência de procedimentos particulares, o simples fato de você abordar essas questões o conduzirá a uma visão produtiva. O primeiro passo é explorar vários futuros *possíveis* entre os quais você escolherá o seu *futuro preferível*. A meta é criar um conjunto de "imagens futuras" que podem ser redefinidas. À medida que você for criando essas imagens, você poderá explorar perguntas como estas:

A Exploração do Possível

- O que é impossível hoje para nós, que, se o tornássemos possível, mudaria as coisas fundamentalmente para melhor?
- Se nos reuníssemos com os nossos clientes e *stakeholders*, e projetássemos o melhor sistema, produto ou serviço possível, como seria ele?
- O que aconteceu quando nos reorganizamos e fomos parar na capa de _____ como um referencial de excelência ou de uma grande organização?

Idéias geradas em conversas como essas podem ser uma matéria-prima para visualizarmos o futuro preferível.

O FUTURO PREFERÍVEL

Quando você tiver imagens possíveis disponíveis, pode expandi-las adicionalmente criando imagens do futuro preferível. À semelhança do que você fez com as perguntas anteriores, o simples fato de trabalhar a lista que se segue pode possibilitar que você explore uma visão e tome decisões a respeito dela. Entre as perguntas sobre o futuro preferível estão as seguintes.

Exploração do preferível

- Qual é o meu ou o nosso futuro preferível, e como eu ou nós podemos descrevê-lo?
- Fisicamente: Produtos, estruturas, tecnologia, e assim por diante.
- Intelectualmente: Sistemas, teoria e prática da administração, processos utilizados, e assim por diante.
- Emocionalmente: O clima no local de trabalho, a cultura da organização, o sentimento, a comunidade, a satisfação, e assim por diante.

- Espiritualmente: O nosso propósito maior, a meta suprema, alcançar o domínio pessoal, e assim por diante.
- Como seríamos e o que estaríamos fazendo se não tivéssemos limitações e tivéssemos certeza de que não poderíamos falhar?
- De que maneira o nosso futuro preferível se harmoniza com a minha visão pessoal e qualquer visão mais ampla?
- Que aspectos do meu ou do nosso futuro preferível se destacam, são os mais magnéticos e irresistíveis?
- Qual é a minha ou a nossa visão refinada, num nível apropriado de detalhe?

As perguntas sobre o futuro possível e o preferível podem ser exploradas em seqüência, ou você pode se concentrar num conjunto selecionado de perguntas ou mesmo numa única pergunta. Em geral, no primeiro passo, as pessoas criam as suas imagens do futuro. Na tarefa seguinte, pequenos grupos comparam e combinam as suas respostas num conjunto de imagens preferíveis do futuro. No último passo, a equipe relevante tomadora de decisões combina as várias imagens e as refina, transformando-as numa visão.

Observe como as perguntas são elaboradas para encorajar uma visão de "todo o sistema", visão essa que considera todos os aspectos de um empreendimento, inclusive a realidade concreta e os conceitos mais abstratos que motivam, inspiram e reúnem as pessoas. Quando executamos as atividades de criação do futuro preferível, constantemente lembramos a nós mesmos que devemos contemplar o todo, formar a imagem das estruturas, da tecnologia, dos produtos físicos, dos sistemas e processos, da cultura, do clima e da comunidade e, finalmente, examinar o propósito supremo de fazer o que fazemos. Nesse conjunto de perguntas, você também pode ver como a sua visão pessoal começa a se encaixar, bem como o que é chamado de "visão mais ampla". Para entender uma visão mais ampla, pense em Henry Ford. Num determinado nível, a sua visão era fabricar carros muito baratos com extrema rapidez. Mas essa visão era gerada pela sua visão mais ampla, que era, literalmente, "levar a mobilidade às massas". Era essa visão mais ampla que fez com que Ford tomasse a decisão estratégica de pagar aos seus funcionários o suficiente para que eles pudessem, com o tempo, ter dinheiro para comprar os carros que produziam. Ford conseguiu ver como todo o sistema se encaixava. As visões que têm um foco limitado deixam passar essas associações mais amplas.

FERRAMENTAS PARA A VISÃO PREFERÍVEL DO FUTURO

Existem muitas maneiras de chegar às imagens preferíveis. O simples dialogo é poderoso. Margaret Wheatley (2002, 9) observa que "... os seres humanos sempre se reuniram em círculos e conselhos para pensar melhor, bem como para desenvolver relacionamentos fortes e confiáveis". Quer o diálogo tenha lugar ao redor de uma fogueira ou numa sala sem janela de uma empresa, ela chega à conclusão que "... quando desaceleramos a conversa e a conduzimos a um ritmo que estimula os pensamentos, nós nos tornamos protagonistas sábios e corajosos no nosso mundo".

O *brainstorming* (ou técnica de grupo nominal), a visualização e os cenários futuros preferíveis são três ferramentas adicionais que funcionaram bem na minha experiência com muitos tipos de organizações, desde empresas que estão entre as 100 mais bem-sucedidas da revista *Fortune*, a pequenas comunidades rurais que tentam criar um sonho comunitário. Cada processo envolve uma tecnologia simples, exigindo apenas uma equipe de pessoas, uma sala, muitas folhas de papel e, talvez, alguns blocos de recados adesivos. Já usei o voto eletrônico com teclados portáteis, laptops interligados em rede e outros processos tecnologicamente avançados, e eles podem ajudar. É claro que a maneira como você irá usar as ferramentas será ajustada de acordo com quem você é e com o que funciona no seu ambiente. O modo como freqüentemente o descrevo, por exemplo, quando treino facilitadores para um projeto específico, é o seguinte: "Captem o propósito deste processo, o resultado que estamos tentando produzir. Em seguida, ajustem o processo conforme necessário para obter esse resultado."

O *brainstorming* é uma forma rápida de criar uma lista de imagens preferíveis do futuro que você depois discutirá, priorizará e refinará. A partir dessa lista inicial de imagens preferíveis você está tentando chegar a uma visão refinada, em geral um pequeno conjunto de idéias que são mais poderosas, mais atraentes e mais fundamentais para o seu futuro bem-sucedido. O desenvolvimento de um consenso, a utilização de vários procedimentos de votação, e o simples envolvimento em diálogos e debates até que as melhores idéias se tornem óbvias, o conduzirá às suas imagens mais preferíveis. Com estas imagens à mão, você tem os elementos básicos para uma visão, os requisitos fundamentais para decidir qual é a sua direção estratégica.

De acordo com a minha experiência, a visualização dos futuros preferíveis ainda é, possivelmente, a ferramenta mais poderosa para descobrir uma visão. É importante que esse processo seja habilmente conduzido. Eu não o utilizo o tempo todo porque alguns grupos o consideram brando demais ou simplesmente muito extrínseco à sua prática normal de negócios para que se mostrem dispostos a experimentá-lo. Mas quando os grupos se empenham seriamente na visualização, podem descobrir idéias que simplesmente não sabiam estar na sua consciência.

Visualizar significa apenas recorrer à sua imaginação ativa e depois descrever o que você vê. Observar um produto ou sistema preferível através dos olhos do cliente e do *stakeholder*, perguntar como você acabou recebendo um prêmio por ser um referencial de excelência ou descrever todo o sistema em algum ponto do futuro funcionam muito bem com a visualização. O processo pode ser elaborado ou bastante simples. Uma empresa que está entre as 100 mais bem-sucedidas da revista *Fortune* com a qual trabalhei efetivamente teve, durante algum tempo, uma sala de visualização, na qual os executivos e equipes de produto podiam trabalhar. A sala era cheia de quadros brancos e blocos de papel, almofadas e cadeiras; além disso, a intensidade da luz podia ser controlada e as pessoas podiam ouvir música. A sala era usada para visualizar o futuro, ou talvez para solucionar um problema comercial, depois para registrar as idéias e, finalmente, para debater, discutir e chegar a conclusões. Por outro lado, é possível visualizar sem contar com um ambiente especial.

Independentemente de como for executada, a visualização precisa envolver alguns expedientes que possibilitem que a pessoa se liberte do presente, viaje no tempo para o futuro e, então, enquanto estiver lá, assimile na mente o que for visto. Se você nunca fez algo assim deliberadamente, ficará impressionado com os lampejos racionais e intuitivos que podem surgir. O processo de visualização pode ser completado com êxito numa única reunião ou evento, embora no caso de um grupo grande ou de múltiplos grupos o relato, a discussão e a combinação das idéias resultantes possam levar bastante tempo. É importante reservar um tempo suficiente para o passo final do refinamento, quando as imagens são transformadas numa visão final. Fazer isso ao longo de várias sessões, com um período para reflexão entre elas, é proveitoso. O passo decisivo, no qual você se esforça para ampliar a visão para que ela se torne mais ousada, é vital. Nele você relembra a Regra dos 15% para a Visão Preferível do Futuro e expande mais as idéias. Tanto a preocupação com a viabilidade quanto a inclinação natural dos processos do grupo para avançar em direção a denominadores comuns mais baixos encoraja as equipes a conformar-se com uma visão que é menos do que excelente. É preciso resistir a isso.

A construção do cenário preferível é uma alternativa eficaz, mais contemplativa do que a visualização ou o *brainstorming*. Os processos de visualização, apesar da sua eficácia, podem parecer por demais intuitivos ou até mesmo místicos para algumas pessoas. O desenvolvimento do cenário básico ou clássico não está estruturado para uma única visão. Mais exatamente, o objetivo clássico é desenvolver vários cenários plausíveis.

Quando hibridizada com a visualização preferível, a tarefa é expandida para discernir respostas estratégicas preferíveis dentro de cada futuro plausível. A tarefa suprema torna-se desenvolver uma única direção estratégica ou visão preferível. Este processo exclusivo, quando usado para o planejamento, reconhece a natureza incerta e com freqüência surpreendente do futuro à medida que efetivamente se desenvolve, ao mesmo tempo que leva as pessoas a identificar a sua visão preferível. É preciso enfatizar que esse procedimento não é em geral aceito por aqueles que ensinam a pura construção de cenários. Entretanto, ele pode ser muito eficaz para o desenvolvimento da direção estratégica.

O processo segue os mesmos passos explicados no capítulo anterior para pesquisar elementos predeterminados, identificar incertezas críticas e compor cenários futuros alternativos. O híbrido é criado pelo acréscimo de passos adicionais. Primeiro, os cenários de futuros possíveis alternativos são reconstruídos em cenários de futuros preferíveis. Isso é feito mantendo-se os fatores externos em cada cenário como são, porém examinando as respostas da organização dentro de cada cenário, adicionando elementos preferíveis e removendo elementos não-preferíveis relacionados com a organização em si. Em outras palavras, cada cenário agora dá a impressão de que o mundo se desenvolve como antes, mas o futuro preferível da organização, dentro desse mundo, é agora parte do cenário.

Os cenários preferíveis são então comparados, e os elementos preferíveis da organização comuns aos cenários são enfatizados. Cada cenário preferível separado é então reconsiderado e uma visão preferível para a organização é sintetizada. Essas visões preferíveis alternativas são comparadas, os temas comuns registrados, e é criada uma visão composta que expressa um futuro preferível para a empresa, em qualquer mundo futuro considerado.

O último passo é trabalhar de trás para a frente a partir da visão preferível, e desenvolver as implicações estratégicas e os elementos de projeto fundamentais para a organização que o cenário preferível sugere. Essas implicações estratégicas e os elementos do projeto podem então tornar-se as "coisas que precisamos fazer independentemente da maneira como o futuro efetivamente se desenrolar". Como acontece no desenvolvimento do cenário clássico, os resultados são comunicados e utilizados na organização, e também inspecionados periodicamente.

CRITÉRIOS PARA UMA VISÃO

No final de um processo de visualização, você desejará ter algum tipo de produto, tipicamente um que seja enunciado por escrito. A declaração da visão pode consistir em palavras, tópicos destacados, histórias e imagens visuais. Segundo a minha experiência, as pessoas se preocupam além do necessário com essa declaração. É impossível torná-lo perfeito, e em algum momento eu geralmente informo às pessoas que um critério valioso, que nos diz quando a visão está concluída, é o fato de simplesmente nos cansarmos de trabalhar nela. É pouco provável que mudar algumas palavras aqui e ali a aprimore, de modo que é mais sensato simplesmente declarar a vitória e seguir em frente perguntando como transformar a visão em realidade.

No entanto, existem alguns critérios proveitosos, além da fadiga, para uma visão vitoriosa, e os seguintes se revelaram muito eficazes.

- A visão precisa descrever o futuro preferível. Isso em geral funciona melhor se nos expressarmos no presente do indicativo, como se estivéssemos no futuro descrevendo o que aconteceu. Mas ela também pode ser escrita em outros tempos verbais e mesmo assim funcionar, desde que esteja descrevendo o futuro. Compare "Vamos cercar a Caterpillar", "Cercaremos a Caterpillar" e "Em 2020 teremos cercado a Caterpillar". Cada uma dessas frases pode funcionar, cada uma delas descreve o futuro preferível.

- A visão precisa ser convincente, magnética. As pessoas superestimam a importância da linguagem nesse critério. Quando todas as outras permanecem iguais, as palavras entusiásticas, estimulantes e sedutoras são melhores do que as insípidas. Mas são também incrivelmente difíceis de encontrar. No entanto, esse critério tem muito mais a ver com alcançar do que com palavras. O termo criado por Collins e Porras (2000), BHAG, para metas grandes, difíceis e audaciosas, referem-se ao mesmo assunto. Para que uma visão seja irresistível, ela precisa captar a quantidade certa de "alongamento" entre o presente e o futuro, para que as pessoas sintam que ela fará diferença, sentindo-se fortalecidas e animadas para tentar alcançá-la. Você quer que as pessoas digam: "Isso parece difícil, mas é fundamental que façamos o esforço." Se o alongamento for muito pequeno, as pessoas dirão: "Quem se importa?" Uma visão que seja obviamente impossível desestimulará as pessoas, o que é o oposto do que se deseja. Repetindo, "Vamos cercar a Caterpillar" era uma frase convincente, não devido a uma linguagem estimulante, mas porque expressava a quantidade certa de alcance para atrair magneticamente as pessoas para ela.

- A visão precisa considerar dados do mundo real. Se uma visão parece não prestar atenção ao mundo real e nem a tendências futuras como as entendemos, ela não dará certo. Precisa ficar óbvio para as pessoas que a visão leva em consideração o que realmente está acontecendo, da melhor maneira como o entendemos, em vez de desconsiderar a realidade presente e a futura.

- A visão precisa ser expressa com detalhes suficientes para fornecer uma direção e, ao mesmo tempo, ser a mais simples possível. Esse critério freqüentemente confunde as pessoas. Algumas querem uma visão muito breve, concisa. Outras desejam uma grande quantidade de detalhes. Não existem regras rígidas e rápidas, a não ser usar o nível adequado de detalhes para aqueles que irão trabalhar com a visão. No entanto, a experiência parece favorecer as visões mais curtas, já que as equipes que se dedicam a um processo de visão várias vezes ao longo de alguns anos invariavelmente dão consigo mesmas redigindo visões mais curtas a cada vez, descobrindo que a simplicidade funciona. Elas também dão consigo mesmas redigindo um número cada vez menor de estratégias, e talvez nenhum plano, por terem descoberto que todo o trabalho despendido num planejamento elaborado de nada adiantará quando o mundo tiver mudado. É melhor tomar uma decisão com relação à direção estratégica, comprometer-se com ela e, em seguida, pôr mãos à obra, do que discutir detalhadamente planos elaborados que jamais serão implementados.

- A visão precisa não apenas expressar as melhores idéias, como também os desejos mais profundos. Nós nos dedicamos às coisas importantes para nós, o que significa entrar em contato tanto com o coração quanto com a cabeça. A visão convincente mexe com o coração, a consciência e a alma. Ela está em sintonia com os seus valores.

COMPARTILHANDO A VISÃO

As visões vêm e vão, e quase ninguém repara nas visões das empresas. Mas algumas visões fazem a diferença. Essas são aquelas que se tornaram um compromisso mútuo, compartilhado, com uma direção estratégica. Como a visão é compartilhada? Existem três metodologias básicas. Numa delas, o líder cria e transmite uma visão tão irresistível que todo mundo quer ser parte dela. Isso é possível, porém raro. Um segundo método envolve atrair uma participação ampla dos níveis hierárquicos, de baixo para cima, para a criação da visão do futuro preferível. Se o processo for bom, a participação criará um sentimento de destino compartilhado, bem como sólidos resultados de comprometimento. É difícil usar este método em organizações maiores apenas por causa do número de pessoas envolvidas, de modo que ele também é raro. A conferência da Futures Search, para todos os funcionários, é uma maneira de tentar envolver todo mundo nas empresas de médio porte (Weisbord, 2000).

O método mais prático de criar uma visão compartilhada é oferecer a todos a oportunidade de fornecer *feedback* para uma declaração da visão que esteja em andamento, e, ao fazer isso, responder à pergunta: "Qual é a sua visão?" Fazer a pergunta de um modo genuíno, e falar sério, torna possível demonstrar de que maneira as visões individuais, a visão do executivo e a visão da empresa se harmonizam. Quando as pessoas sentem que estão se esforçando por uma coisa que também desejam pessoalmente e sobre a qual podem opinar, elas têm uma tendência maior de se comprometer com ela. Peter Senge resume da seguinte maneira o conceito da visão compartilhada (1990, 206-209):

> No seu nível mais simples, uma visão compartilhada é a resposta à pergunta: o que queremos criar? [...] A visão compartilhada é vital para a aprendizagem organizacional porque fornece o foco e a energia para o aprendizado. [...] A visão eleva as aspirações das pessoas [...] [é] arrebatadora [...] muda os relacionamentos das pessoas [...] cria uma identidade comum [...] incita a coragem [...] [e] faz com que as pessoas se proponham a correr riscos e realizar experiências. [...] Não é possível ter uma aprendizagem organizacional sem uma visão compartilhada. Na ausência de um impulso em direção a uma meta que as pessoas verdadeiramente desejem alcançar, as forças que amparam a situação vigente podem ser esmagadoras.

ESCLARECENDO OS VALORES

Os valores são a base da visão. São o motivo pelo qual você quer tornar a visão realidade. Os valores captam a maneira como você quer se comportar enquanto busca a visão. Não existe um exemplo melhor do que o debate ocorrido em 2005 nos Estados Unidos a respeito da proibição da tortura. Durante inúmeras décadas, o mundo inteiro considerou uma realidade admitida o fato de que embora outros países pudessem recorrer à tortura, fazia parte dos valores americanos que o país não se envolveria com esses métodos. No entanto, os conflitos ocorridos entre 2001 e 2005 mudaram tudo isso e foi revelado que a tortura passara a ser oficialmente sancionada, embora em segredo. O Congresso americano pôs-se em campo para refrear essa política por intermédio de uma lei destinada a estabelecer que a tortura não seria permitida. O vice-presidente argumentou que a tortura deveria ser mantida entre os recursos disponíveis. Os senadores argumentaram o oposto, enfatizando o ponto significativo que ilustra o que é um valor. Proibir a tortura, argumentaram os senadores, era fazer uma declaração sobre os valores americanos e não sobre os terroristas. Em outras palavras, não torturar seria a maneira como os Estados Unidos iriam se comportar enquanto perseguisse a sua visão de vencer a guerra contra o terror.

Esclarecer um conjunto de valores pode ser uma ferramenta valiosa ao reforçar tanto uma visão quanto a cultura de uma empresa. Tipicamente, isso envolve enumerar alguns valores fundamentais numa simples declaração. Eis um exemplo, extraído de uma empresa sem fins lucrativos e cuja receita anual saltou de oito milhões para 32 milhões de dólares depois que a empresa se envolveu num projeto para visualizar o futuro.

Valores e convicções

- *A mudança* é essencial para o desenvolvimento humano. Toda pessoa tem dentro de si o potencial para uma vida mais produtiva e satisfatória.
- *A responsabilidade pela mudança* é uma decisão e um compromisso individual.
- *A ação* caracteriza o nosso trabalho cotidiano.
- *O comportamento ético* é fundamental para a vida e o trabalho.
- *Respeito, entendimento e compaixão* pelas pessoas e as suas diferenças são o alicerce sobre o qual está construída a nossa empresa.
- *O trabalho em equipe* é o poder que nos impele em direção à eficiência e à eficácia empresarial.
- *A excelência e a qualidade* precisam ser inexoravelmente perseguidas nos nossos serviços e produtos.
- *A criatividade e o humor* são fundamentais para o desenvolvimento de um ambiente de trabalho solidário e produtivo.
- *O desempenho e o empreendimento financeiro sólido* são a pedra angular de uma empresa auto-suficiente e em desenvolvimento.

Essa declaração e outras semelhantes são em geral resultado de horas de trabalho árduo executado por uma equipe de pessoas. Estas podem fazer levantamentos e usar outros métodos para reunir informações dentro da organização, mas quase sempre elas discutem quais são e quais deveriam ser os valores fundamentais da empresa por meio de uma análise da sua história, examinando a sua visão e harmonizando os valores da empresa com os valores individuais. Reunir e comparar as declarações de valores de outras companhias também pode ajudar muito na descoberta de uma linguagem que funcione.

É verdade que se você comparar declarações de valores de diferentes empresas, ficará impressionado com a semelhança entre elas. Isso é compreensível, levando-se em conta que essas declarações provêm de um conjunto de valores humanos comuns. O ponto fundamental é se a empresa realmente tem a intenção de viver de acordo com o que afirma ser os seus valores.

Alguns especialistas em processos para a visão e valores consideram interessante definir os valores antes de seguir em direção à visão, alegando que a visão deve ser proveniente de valores fundamentais. Essa abordagem encerra uma certa lógica. Já outras pessoas trabalham ao contrário. De acordo com a minha experiência, as duas seqüências podem dar certo, mas em geral é mais interessante desenvolver primeiro as imagens futuras preferíveis e a visão preliminar. Isso possibilita o pensamento imaginativo com menos restrições. Além disso, enquanto os valores mudam lentamente, um novo vislumbre a respeito da visão poderá resultar na descoberta de um valor novo ou modificado. Tendo à mão a descrição de aonde você deseja ir – uma versão preliminar da visão – você pode explorar valores, perguntando "Por que desejamos ir para lá e como queremos nos comportar?" Se você fizer isso depois de ter delineado uma visão, mas antes de tê-la finalizado e aprovado, terá o benefício da máxima criatividade, com a oportunidade de rever a visão baseado nos valores antes de terminar.

USANDO A VISÃO E OS VALORES

Para que uma visão e valores exerçam uma influência, as pessoas precisam estar comprometidas com eles. Como assinalamos, participar e escutar são exigências fundamentais para que uma visão compartilhada seja alcançada. Entretanto, é preciso precaver-se contra duas armadilhas. Uma delas é a ausência de compromisso da parte dos executivos e a outra é o falso consenso.

Certa vez, no início da minha carreira de consultor futurista, fui convidado para ajudar uma das divisões de uma empresa classificada entre as 100 mais bem-sucedidas da revista *Fortune* a criar uma visão e um plano para implementar um novo programa específico. O chefe da divisão me explicou que queria formar uma equipe de trinta pessoas para criar essa visão e esse plano de uma maneira altamente participativa. Desse modo, promovemos um intenso evento de três dias nos quais a equipe criou a visão, concluindo o exercício com grande entusiasmo e emoção. Logo depois do término das atividades do último dia, percorri um longo corredor ao lado do chefe quando ele voltava para a sua sala. Ele disse: "Glen, o que você fez foi incrível, excedeu as minhas expectativas. No entanto, existe um problema. O plano que eles escolheram não é o que eu quero. Se implementarmos esse plano, todo este lugar irá mudar e eu não serei mais adequado ao cargo que ocupo. Desse modo, embora eu reconheça e dê valor ao que você acaba de fazer, é preciso que você saiba que o plano nunca será implementado, pelo menos não enquanto eu estiver na empresa."

Fiquei chocado. Entretanto, eu acabara de aprender uma poderosa lição a respeito da qual um colega chamado John Scherer havia me advertido no início da minha carreira de consultor, mas que eu não havia experimentado até então. Os altos executivos freqüentemente acreditam desejar que a sua empresa crie uma nova visão, até o momento em que se dão conta de que as coisas talvez possam mudar fundamentalmente em decorrência disso. Nesse momento, eles recuam, e até mesmo sabotam, todo o empreendimento. E agora eu vira esse comportamento em ação.

O comprometimento dos executivos com a visão futura é essencial. Sem ele, existem poucos motivos para que seja feito um esforço para criar a visão. Os projetos mais eficazes que já vi foram aqueles nos quais o executivo principal desempenha um papel ativo na formação da visão. A visão não é apenas dele, mas conduz a situação de uma tal maneira que as pessoas sabem o que querem e quais são os seus sonhos, e a visão final para a organização reflete isso plenamente. O executivo que encoraja as pessoas a imaginar um novo futuro e fica quieto durante o processo, talvez em função do desejo de não querer ser prepotente, na verdade debilita o processo, porque todo mundo sabe que nada irá acontecer sem a participação do executivo.

Outra armadilha que já vi é o falso consenso. As pessoas se congregam num retiro empresarial ou numa série de reuniões para desenvolver uma visão e várias estratégias. Algumas pessoas são céticas, tendo passado antes por essa experiência sem alcançar sucesso, mas no geral todos se esforçam bastante e ficam entusiasmados. Mas aí as pessoas ficam cansadas. As decisões finais estão se aproximando e ninguém está satisfeito. Entretanto, o líder ou facilitador é especialista em fazer as coisas caminharem, o tempo está passando, e todos querem chegar a uma conclusão e considerar o projeto um sucesso. Desse modo, as pessoas começam a concordar com a cabeça, objeções param de ser levantadas embora sejam cogitadas e logo todo mundo levanta a mão para indicar que está de acordo. Quando o projeto está completo, as pessoas se afastam achando que criaram uma nova visão, que chegaram a um consenso. No entanto, fora das salas de reunião, talvez de imediato, talvez semanas depois, começam a surgir as objeções, o comprometimento declina, as dúvidas aparecem e tudo descarrila.

O que teve lugar foi um falso consenso. Nessas reuniões, as pessoas acreditam que alcançaram um consenso, omitindo as suas dúvidas. O desejo de um resultado bem-sucedido supera a vontade de fazer a coisa certa ou de ter grandes sonhos. É o falso consenso em particular que faz com que os participantes de um projeto de visão encolham a sua ambição, fazendo-a recuar aos níveis anteriores, porque a conformidade passa a ser mais valorizada do que a ousadia. Desse modo, no papel tudo parece adequado, uma visão foi descrita e todos votaram a favor dela. Mas um número excessivo de pessoas não está no barco; apenas parecia estar velejando junto. Isso não funciona.

Superar a armadilha do comprometimento dos executivos é simples, mas não é fácil. Os dirigentes da organização precisam participar do jogo. O ideal é que comandem o jogo em vez de atribuir essa tarefa a subordinados. Se os executivos não estiverem liderando ativamente um projeto de visão, precisam expressar os seus pontos de vista e tomar medidas para garantir que, em cada passo de um processo de visualização do futuro, as orientações que venham a surgir serão as suas, além de fornecer informações e *feedback* para os resultados. Essa postura contraria o estilo de liderança de muitos executivos, que preferem que as alternativas lhes sejam apresentadas, para depois escolher a opção A ou B. Entretanto, a direção estratégica sob a forma de uma visão é importante demais para o futuro sucesso para que seja decidida dessa maneira. Esta é uma ocasião para uma liderança participativa e colaborativa.

Não é simples, nem fácil, evitar o falso consenso. A primeira coisa a ser feita é imunizar-se contra ele, advertindo as equipes voltadas para a visão ou a visualização do futuro, no início de qualquer projeto, de que o falso consenso poderá ocorrer. A cuidadosa definição do consenso e de níveis de comprometimento são ferramentas proveitosas que podem atuar como uma proteção e aumentar a probabilidade do surgimento tanto do verdadeiro consenso quanto das idéias ousadas.

Definindo o consenso

No que diz respeito ao trabalho colaborativo sobre a visão, à criação de um cenário, ao desenvolvimento de uma estratégia ou, na verdade, ao próprio planejamento, a seguinte definição de consenso funciona. Ela não é a única nem a mais aceita, mas funciona.

Três critérios para o consenso

1. Concordo substancialmente com a decisão, a direção ou o resultado. Não é uma concordância perfeita, o que é improvável ou impossível, mas um consentimento substancial.
2. Não vejo falhas fatais. Uma falha fatal é aquela que, se lhe for permitido seguir em frente, sabotará a iniciativa. Todo resultado terá algumas falhas, mas as que existirem não serão fatais.
3. Posso me comprometer a implementar essa decisão, direção ou resultado.

Literalmente, ao tentar superar o falso consenso, pode ser importante andar pela sala e pedir a cada pessoa que responda a esses três critérios, em voz alta, e em público. No final do dia, ainda é possível que alguém concorde com um movimento de cabeça e sorria sem estar sendo sincero, mas é menos provável que o falso consenso tenha lugar se você tiver dado esse passo.

Níveis de compromisso

A segunda ferramenta de definição tem a ver com o comprometimento em si. Faz pouco sentido trabalhar em uma visão se as pessoas não estiverem dispostas a se comprometer com ela. Desse modo, quando uma decisão é tomada, é realizada primeiro a descrição dos níveis de comprometimento e em seguida a sua verificação. Uma visão ou direção encerra cinco níveis possíveis de comprometimento.

1. Nível – 1: Hoje vou sorrir e concordar com a cabeça, porém mais tarde vou sabotar nos bastidores todo o combinado.
2. Nível 0: Na verdade toda essa história de visão não me importa. Para mim tanto faz.
3. Nível + 1: Uma idéia aceitável. Vai ser interessante observar vocês todos trabalharem nela.
4. Nível + 2: É uma idéia excelente. Vou ajudar sempre que puder.
5. Nível + 3: É uma idéia básica. O nosso futuro depende de alcançarmos essa visão. Vou dedicar o meu tempo e a minha energia para levá-la adiante.

O uso apropriado da visão envolve basicamente entender que a visão deve apenas servir de orientação e não ser um mapa seguido à risca. Aqueles que defendem a flexibilidade ou a elasticidade da organização em oposição ao planejamento estão certos até certo ponto, mas tendem a não perceber a importância da visão, unindo-a a um plano, o que é diferente. A visão é um guia, uma força magnética, um ponto de reunião. A maneira como você persegue a visão pode mudar a cada dia enquanto o mundo se modifica, mas a visão o puxa para a frente.

Além disso, a visão não é um ponto fixo no espaço, e sim uma conversa a respeito de onde você quer ir e por quê. Se ela não muda enquanto você avança em direção a ela, você não está prestando atenção ao mundo. A visão precisa ser sistematicamente atualizada.

Quando usados da maneira mais eficiente, a visão e os valores se tornam evidentes na empresa. Quando vejo declarações de visão e declarações de valores na parede de uma empresa, eu não me encolho de medo; ao contrário, eu aplaudo – quando a visão é uma coisa viva. Quando ela é viva, por exemplo, as reuniões administrativas não são apenas sessões que visam resolver problemas, mas também uma oportunidade regular para relatar o que está sendo feito para perseguir a visão e verificar se o empreendimento está no rumo certo. Quando questões difíceis são colocadas em pauta, uma análise rápida dos valores da empresa pode dar firmeza às pessoas, não dizendo a elas o que fazer especificamente, mas lembrando-lhes de como precisam julgar a si mesmas.

A comunicação da visão e dos valores pode ser feita de muitas maneiras. A mais eficaz é o reforço dos executivos. O CEO da Grand Circle Travel, mencionado anteriormente, lembra constantemente às pessoas elementos específicos da visão da empresa e pede a membros importantes que expliquem o que estão fazendo para persegui-la. Outro CEO com quem trabalhei há algum tempo também aproveitava todas as oportunidades que tinha com a sua equipe de executivos para chamar a atenção para a visão e os valores muito ousados com os quais todos haviam concordado, e pedia às pessoas que descrevessem de que maneira as suas atividades cotidianas estavam buscando a visão e vivendo os valores. Pedia então a elas que definissem metas quantitativas ambiciosas e as cumprissem, na busca da visão. Em outra empresa, a visão e os valores eram impressos no verso dos cartões de visita, em canecas e em pequenas placas, e era solicitado aos funcionários que informassem o seu progresso. Há muito tempo, na época do programa *Apollo,* Ed Lindaman, meu mentor, o diretor de planejamento, criou um programa no qual ele faria um relato semanal televisionado para a força de trabalho distante, cujos membros estavam cooperando para realizar a visão louca de homens na Lua. Todas as semanas ele visitava pessoalmente uma parte do programa com uma equipe de televisão, e ajudava os funcionários, explicando como a parte deles no projeto, por menor que fosse, era vital para o sucesso da missão. A transmissão ao vivo, que era assistida por todos os membros do programa durante alguns minutos, atraía as pessoas para uma visão compartilhada.

É fácil manter esse foco e essa comunicação, mas eles tendem a esmorecer quando o rigor da crise cotidiana impõe a sua presença. Desse modo, celebrações periódicas de sucesso e pelo menos atualizações bianuais da visão são fundamentais. Líderes experientes são essenciais. Quando eles permanecem envolvidos e solidários, a visão se mantém viva. Quando se perdem em outros interesses, a visão rapidamente esmaece e cai no esquecimento.

A VISÃO E OS VALORES PESSOAIS

Voltemo-nos agora para o tema da visão e dos valores pessoais. Senge argumentou que o desenvolvimento de uma visão compartilhada dentro da empresa deveria envolver um processo no qual os funcionários tivessem a chance de comparar suas visões com a visão da empresa, para que pudessem descobrir partes coincidentes que reforçassem a si mesmas. Isso exigiria o conhecimento de uma visão pessoal. Além desse propósito, você talvez queira simplesmente refletir sobre a sua visão para a sua carreira ou para a sua vida.

Ao trabalhar no nível individual, você se vê novamente diante da questão da galinha e do ovo, ou seja, o que vem primeiro, a visão ou os valores. Tracie Ryder (1989) sugere que no nível pessoal mais profundo os valores vêm primeiro porque determinam o nosso comportamento. Várias ferramentas estão disponíveis para explicar os valores pessoais, que são "princípios, padrões ou qualidades considerados dignos de mérito ou desejáveis, coisas que são importantes na nossa vida" (41). No processo de avaliação, você conscientemente examina e escolhe os seus valores, atualizando-os de vez em quando.

Você pode, por exemplo, dar valor a certas condições da existência, como a sabedoria, a liberdade, a riqueza ou a paz de espírito. E também poderá valorizar certos modos de comportamento como a honestidade, a criatividade e a diversão. Se você se envolver em alguns exercícios de avaliação, poderá identificar uma breve lista dos valores essenciais para você. Com eles à mão, você poderá criar ou repensar a sua visão.

A visão é a mesma tanto no nível pessoal quanto no da empresa, ou seja, ela é uma descrição do seu futuro preferível. Exercícios semelhantes para a visão também funcionam no nível pessoal. Feche os olhos e imagine que está viajando no tempo para o futuro e preste atenção no que realmente parece bom para você. Em seguida, abra os olhos e faça algumas anotações. Ou então produza uma lista por meio de um *brainstorming* de imagens preferíveis para algum ponto no futuro, como a sua vida em família, a sua carreira, o seu divertimento ou o seu estado de saúde. Ou então dedique-se à escrita automática, um processo no qual você leva a caneta ao papel ou os dedos ao teclado, determina para si mesmo um limite de tempo de alguns minutos, e quando você disser a palavra *comece,* escreva sem parar ou levantar a caneta do papel enquanto descreve o seu futuro ideal. Em todos esses processos de visão, como no caso da empresa, não se preocupe inicialmente com a viabilidade, mas leve em conta o mundo real. Dizer, por exemplo, que daqui a cinco anos eu me vejo morando em Marte é divertido, mas sem sentido. Dizer que daqui a cinco anos eu me vejo trabalhando no setor do turismo espacial à medida que ele se desenvolve é uma idéia ao mesmo tempo ousada e fundamentada numa provável realidade futura.

A visão e os valores atuam em vários níveis: pessoal, empresarial e comunitário. A escolha de uma direção exige que você declare a sua visão e os seus valores de forma audível, o que pode ser desafiante e até mesmo ameaçador, porque depois de fazê-lo, você precisa tomar uma atitude de imediato.

O PONTO FINAL – O PODER MÍSTICO

Enfatizamos a necessidade de uma visão compartilhada e da busca contínua de maneiras de manter a visão viva e nítida. É muito importante entender que a visão se aproxima de você tanto quanto você avança para ela. Michael Jordan é quem melhor expressa essa situação (2005, 97):

> Eu não poderia ter imaginado tudo o que aconteceu. Mas os sonhos são assim. É isso que torna a jornada tão interessante. Esforce-se o máximo que puder, e depois deixe o futuro emergir. Foi o que fiz na quadra de basquete. Deixei que o jogo se aproximasse de mim antes de impor a minha vontade. Isso é muito diferente do que forçar a questão porque você está preocupado com um resultado que ainda não foi determinado. Qualquer coisa pode acontecer se você estiver disposto a fazer o esforço e permanecer aberto à possibilidade. Os sonhos se realizam por meio do esforço, da determinação, da paixão e de você permanecer ligado à percepção de quem você é.

A história que se segue me foi contada, muitas vezes, por antigos clientes, tanto do setor público quanto do setor privado. Ela sempre envolve ter criado uma visão utilizando processos apropriadamente inclusivos e participativos, e posteriormente descobrindo a dificuldade de mantê-la como alta prioridade, a ponto de parecer que todo o esforço da visão fora perdido. No meu caso predileto, o meu cliente, o prefeito de uma cidade de tamanho médio, colocara a visão numa gaveta e a tirava para fora de vez em quando para relê-la. Vários anos depois, quando ele voltou a reler uma vez mais a visão, percebeu que ela tinha se realizado quase que integralmente, embora os esforços deliberados de planejamento e a implementação houvessem começado anos antes, tendo dado depois a impressão de haver enfraquecido. No entanto, ao olhar em volta, ele viu que a visão estava completa ou em andamento. Este é o poder magnético da visão em ação, de escolher uma direção.

CAPÍTULO 10

Planejando atividades para você e para o seu empreendimento

Ao me preparar para o combate, sempre me dei conta de que os planos são inúteis, mas o planejamento é indispensável.

– Dwight D. Eisenhower, s.d.

PLANEJAR OU NÃO PLANEJAR

O planejamento estratégico é o esforço de transformar a presciência e a visão em ação por meio de estratégias e pequenas vitórias. Duas escolas de pensamento sobre o planejamento surgiram nos últimos anos. Uma diz: deixa para lá. A outra diz: é mais vital do que nunca.

O ponto de vista "deixa para lá" afirma que o planejamento tornou-se uma perda de tempo, ou até mesmo contraproducente. Essa perspectiva é expressa por Karl Weick e Kathleen Sutcliff (2001, 79): "Em resumo, os planos podem fazer apenas o oposto do que pretendem, criando o descuido em vez da atenta expectativa do inesperado." Eles argumentam que o planejamento tende a criar suposições e convicções que nos deixam cegos. Outros críticos do planejamento insistem em que o mundo está simplesmente mudando rápido demais e que qualquer plano torna-se obsoleto antes que terminemos a conversa, de modo que esta última em si é inútil. Se você algum dia tomou parte de uma situação na qual a regra parecia ser "faça mais planos, não entre em ação", então a perspectiva que omite completamente o planejamento pode parecer atraente. Evitar os planos e concentrar-se na flexibilidade e rapidez é excelente, mas somente se a sua missão for inalterável e a visão dominante for a manutenção da situação vigente.

A perspectiva alternativa afirma que a estratégia é importante, talvez agora mais do que nunca. A idéia, melhor exemplificada por Michael Porter no livro clássico *Competitive Strategy* (1980, 1998), é que quando nos concentrarmos apenas na flexibilidade ou nas capacidades fundamentais temos a tendência de nos voltarmos excessivamente para o interior, de nos tornarmos por demais aleatórios e insuficientemente capazes de sobreviver no clima de negócios altamente competitivo nos dias de hoje. Os gerentes administrativos estão de acordo. Weick e Sutcliff (2) citam um estudo de problemas prementes identificados por gerentes que descobriram que "pensar e planejar estrategicamente" é o segundo problema mais premente que enfrentam.

A melhor abordagem para "pensar e planejar estrategicamente" é exercer um grande esforço na parte do pensamento, como sugerimos em capítulos anteriores, e depois dedicar a quantidade certa de esforço à parte do planejamento. Lembre-se de que o planejamento estratégico foi definido aqui como a elaboração de planos para implementar decisões estratégicas. Podemos entender melhor o planejamento estratégico se nos remetermos à Figura II.1, o Modelo de Três Cones para o Planejamento do Futuro Preferível. Depois de se decidir sobre a direção que você prefere, a sua tarefa é mudar a sua trajetória do cone provável para o preferível, para que você tenha em vista a coisa certa. Se a visão estiver mais do que poucos meses no futuro, calcular tudo que deverá acontecer entre o momento presente e a época futura é, aparentemente, impossível. O mapa não pode ser traçado, de modo que é inútil tentar.

Mas não é inútil calcular duas coisas fundamentais. A primeira é um conjunto limitado de estratégias. A segunda são as primeiras conquistas ou atividades iniciais que o fazem entrar em ação. Vamos lidar separadamente com cada uma delas.

O DESENVOLVIMENTO DE ESTRATÉGIAS

As estratégias são ações ou conjuntos de ações que precisam ser perseguidas ao longo de um determinado período de tempo para que possamos avançar em direção à visão. As estratégias mais importantes a ser identificadas são as "fundamentais para a visão". Quando, no Modelo de Três Cones, as linhas são arrastadas do futuro preferível para o presente, fica conceitualmente claro que, para deslocar a trajetória do provável para o preferível, você precisa fazer algumas coisas de um modo diferente. A busca da estratégia envolve descobrir quais são essas coisas.

Ferramentas para o desenvolvimento de estratégias

A ferramenta mais simples para desenvolver estratégias é o *brainstorming* e a conversa. Coloque-se mentalmente no futuro preferível anteriormente definido e, a partir dessa perspectiva, olhe para o presente. Pergunte: "O que fizemos que nos permitiu vir parar aqui?" Como alternativa, olhe para a visão futura a partir da perspectiva do presente e pergunte: "Quais são as coisas que precisamos fazer para sair daqui e chegar lá?" Faça uma lista usando o planejamento retroativo ou a perspectiva progressiva.

Tipicamente, essa simples atividade resultará numa lista um tanto longa de coisas que poderiam ser feitas. Já vi essas listas começarem com quarenta ou cinqüenta itens. Mesmo depois que você passar algum tempo combinando as idéias em estratégias mais amplas, a lista pode ser muito longa. E você sabe duas coisas quando olha para elas. Primeira, que existem os mais diversos tipos de coisas que não estão na lista e que você precisa continuar a fazer. Segunda, você nunca terá os recursos ou o tempo para fazer todas as coisas novas da lista. Desse modo, um mecanismo de filtragem se faz necessário.

É aqui que o conceito de "estratégias fundamentais para a visão" entra em ação. Analise todas as estratégias possíveis e pergunte: "Qual dessas possíveis estratégias é realmente 'fundamental para a visão'? Em outras palavras, de todas essas estratégias, quais temos que usar para avançar em direção à visão? Alternativamente, se não fizermos isto, não faremos nenhum progresso em direção à visão." Quando você usa esse simples filtro, três a oito estratégias tendem a emergir como aquelas que são obviamente fundamentais para a visão. Este é um número manejável, que reconhece que existe um limite dentro das empresas para o quanto as pessoas podem assumir de cada vez.

Depois que as organizações restringem as suas possíveis estratégias a algumas que são fundamentais para a visão, os resultados podem incluir estratégias como as seguintes:

- Um hospital decidiu "formar a conscientização do setor da assistência médica em toda organização".
- Um fabricante de aeronaves relacionou a Manutenção Produtiva Total como uma visão fundamental (este é um método destinado a evitar defeitos no equipamento).
- Uma associação decidiu "desenvolver fluxos de receita não baseados nas taxas ou mensalidades".
- Uma escola de bairro decidiu "desenvolver um perfil preferível do diplomado do bairro no ano de 2010".
- Uma empresa de assistência médica decidiu "alterar os papéis da equipe e da administração, conduzindo-os à autodireção e à responsabilidade".

Entre as ferramentas adicionais para o desenvolvimento de estratégias estão a utilização do planejamento do cenário. Particularmente se a metodologia do cenário do futuro preferível tiver sido usada, depois que uma visão estiver no lugar adequado você poderá voltar aos cenários preferíveis e descobrir possíveis estratégias dentro deles, ou repensá-los para que possíveis estratégias surjam a partir da análise. Quando as possíveis estratégias estiverem expostas, você poderá passá-las novamente através do filtro para verificar se elas são fundamentais para a visão e fazer então escolhas prioritárias.

No que diz respeito ao assunto das prioridades, será questionado se as estratégias fundamentais para a visão deverão ser submetidas a algum tipo de classificação. Esta é uma opção, particularmente se as estratégias tiverem uma seqüência temporal óbvia, já que uma precisa estar completa ou em andamento para que outra possa começar. Mas se você reduziu as estratégias a apenas algumas que serão trabalhadas simultaneamente, uma priorização adicional não é necessária. Na verdade, esforços para uma priorização suplementar podem ser uma tática de procrastinação destinada a impedir que as coisas efetivamente mudem, a velha paralisia causada pela artimanha da análise.

No seu trabalho sobre "intenção estratégica", Hamel e Prahalad (1989) delinearam quatro categorias amplas de estratégia, e pode ser proveitoso usar um método como esse para ajudá-lo a conceituar possíveis estratégias. Eles sugeriram especificamente quatro abordagens à inovação competitiva, e é possível imaginar cada uma em busca de idéias estratégicas que o direcionarão para a sua visão.

1. "Construir camadas de vantagem" pode ser efetuado melhorando a qualidade, aprimorando a confiabilidade, construindo canais, fortalecendo marcas, globalizando-se e adotando medidas estratégicas semelhantes.
2. "Procurar tijolos soltos" envolve encontrar um elemento surpresa, procurando produtos e serviços menos protegidos, que talvez estejam apenas um pouco fora da área de concentração de concorrentes importantes. A identificação dos tijolos soltos requer uma análise cuidadosa dos concorrentes.
3. "Mudar o teor do compromisso" significa redefinir o setor e as práticas de negócios convencionais que são comuns dentro dele. Os softwares de código aberto e baseados na web são um exemplo disso no século XXI, o que fez recentemente com que a Microsoft fosse obrigada a reagir intensamente.
4. Finalmente, e de uma maneira muito interessante, está a colaboração com os concorrentes, exemplificada hoje em dia por várias empresas chinesas. A colaboração permite que as pessoas aprendam o negócio, avaliem os pontos fortes e fracos do concorrente, e observem os tijolos soltos. Isso parece um pouco brutal, mas é uma das formas mais comuns de estratégia competitiva.

Ao usar essa fórmula de quatro partes ou outros modelos para estimular as idéias sobre a estratégia, você pode descobrir alternativas que normalmente estariam ocultas. Repetindo, a meta é decidir adotar um conjunto limitado de estratégias fundamentais para a visão que você tem a intenção de seguir nos próximos anos. Cinco anos para uma estratégia é um longo período, sendo que dois anos é mais realista. Dentro desse intervalo de tempo, você voltará às estratégias e avaliará o que está completo, o que ainda está em andamento, o que não está funcionando e deveria ser abandonado, além de verificar que novas estratégias emergiram, levando em conta a maneira como o mundo evoluiu.

OS PRIMEIROS PASSOS VITORIOSOS

Tendo à mão a visão, os valores e as estratégias fundamentais, você tem em seu poder praticamente todo o plano que precisa, se estiver comprometido com o que tem. Mas você ainda precisa começar. Remeta-se uma vez mais à Figura II.1, o Modelo de Três Cones. Observe as setas na parte inferior da figura, empurrando-o delicadamente do cone provável para o preferível. Esses são os "primeiros passos vitoriosos", as pequenas ações acessíveis e viáveis que podem ser praticadas no período que vai das seis primeiras semanas até seis meses e que o põem em movimento, que o apontam para a direção certa. Chamamos essas ações de "passos vitoriosos" em vez de "planos de ação" ou "táticas", para indicar que esses pequenos passos atuam como vitórias que merecem ser celebradas, exatamente como um time poderia comemorar a vitória numa partida. Na verdade, John Kotter (1995) identificou a falta de "vitórias a curto prazo" como um componente crítico no fracasso de tentativas de mudança planejadas.

Ferramentas para desenvolver as primeiras vitórias

À semelhança do que acontece com a estratégia, a ferramenta melhor e mais simples para desenvolver as primeiras vitórias é o *brainstorming* e a conversa. As primeiras vitórias atuam em dois níveis, no organizacional e no pessoal. No nível organizacional, o desafio é examinar cada estratégia fundamental e perguntar a cada uma delas: "Qual é a primeira vitória que nos fará pôr em prática esta estratégia?" Para que ela se qualifique como uma primeira vitória, três critérios simples precisam ser satisfeitos:

1. Precisa estar totalmente concluída entre seis semanas e seis meses.
2. Ser clara e específica – as responsabilidades de cada pessoa e os prazos precisam ser explicitados e compreendidos.
3. Será considerada e celebrada como uma vitória.

Se você tem uma estratégia, e apontá-la como uma primeira vitória no nível da organização, você pode começar. Deverá ser óbvio que não levará muito tempo para que você precise perguntar qual é a próxima vitória, e a vitória depois dessa, para implementar plenamente a estratégia. Mas você não precisa saber tudo isso no começo, e, de muitas maneiras, é melhor não tentar. O planejamento de uma seqüência de passos pode ser um ponto de referência, mas precisa ser flexível e aberto à mudança, para não deixá-lo cego em vez de guiá-lo.

Uma empresa que está entre as 100 mais bem-sucedidas da revista *Fortune*, com a qual trabalhei certa vez, reuniu por um dia 150 gerentes e funcionários da linha de produção para lhes pedir que especificassem pequenos passos, ou primeiras vitórias, que levariam a sua divisão particular dentro da empresa para mais perto da sua visão. Trabalhando juntos em pequenas equipes de *brainstorming*, os participantes não tiveram nenhuma dificuldade em designar dezenas de pequenas iniciativas. Os funcionários da linha de produção ficaram especialmente animados por terem sido consultados, mas ao mesmo tempo céticos com relação à possibilidade de que alguma coisa fosse efetivamente implementada. Um deles, naquela sessão, sugeriu trocar as lâmpadas incandescentes pelas novas lâmpadas fluorescentes, numa época em que poucas pessoas tinham ao menos ouvido falar nessa possibilidade. Outras empresas designaram as primeiras vitórias da seguinte maneira:

- Certa associação recolheu dez exemplos, de outras associações, de esforços voltados para a geração de uma renda não baseada em taxas ou mensalidades.
- Num distrito escolar rural, os educadores queriam participar de um novo programa de mestrado, mas estavam inseguros com relação ao custo. O superintendente procurou o banqueiro da cidade e conseguiu um empréstimo para os educadores no programa. Em decorrência desse primeiro passo vitorioso, quase 25% da equipe do distrito pôde seguir adiante e obter o grau de mestre.
- Um hospital iniciou o desenvolvimento de um novo formulário conciso de relatório para inteirar a equipe de funcionários da situação das finanças e dos recursos do hospital.

As primeiras vitórias também atuam no nível pessoal. Suponha que você tenha criado a visão pessoal que daqui a dois anos você gostaria de tirar um ano de férias e viajar pelo mundo num veleiro. Suponha também que você não tem um barco e tem apenas uma pequena experiência de navegação. Qual seria uma primeira vitória lógica e valiosa? Poderia ser pesquisar o preço dos barcos. Poderia ser descobrir três pessoas que tenham velejado ao redor do mundo durante um ano e marcar um encontro com elas. Ou poderia ser entrar em contato com um iate clube e se inscrever para ajudar a tripulação de um barco em alguns eventos vindouros, para que você possa descobrir se realmente gosta tanto assim da idéia.

As primeiras vitórias pessoais podem ser igualmente importantes dentro de uma organização. Uma das maneiras de obter vitórias pessoais é fazer com que todos os funcionários da empresa passem alguns dias revendo o trabalho que estão realizando. A incumbência seria identificar algum aspecto do trabalho que seria diferente se a visão compartilhada fosse uma realidade e a(s) estratégia(s) estivesse(m) em ação. Cada pessoa pode então perguntar: "Que aspecto do meu trabalho eu posso mudar, agora, para que nos aproximemos mais da visão compartilhada?"

Isso não acarretará importantes transformações imediatas ou atividades complexas. Mais exatamente, cada pessoa se concentra numa ou duas coisas simples que podem ser feitas em umas duas semanas que contribuirão para as estratégias e para a visão. O ideal é que haja uma maneira de registrar essas idéias, anotando os resultados previstos, em seguida verificando o resultado efetivo algumas semanas depois e, finalmente, compartilhando histórias a respeito do progresso ou da ausência dele numa atmosfera aberta. Se isso se repetir, a visão realmente torna-se uma conversa contínua a respeito de quem somos, do lugar para onde estamos indo e do que vamos fazer em seguida para chegar lá.

RASTREANDO O PROGRESSO E ADMINISTRANDO A MUDANÇA

Peter Drucker observou certa vez que afirmar que as pessoas detestam a mudança é um mito, mas que por outro lado as pessoas detestam ser mudadas. Neste ponto do planejamento do futuro preferível, você está pronto para empreender uma jornada mas encontra-se diante de dois obstáculos: como administrar a mudança e como acompanhar o progresso.

O Concerns Based Adoption Model (Hord, 1987), bem conhecido nos círculos educacionais, mas pouco conhecido na área dos negócios, é uma ferramenta eficaz para o entendimento de como administrar a mudança. Baseado em pesquisas sobre numerosos esforços para introduzir a inovação nas empresas, o modelo postula que quando se vêem diante da mudança, as pessoas atravessam um ciclo de reação regular e previsível. Esse ciclo está relacionado com o desenvolvimento, já que envolve quatro estágios de interesse que as pessoas atravessam em seqüência.

Quando uma nova idéia é introduzida, as pessoas podem inicialmente não sentir nenhum interesse por ela. Alcançam o nível informativo quando começam a perguntar no que consiste essa mudança. Quando atingem esse nível de conscientização e ficam convencidas de que entendem em certa medida a mudança, as pessoas avançam para o segundo estágio, o nível dos interesses pessoais. Aqui elas querem saber como a mudança as afetará pessoalmente. Terei um emprego? Terei que chegar mais cedo no trabalho?

Depois que os interesses pessoais são abordados, as pessoas podem seguir em direção ao terceiro nível, os interesses de administração e implementação. Nele elas refletem sobre a melhor maneira de administrar a mudança, como incorporá-la ao seu trabalho, como colaborar com os colegas. Neste estágio, os interesses giram em torno de "Como faço isto?" Finalmente, quando as pessoas se sentem à vontade no terceiro estágio, estão prontas para avançar para o quarto e último nível de interesse, voltando a focalizar a mudança ou aprimorando-a. Aqui as pessoas procuram maneiras de acentuar a mudança para que ela seja mais eficaz.

As pessoas que trabalham com um plano do futuro preferível se defrontarão com cada um desses níveis de preocupação, em si mesmas e em todas as outras pessoas no local de trabalho. Uma tarefa fundamental, portanto, é ajudar as pessoas a sair do nível inicial de interesse e seguir para o último, fornecendo-lhes recursos para que respondam às suas perguntas. As pessoas só avançam para o nível seguinte quando se sentem satisfeitas no anterior. O simples fato de você ouvir as perguntas que as pessoas fazem quando lidam com uma mudança lhe fornecerá pistas a respeito do nível em que estão e, por conseguinte, do que precisa ser abordado.

Analisamos anteriormente como é comum que as pessoas envolvidas em algum tipo de atividade de planejamento a experimentem como uma interrupção do seu trabalho, em vez de como o trabalho propriamente dito. Quando as tarefas de criação do futuro e planejamento terminam, as pessoas se sentem aliviadas porque agora, finalmente, podem "voltar ao trabalho". Quando isso acontece, a visão e as estratégias começam rapidamente a esmaecer. De vez em quando realiza-se uma reunião para tratar de uma nova estratégia, e depois a ordem do dia é "voltar ao trabalho". Uma segunda ferramenta para administrar a mudança e, neste caso, encontrar o progresso, é usar um modelo, a Figura 10.1, como um elemento de reflexão destinado a combater essa experiência comum.

O objetivo ilustrado no modelo é, com o tempo, fundir o trabalho rotineiro com o estratégico. Em vez de considerar o trabalho numa estratégia particular como uma interrupção, o trabalho rotineiro do dia-a-dia é cada vez mais vivenciado como estratégico, e o trabalho estratégico como uma rotina. Eles se tornam a mesma coisa.

O CEO de uma empresa de serviços financeiros com cerca de 250 funcionários implementou um projeto destinado a tornar a sua empresa "voltada para a visão". Depois de uma apresentação à qual compareci, fizeram-lhe a seguinte pergunta: "Agora que a sua empresa está voltada para a visão, com que freqüência vocês voltam a discuti-la? Vocês se reúnem ano sim ano não, uma vez por ano ou com mais freqüência?"

O CEO respondeu: "O que estamos fazendo agora é a visão. Todas as vezes que nós, dirigentes da empresa, nos reunimos, falamos sobre a visão e como estamos nos saindo para alcançá-la." Essa é uma pessoa que entende o valor de fundir a estratégia com a rotina.

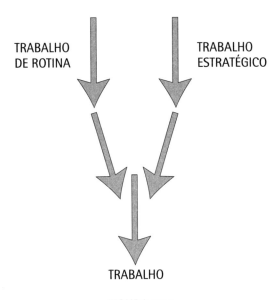

FIGURA 10.1
Trabalho Rotineiro e Estratégico

O acompanhamento do progresso

É preferível que você tenha um processo simples para acompanhar o progresso. Uma das seqüências que favorecerá o progresso em direção a uma visão é a seguinte:

1. Escolha uma direção estratégica – uma visão.
2. Especifique as estratégias fundamentais.
3. Escolha um passo inicial vitorioso para alterar a trajetória em direção à visão.
4. Fique de olho no impacto que esse passo exerce no progresso.
5. Determine se o passo vitorioso é de fato uma vitória – ele fez com que a empresa se aproximasse ou se afastasse da visão compartilhada?
6. Se o progresso for positivo, reforce a ação e crie a próxima vitória.
7. Se o progresso for negativo, determine uma nova ação.
8. Analise as novas condições atuais da empresa e repita várias vezes o processo.

Estudiosos da qualidade contínua nas suas diversas formas reconhecerão essa lista pelo que ela é, uma versão do ciclo planeje, faça, verifique, aja. O processo de acompanhamento não encerra muito mistério. A repetição freqüente desse ciclo permite que você acompanhe as condições que se modificam no ambiente, reaja a surpresas e eventos inesperados e mantenha a visão e as estratégias flexíveis e em andamento.

A utilização de um processo como esse reconhece a realidade de avançar em direção a uma visão, o que eu freqüentemente expresso da seguinte maneira. Quando você está na equipe de planejamento, talvez num retiro empresarial que está tendo lugar num *resort* luxuoso, o mundo se parece bastante com o organizado e harmonioso Modelo de Três Cones para o planejamento do futuro preferível. Mas quando você volta ao trabalho, o mundo se parece mais com o da Figura 10.2.

Em vez de linhas simples de progresso do presente para o futuro, eventos, tendências e avanços inesperados começam rapidamente a interferir, o desviam do rumo certo e talvez até encubram por completo o seu curso. Progredir e administrar a mudança torna-se um processo de ajuste permanente, enquanto você reavalia onde está e desenvolve novas ações e estratégias revistas para retomar o caminho certo.

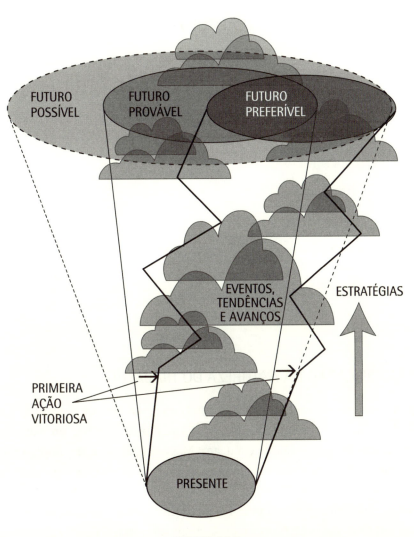

FIGURA 10.2

A Realidade do Planejamento do Futuro Preferível

CAPÍTULO 11

Adaptando a sua carreira ao futuro

Há dez anos, virei o rosto por um momento, e isso se tornou a minha vida.

– David Whyte, 1994

A MODIFICAÇÃO DA NATUREZA DO TRABALHO

O emprego tradicional de 9 às 5 começou no século XX. É claro que as pessoas sempre trabalharam, e até mesmo se definiam amplamente em função da atividade que exercem. Mas não tinham um emprego propriamente dito. Para fazer essa afirmação, precisamos definir o emprego no contexto dos séculos XX e XXI. Ter um emprego significa que você vai trabalhar para outra pessoa numa hora específica, todos os dias, e executar um trabalho que você é amplamente orientado a fazer. Em troca, você recebe segurança, a qual é proporcionada na forma de salários e benefícios, especialmente o seguro-saúde e os benefícios da aposentadoria.

Com base nessa definição, foi constatado que, em 1900, somente 13% da força de trabalho disponível nos Estados Unidos tinha um emprego, e que esse número seria semelhante, ou talvez menor, no restante do mundo. A maioria dos seres humanos exerce atividades independentes, trabalhando como agricultores, criadores de gado, vendedores ambulantes, artesãos, e assim por diante. Em seguida, a última revolução industrial teve lugar, surgiram as linhas de montagem nas fábricas e os grandes prédios comerciais, os salários aumentaram, foram inventados os benefícios, formaram-se os sindicatos e as condições de trabalho melhoraram. As pessoas deixaram as propriedades rurais que, por sua vez, foram mecanizadas para que se tornassem mais eficientes, e o século XX tornou-se o século dos empregos. Na verdade, em 1990, uma vez mais nos Estados Unidos, cerca de 87% da força de trabalho disponível tinha um emprego, e o pleno emprego tornara-se uma causa política normal. No momento, podemos perceber um padrão semelhante acontecendo na China, na Índia e em outros países em desenvolvimento.

Mas essa situação está mudando. Embora o trabalho não esteja desaparecendo, os empregos estão. Esse fato encerra profundas implicações para a sua carreira. Os empregos não podem estar desaparecendo, você poderia argumentar, já que nas ocasiões de um crescimento econômico satisfatório centenas de milhares de novos empregos são criados mensalmente nos Estados Unidos, e quando examinamos o mundo em geral, verificamos que, globalmente, estão sendo criados milhões de empregos.

A palavra "emprego" não se encaixa mais na definição do século XX. Os salários estão se encaminhando para um meio-termo, acomodando-se entre os valores baixos das nações em desenvolvimento e os elevados dos países desenvolvidos. Um fato ainda mais expressivo é que os empregos tendem cada vez menos a estar vinculados a benefícios de assistência médica e de aposentadoria. Todo um pacto sociopolítico está sendo posto em dúvida. A premissa de que todo mundo que quer um emprego terá um e que todo emprego cuidará da saúde e da aposentadoria de quem o detém está desaparecendo. Até agora não surgiu nenhum substituto, como podemos constatar verificando o número de americanos sem seguro e o percentual declinante de pessoas cobertas por pensões dos empregadores. Nada surgiu de fato até agora para solucionar o problema da redução dos benefícios.

Por mais importantes que possam ser essas questões, elas não representam a diferença mais fundamental no trabalho que irá afetar a sua carreira. Não apenas os empregos no século XX vinham acompanhados de salários e benefícios, como também tinham a tendência de se fazer acompanhar pela estabilidade. Uma carreira estável, muitas vezes com um único empregador, era uma expectativa razoável ou, até mesmo, universal.

No mundo de hoje, os empregos estão sendo substituídos, num estalar de dedos, por contratos com prazo determinado. Esses contratos a curto prazo são acompanhados de um salário mas não necessariamente de benefícios, e, por definição, são desprovidos de toda e qualquer promessa de estabilidade. Você é uma pessoa que trabalha basicamente por contrato quando vai trabalhar para uma empresa que é comprada dois anos depois e submetida ao *downsizing*, e depois você aceita uma tarefa num projeto de 18 meses em outra empresa, sabendo que o trabalho irá terminar depois desse período embora possam surgir novos projetos, e quando não aparece nenhum projeto novo você abre um negócio de consultoria em casa e consegue alguns trabalhos, mas depois de dois anos a renda não é suficiente, o isolamento o incomoda e você aproveita uma oportunidade para trabalhar numa empresa recém-criada, mas ela vai à falência três anos depois. Você consegue então um emprego numa empresa que já existe há décadas e suspira aliviado, mas após apenas 14 meses, a sua divisão é terceirizada na Indonésia e você entra em desespero, até que finalmente consegue um emprego seguro numa empresa de grande porte, mas o trabalho é frustrante e correm rumores de que ali também vai haver uma terceirização, e você não tem certeza de onde vai ficar depois que se passarem três anos. Em outras palavras, você trabalha tipicamente por contratos com prazos determinados. O número de pessoas que trabalha dessa maneira não é claro, mas Peter Drucker supunha que mais da metade dos trabalhadores estariam vivendo um estilo de vida desse tipo antes de 2020.

Durante três décadas, uma previsão futurista favorita era "sete carreiras durante a vida". Isso nunca fez muito sentido, porque até mesmo as pessoas que se dedicam a trabalhar por contrato tendem a exercer funções semelhantes em ambientes diferentes, em vez de efetivamente trocar de carreira. Duas ou três mudanças de carreira podem se tornar normais, ao lado de muitos contratos com prazos determinados, mas a situação não é tão caótica como sete carreiras poderiam sugerir. Esta é uma pista importante quando você pensa em como ajustar a sua carreira ao futuro. Em um sentido bastante fundamental, você é um negócio de uma só pessoa, equipado com um portfólio de qualificações e experiências, e existe uma forte probabilidade de que você carregue a vida inteira esse portfólio de contrato em contrato. Qualificações estáveis serão aplicadas em ambientes instáveis.

Voltaremos ao seu portfólio de qualificações num momento, mas uma outra mudança mais profunda pode estar tendo lugar no trabalho. É inteiramente realista imaginar cenários nos quais, nas próximas duas ou três décadas, uma combinação de máquinas inteligentes e um trabalho com baixos salários nos países em desenvolvimento seja capaz de produzir praticamente todos os bens e serviços necessários à população global. Em outras palavras, é possível imaginar um futuro no qual nem todo mundo tenha que trabalhar. Se não fosse mais necessário trabalhar, o que isso significaria, tanto sob o aspecto de como pagaremos pela comida que colocarmos na mesa quanto pela maneira como definiremos a nossa identidade? Essa idéia pode parecer muito forçada. Alguém poderia ter chamado Thomas Jefferson à parte em 1800 e sussurrado no seu ouvido que chegaria o dia em que somente 3% da população seriam agricultores, e não 97%, e ele provavelmente teria se desesperado imaginando o que todo mundo iria fazer. O que fizemos foi construir carros, arranha-céus e web sites. É preciso ter muito cuidado ao sugerir que no futuro o trabalho talvez não seja mais necessário, porque sem dúvida surgirão novos empregos. Talvez no futuro iremos construir automóveis com levitação magnética e elevadores espaciais, e fazer o *download* de cérebros. Só que é mais provável que essas coisas sejam feitas por máquinas realmente inteligentes com um mínimo de intervenção e supervisão humana. O fato de que milhões de empregos novos e que ainda não foram inventados surgirão nas próximas décadas é apenas uma profissão de fé. Precisamos reconhecer a possibilidade de que novos empregos não serão necessários e não surgirão e, que, portanto, nas próximas décadas os seres humanos – você e eu – nos veremos diante de uma questão profunda: "O que está subentendido que devemos fazer, se não é produzir os produtos básicos e os serviços que precisamos? Se não é mais necessário que os seres humanos façam isso, qual é o nosso propósito no mundo?"

OPORTUNIDADES QUE ESPERAM PARA SER APROVEITADAS

Quase todos os rendimentos virão de três áreas amplas nas duas próximas décadas que são: desenvolver e implementar as próximas inovações tecnológicas, responder aos dados demográficos em transformação e ajudar as instituições e as culturas a se adaptar à mudança (Knoke, 1996).

Exploramos várias tecnologias atuais, e outras de prazo relativamente curto, e cada uma delas representa oportunidades para o crescimento. Entre elas encontram-se, em particular, as três grandes: a tecnologia da informação, a biotecnologia e a nanotecnologia. Essas categorias necessitarão de cientistas e projetistas, mas também da gama de qualificações exigidas para criar e dirigir empresas que explorem essas tecnologias, como as ligadas aos recursos humanos, ao marketing e às vendas. Provavelmente haverá muita atividade na próxima era da energia, tanto na diminuição dos recursos de energia tradicionais quanto no desenvolvimento dos próximos. Grande parte da atividade será empreendedora e de alto risco. As novas tecnologias energéticas não serão tão geograficamente fixas quanto as tradicionais, pois os biocombustíveis, a energia eólica, solar, dos oceanos e outras podem ser exploradas ou desenvolvidas praticamente em qualquer lugar.

A resposta à mudança da dinâmica populacional será obviamente um setor que irá se desenvolver. As oportunidades abrangerão uma vasta gama de opções, como lidar com as populações idosas, desenvolver experiências especiais de viagens e recreação, e lidar com as migrações globais que estarão chegando à medida que as pessoas começarem a responder às forças econômicas globais e aos desafios ambientais.

Se existe uma coisa que podemos afirmar que irá caracterizar as próximas duas décadas, essa coisa será a mudança rápida e maciça. Desse modo, ajudar pessoas, organizações e sociedades inteiras a lidar com a mudança é um setor que certamente irá se desenvolver. Haverá uma crescente lista de profissões necessárias, como terapeutas, instrutores pessoais, especialistas em recursos humanos e no desenvolvimento empresarial, educadores e reeducadores, bem como negociadores internacionais.

Por meio de uma breve pesquisa na Web, é possível encontrar listas inteligentes de funções que vão desaparecer e daquelas que poderão surgir. Grande parte dessas informações é uma mera distração, mas ativa a imaginação. Quando você vir prognósticos de novos empregos para *gene-pharmers*,* aplicadores do teste de Turing, atores de realidade virtual, agentes de

---

* *Pharmer* é um cientista que cria produtos farmacêuticos incorporando DNA modificado nas células de uma planta ou animal. (N. da trad.)

turismo espacial, correspondentes de multimídia e *data miners*,* é possível que novas perspectivas se abram. Sugeri que talvez haja empregos futuros como os de personalizadores de robôs, cujo trabalho será tornar os robôs amigáveis, inventores de veículos que efetuarão uma mudança de paradigma nas viagens pessoais, e advogados maduros que trabalharão como agentes para pessoas idosas, ajudando-as a se orientar em complexos sistemas de apoio. Quando você examinar uma lista desse tipo, poderá verificar que inventar e usar novas tecnologias, responder à dinâmica populacional e ajudar pessoas, organizações e sociedades a se ajustar à mudança são de fato as categorias dominantes. Você poderá ver um fator adicional em ação. Quais são todas as coisas que as máquinas serão incapazes de fazer, mesmo as máquinas extremamente inteligentes? Os seres humanos farão o que elas não são capazes de fazer.

Embora os empregos tradicionais continuem ativos, uma quantidade cada vez maior de trabalho se tornará ao mesmo tempo técnica e pessoal, exigindo elevadas qualificações tecnológicas e interpessoais. Os obstáculos ao ingresso em todos os tipos de áreas estão menores do que nunca, porque o acesso ao conhecimento, ao capital e às redes globais está simplesmente maior do que nunca. Desse modo, sugeri recentemente a uma força-tarefa sobre treinamento no emprego do governador de um estado do oeste que parasse de pensar em como treinar funcionários e começasse a pensar em como treinar os empregadores.

O QUE VOCÊ PODE FAZER SEM MUDAR DE PROFISSÃO

Faça a si mesmo as duas perguntas seguintes. O trabalho que eu faço poderia ser feito de uma maneira mais barata em outro lugar do mundo? O trabalho que eu faço poderia um dia ser feito por máquinas inteligentes? Em categoria após categoria a resposta é sim, e, se for, você provavelmente mudará de emprego ou até mesmo de profissão em algum momento. Mesmo que a sua resposta seja não, faça a si mesmo uma terceira pergunta. Supo-

---

* *Data miners* são pessoas especializadas em pesquisar grandes volumes de dados em busca de padrões. (N. da trad.)

nha que eu permaneça saudável, que os avanços na assistência médica previstos aconteçam e eu seja simplesmente afortunado. Você talvez viva até os cem anos e só se aposente, se é que irá se aposentar, aos oitenta. Você quer fazer a mesma coisa durante sessenta anos? Enquanto você pensa se deve ou não mudar, esclarecer a sua visão pessoal e, particularmente, os seus valores torna-se algo vital.

Três táticas se destacam se você quiser prosperar na sua carreira atual. Primeiro, torne-se tecnologicamente mais competente. Se você é um imigrante digital (se tem mais de 25 anos), peça de vez em quando a uma pessoa mais jovem que o ensine a usar melhor os seus dispositivos digitais. Aprenda novos softwares. Entretenha-se com a multimídia. Examine prognósticos de tecnologia. Descubra o que está por vir.

Segundo, melhore a sua capacidade de comunicação. Não existe nenhum caminho mais simples ou mais poderoso para o sucesso. As oportunidades para aprender como fazer melhores apresentações, conduzir melhores entrevistas, escrever matérias mais interessantes e comunicar-se de um modo interpessoal num nível mais elevado são abundantes. Aproveite-as.

Finalmente, torne-se mais complexo. Observe o mundo através de uma lente com um ângulo mais aberto e de alcance mais longo. Viaje para o exterior uma vez por ano. Leia anualmente pelo menos um livro de ficção científica. Leia pelo menos um livro de administração de vanguarda por ano. Faça a assinatura de uma publicação de ciência e tecnologia e outra de economia e negócios internacionais. Descubra alguns blogs de interesse e leia-os. Em outras palavras, ingresse no mundo do futuro.

AUMENTE O SEU VALOR DE CONHECIMENTO

Quer você espere trabalhar sempre no mesmo lugar ou mudar várias vezes de profissão, você enfrenta o desafio de se manter atualizado. Isso é ao mesmo tempo mais fácil e mais difícil do que nunca. Houve uma época, há cerca de dois séculos, em que ser uma pessoa instruída significava ler uma lista de algumas centenas de livros. Não mais. Se você definir a inteligência como o percentual de conhecimento do mundo que você tem no cérebro, você está ficando mais burro a cada minuto e não há como evitá-lo. Ao mesmo tempo, você tem fácil acesso à informação e ao conhecimento ao toque de uma tecla de computador que os nossos ancestrais jamais teriam imaginado. Falamos há décadas sobre o aprendizado vitalício, e é um tanto doloroso ter que fazer isso. Mas aprender é preciso, e essa é a simples resposta ao que você necessita fazer para aumentar o seu valor de conhecimento. Pergunte a si mesmo o que aprendeu nos últimos seis meses, e como. Em seguida pergunte o que planeja aprender nos próximos seis meses e vá em frente. Embarque numa curva de aprendizado e permaneça nela.

QUARTA PARTE

EM QUE ASPECTOS OS ESTADOS UNIDOS ESTÃO NEGLIGENCIANDO O FUTURO

Quer estejamos numa pequena aldeia ou numa gigantesca corporação, em qualquer país e em qualquer tipo de trabalho, estão exigindo que trabalhemos mais rápido e sejamos mais competitivos e egoístas – e que nos concentremos apenas no curto prazo. Esses valores não podem conduzir a nada que seja saudável e sustentável, e são alarmantemente destrutivos [...]. Acredito que precisamos aprender rapidamente agora a trabalhar e viver juntos de uma maneira que nos leve de volta à vida.

– Margaret Wheatley, 2002

Estou sentado perto de um lago alpino num ponto elevado das montanhas Cascade no estado de Washington. A minha filha mais velha, de 24 anos, e eu fizemos uma caminhada aqui num belo dia ensolarado do verão de 2004. Entretanto, a nossa visão a partir deste lago, que é o mais alto na caminhada, está obscurecida pela fumaça de um incêndio na floresta, que se espalha por sobre o cume das montanhas vinda do leste. Enquanto nos sentamos numa pedra e contemplamos o lago através da bruma esfumaçada, falo com a minha filha a respeito de um livro de ficção científica que estou lendo, cujo título me escapa passados esses anos. A história se passa num mundo depois do aquecimento global. Quando começa a narrativa, partes do mundo estão tão quentes que simplesmente permanecem em chamas grande parte do tempo, enquanto enormes incêndios nas florestas e pastagens varrem o planeta. A minha intenção é apenas iniciar uma conversa, de modo que fico surpreso ao olhar para a minha filha e notar que ela está chorando em silêncio. Percebendo o meu olhar, ela diz: "Parece tão injusto que a minha geração terá que viver com a bagunça que a sua e as gerações anteriores fizeram ao planeta."

Estamos negligenciando o futuro. Podemos tentar negar esse fato, mas existem poucas dúvidas a respeito. O mundo inteiro está unido nessa negligência, mas as nações ricas e poderosas como a minha, os Estados Unidos, carregam uma responsabilidade especial, o que é a ênfase desta última seção. Aqui, neste país, não apenas podemos ver o que está acontecendo; temos os meios para fazer alguma coisa a respeito. No entanto, observamos, esperamos e não agimos, não no grau que ajudaria as gerações futuras e que também seria útil para nós.

Ironicamente, ao negligenciar o futuro, podemos também deixar escapar as oportunidades mais cruciais da nossa geração. É bem verdade que a escolha do momento certo é tudo nos negócios, e avançar cedo demais em uma oportunidade comercial conduzirá ao provável fracasso, já que a tecnologia ou o mercado não estão prontos. Mas quando não é o destino de um negócio e sim o do planeta que é incerto, esperar não é a melhor opção. Esta última parte do livro examina algumas maneiras pelas quais estamos sendo inadequados e aponta para oportunidades que estão sendo perdidas atualmente mas que, potencialmente, ainda estão disponíveis.

Vamos examinar duas esferas em particular: primeiro as questões ambientais e especialmente as mudanças climáticas globais. As oportunidades de negócios que acompanham esses desafios são, na verdade, bastante conhecidas e já estão sendo alavancadas, porém não na escala que em breve será necessária. Chamo a segunda esfera que vamos examinar de "os grandes divisores", as questões fundamentais que dividem a humanidade dentro e entre as nações. Esses divisores são menos acessíveis às soluções de negócios, mas precisam ser abordados para que dotemos o futuro de sucesso e não de fracasso.

Diante desses desafios do século XXI também se estende um caminho para a prosperidade e a sustentabilidade. Quem irá inventar o próximo tipo de energia, o próximo meio de transporte, os sistemas para sustentar uma população humana que está se urbanizando, a produção de alimentos, os sistemas de fabricação, os sistemas para administrar as finanças internacionais, as metodologias para a paz em vez de para a guerra, as inovações conceituais que derrubam muros religiosos sem que uma religião tenha que vencer, os meios para manter saudável uma população mais idosa, as ferramentas financeiras para socorrer o débito, os sistemas de racionalização do trabalho, e as políticas e tecnologias para combater o aquecimento global e sustentar o meio ambiente do futuro? Essas são as tarefas que terão que ser empreendidas pela humanidade e pelos negócios do século XXI.

CAPÍTULO 12

As exigências ambientais

Há mais de cem anos as pessoas vêm falando a respeito do efeito estufa. A tendência agora está muito clara. Se o século XXI não conseguir encontrar uma melhor maneira de se prover de energia, estaremos diante da ruína.

– Bruce Sterling, 2002

O dr. Roger Payne é um cientista conhecido pela co-descoberta do canto da baleia jubarte, pela sua emocionante série na televisão sobre as baleias e sobre as viagens do barco de pesquisa *R. V. Odyssey*. Nós nos conhecemos no final de 2004 quando promovi o primeiro World Ocean Forum. Roger provocou um silêncio aturdido ao descrever o maior problema de saúde pública que o mundo já enfrentou, o acúmulo de toxinas nos oceanos, o vasto local de despejo no qual tudo circula. Ele coletou indícios no esperma das baleias, revelando concentrações de organohalógenos (uma molécula orgânica associada ao bromo ou cloro extremamente venenosos) *dez milhões* de vezes maiores do que a concentração original lançada na água pela atividade humana e considerada perfeitamente segura no nível de liberação.

O que mais existe no oceano? Todos os "cidas" – inseticidas, herbicidas, fungicidas. Se o nome da substância termina em "cida", sabemos que se destina a matar alguma coisa. Há também o DDT (diclorodifeniltricloroetano), DDE (diclorodifeniltricloroetileno), mirex, aldrin, endrin, dieldrin, 75 variedades de dioxinas, furanos, PBBs (polibromobifenilos), PBBEs (retardador do fogo) e mais sessenta mil substâncias químicas produzidas hoje.

Uma das substâncias mais tóxicas são os PCBs (Bifenilos Policlorados). Segundo o U.S. Environmental Protection Agency [Órgão de Proteção Ambiental dos Estados Unidos], os PCBs causam câncer e exercem outros efeitos adversos na saúde, que afetam o sistema imunológico, o sistema reprodutor, o sistema nervoso e o sistema endócrino. Os PCBs são tão tóxicos que se você encontrar um frasco com uma concentração de 50 partes por milhão de PCB, você terá que jogá-lo num local de lixo tóxico. Devido ao efeito acumulativo da cadeia alimentar, Payne encontrou 400 partes por milhão em orcas no oceano, 3.200 partes por milhão em baleias-brancas no golfo de St. Lawrence e 6.800 partes por milhão em golfinhos que vivem relativamente a pouca distância da costa de importantes cidades americanas.

Esses fatos são importantes para os seres humanos porque comemos peixe. Na verdade, 70% da humanidade, mais de quatro bilhões de pessoas, apóiam-se no peixe como principal fonte de proteína animal. Os peixes que ingerimos são em sua maior parte predadores, vivendo perto do topo da cadeia alimentar – atum, peixe-espada, tubarão e peixes serranídeos, *striped bass* (*morone saxatilis*). Todos esses peixes estão altamente contaminados. Podem ser, literalmente, considerados venenosos, particularmente se são grandes e velhos. Os animais que amamentam a sua prole, como as baleias e os seres humanos, passam a concentração tóxica que carregam para os descendentes, acelerando a acumulação.

Estamos negligenciando o meio ambiente do futuro. Faço esta afirmação conhecendo muito bem as histórias de sucesso dos últimos trinta anos, a limpeza dos rios, a redução da poluição do ar, o aumento da eficiência energética, a grande redução da fonte concentrada de poluição das fábricas nos países desenvolvidos e todo o resto. Glória e fama para nós.

Mas ainda estamos sendo negligentes. A nossa negligência diz particularmente respeito às crises ambientais lentas, aquelas que envolvem milhões de ações que produzem danos mínimos ao longo de muitas e muitas décadas, até que o dano se acumula e se transforma em algo grave. Nada percebemos porque cada ato e cada liberação são tão pequenos, e porque o dano não é visível talvez durante uma vida inteira. Freqüentemente fazemos um enorme esforço para negar que exista qualquer impacto, porque não podemos vê-lo, ainda não, particularmente no que diz respeito ao oceano, ao aquecimento global e à água potável de qualidade.

Por incrível que pareça, a Terra tem pouca água potável para um planeta coberto de água. Somente 1% da água é potável e segura, o que não é muito para seis bilhões de pessoas, e, com o tempo, oito bilhões. A ausência do saneamento básico aliada à contaminação do lençol freático significa que a quantidade de água potável limpa e segura está declinando, 1,2 bilhões de pessoas não têm acesso a uma água limpa, e 2,6 bilhões não têm condições sanitárias adequadas, o que causa a mistura da água de esgoto com a água potável. Mais de dois milhões de pessoas morreram em 2004 de doenças causadas pela água, sendo que 90% delas eram crianças com menos de cinco anos de idade. Metade dos leitos dos hospitais nos países em desenvolvimento está ocupada por pessoas que sofrem de doenças relacionadas com a água. Esses números duplicarão nas próximas duas décadas se nenhuma ação for tomada para preservar a água limpa, aumentar o acesso a ela e melhorar o saneamento básico. A mudança da população para as megacidades, assunto que discutimos anteriormente, aumenta a pressão sobre a água e os sistemas de saneamento.

Como exigência ambiental, a água não parece um problema para aqueles que têm fácil acesso a ela. Até mesmo nos países adiantados, a água não está livre da contaminação, apresentando efeitos semelhantes aos das toxinas quando chegam ao oceano. Uma pesquisa constatou que a água da torneira de uma em cada 29 cidades americanas continha vestígios de pelo menos um herbicida. Mas é nos países em desenvolvimento que o problema é crítico. A água é a necessidade humana mais fundamental e a meta do programa Água para a Vida da ONU de uma redução de 50% na proporção de pessoas sem acesso à água limpa e saneamento até 2015 é muito importante.

O AQUECIMENTO GLOBAL É REAL

Três coisas ameaçam a sobrevivência humana em grande escala. O terrorismo *não* é uma delas. Ao contrário, são o choque violento de um asteróide ou cometa, uma pandemia global e o aquecimento global descontrolado. No caso dos asteróides, alguns esforços são realizados, como o exame cuidadoso do céu, para determinar a possível ameaça. No da pandemia, poucas coisas obtêm mais atenção na mídia ou ações urgentes para tomar medidas preventivas. Já o aquecimento global, apesar de 25 anos de advertências e inúmeras conferências e tratados, de um modo geral, ao que parece, ainda não nos preocupa. Uma pesquisa de opinião realizada em 2004 pela Gallup descobriu que quase metade dos americanos "não se preocupa" ou "se preocupa muito pouco" com o aquecimento global. Numa pesquisa de opinião realizada pela ABC News em julho de 2005, 66% dos americanos afirmaram que o aquecimento global não afetaria a sua vida.

Essas atitudes despreocupadas me atingiram no outono de 2004. Eu estava dirigindo uma sessão sobre tendências a longo prazo para o conselho diretor e a alta direção de uma empresa nacional de seguros. Reunidos na sala de reuniões de um *resort* perto de uma cachoeira no contraforte das Montanhas Cascade, falávamos sobre o futuro enquanto, do lado de fora, um aguaceiro de proporções históricas inundava o rio e as cachoeiras. Num determinado momento, levantei a questão das necessidades ambientais e do aquecimento global em particular. "Vocês notaram", perguntei, "como está chovendo forte?" Olhares confusos no recinto. "Bem, estamos em novembro na região nordeste do pacífico; é claro que está chovendo", veio a resposta. Eu insisti. "Mas vocês repararam quantas enchentes colossais e aguaceiros torrenciais temos tido agora, na última década, mesmo enquanto a região como um todo freqüentemente sofre de uma seca generalizada?" Resposta? "Vamos falar sobre as taxas de juros do próximo trimestre."

Eu sabia, embora aparentemente esses executivos da área do seguro não o soubessem ou, o que é mais provável, tivessem decidido não levar em conta, que durante 25 anos os climatologistas haviam previsto que entre os sinais do aquecimento global estariam padrões atmosféricos anômalos, tempestuosos. À semelhança da maioria dos altos executivos com quem me reúno, esse grupo se apoiava em alegações contrárias ao aquecimento global, que sugeriam que os dados eram insuficientes para fazer qualquer afirmação ou que qualquer aquecimento mensurável era um padrão natural a respeito do qual nada poderíamos fazer ou que em breve voltaria ao normal.

Os cientistas, numa proporção de dez mil para um, acreditam que os indícios apontam para um verdadeiro aquecimento, e que este último é fundamentalmente causado pela atividade humana, isto é, a liberação de gases do efeito estufa na atmosfera nos últimos duzentos anos. O Intergovernmental Panel on Climate Change (IPCC) [Conselho Intergovernamental sobre Mudanças Climáticas] distribuiu um relatório em 2001 concluindo que "A maior parte do aquecimento observado nos últimos cinqüenta anos deveu-se provavelmente ao aumento das concentrações de gases do efeito estufa". (McCarthy, 2001) Mais recentemente, foi realizado um levantamento das 998 pesquisas sobre a mudança climática publicadas em publicações científicas, avaliadas por especialistas, de 1993 a 2003. Todas as pesquisas analisadas por profissionais do mesmo nível concordavam que o aquecimento é real. Todas. Nem um único artigo analisado por um profissional do mesmo nível ofereceu indicações em contrário. Nenhum.

O ano de 2005 foi o mais quente desde que essa informação começou a ser registrada em 1880, dando seguimento à tendência que constata que os dez anos mais quentes já registrados na história ocorreram depois de 1990. O aumento está sendo mais sentido nas latitudes setentrionais, em particular no Ártico, que está esquentando duas vezes mais rápido do que o resto do planeta. Nessa região, um levantamento do gelo do mar realizado anualmente em setembro, uma simples foto de satélite, mostra que o gelo do mar diminuiu 20% com relação a 1979, levando os cientistas a fazer a previsão de que o Ártico poderá ficar sem gelo nos meses de verão a partir de 2050 a 2070. Pense nisso. Deixe que a idéia se agite um pouco na sua cabeça. Observe com o seu olho mental as fotos de intrépidos exploradores atravessando a imensidão gelada em trenós puxados por cães e, em seguida, observe todo o gelo transformar-se em mar aberto.

A Groenlândia é outra história de derretimento. Nesse minúsculo continente reside 10% do gelo de água doce do mundo, sendo que o restante está em sua maior parte na Antártica. As temperaturas médias na Groenlândia subiram três graus centígrados na última década. A espessura das geleiras que cobrem mais de 80% da Groenlândia está declinando um metro por ano. E as geleiras estão em movimento. Uma das maiores, a Helheim, está deslizando para o mar à razão de 33 metros por dia, quando em 2001 essa razão era de 21 metros por dia. Os cientistas hoje temem que um ponto crítico tenha sido alcançado e que o derretimento irá se acelerar. Embora as previsões convencionais sobre o aquecimento global tenham pressuposto que o derretimento da Groenlândia elevaria o nível do mar de dez para 91 centímetros no século XXI, novos modelos que levam em consideração essa recente aceleração levantam a hipótese de que outros três graus de elevação na temperatura média causarão um derretimento que poderá elevar o nível do mar em seis metros. Adeus para grande parte da Flórida e de Manhattan.

Mas ainda há mais, algo que fui informado por climatologistas em 2000 numa conferência sobre os próximos mil anos. A Corrente do Golfo é uma corrente oceânica que leva água quente do Atlântico equatorial para o norte, uma esteira transportadora de calor que sustenta o clima temperado do Reino Unido, da Irlanda e da Europa setentrional. O derretimento do gelo da Groenlândia não apenas eleva o nível do mar. O mais importante é que ele derrama enormes quantidades de água doce na extremidade norte da Corrente do Golfo. À medida que o volume do derretimento aumentar, os cientistas prevêem que a Corrente do Golfo poderá *ser bloqueada*. Eles sabem que isso é possível, porque aconteceu há 12.700 anos. Quando isso ocorreu, a Britânia, que está na verdade na mesma latitude da Sibéria, ficou coberta por *permafrost** durante 1.300 anos. Para o Reino Unido, o aquecimento global não significará que todo mundo irá usar bermudas e tomar bebidas tropicais. Significará, ao contrário, hotéis gelados. Este é um paradoxo do aquecimento global que os céticos utilizam para desacreditá-lo. Ah!, retrucam, os cientistas do aquecimento global nem mesmo conseguem chegar à conclusão se o mundo vai ficar mais quente ou mais frio. A questão é que as duas coisas irão acontecer.

O TEMPO NÃO ESTÁ DO NOSSO LADO

Só precisamos ler os últimos parágrafos ou, melhor ainda, a abrangente e detalhada documentação sobre o aquecimento global (ver as referências)

---

* *Permafrost* é o solo (incluindo rocha, matéria orgânica e a água no solo) que permanece a temperaturas inferiores a 0°C por períodos superiores a 2 anos (Everdingen, 1998). O *permafrost* pode ter uma espessura de menos de 1m até mais de 1km, e ocupa áreas muito extensas da Terra, estendendo-se por 23.000.000 km² no Hemisfério Norte. (N. da trad.)

para entender por que, bem, não queremos pensar nisso e muito menos fazer alguma coisa. Mas o tempo não está do nosso lado.

Em julho de 2005, enquanto orientávamos um *think tank* sobre o futuro do transporte em cinqüenta anos, ouvimos uma oradora, Karen Henry, de um laboratório do U.S. Army Corps of Engineers [Corpo de Engenheiros do Exército Americano] especializado na infra-estrutura de baixas temperaturas. Ela explicou como o gelo do Ártico está se derretendo, mostrando fotos de estradas que se partem quando o *permafrost* se derrete. Em seguida, ela fez uma surpreendente declaração. As primeiras migrações humanas em reação ao aquecimento global já estão acontecendo. Constatou-se que povoações do Alasca, na região canadense do Ártico, nas ilhas Vanuatu do sudoeste do Pacífico e na Nova Guiné estão sendo movidas para o interior, para escapar do declínio das banquisas, da elevação do nível do mar e da erosão. No caso dos atóis Carteret da Nova Guiné, a expectativa é que eles estejam submersos por volta de 2015. Mas isso não foi tudo o que Karen Henry prenunciou. Ao concluir a palestra, ela apresentou uma sombria especulação. "Tenho a sensação", declarou Karen Henry, "que chegará o dia em que as pessoas que moram na Flórida e na Costa do Golfo começarão a se mudar, como dizem, 'simplesmente não posso passar por mais um'." (Henry, 2005)

E depois vieram Katrina e Rita, e a pior temporada de furacões da história. Os porta-vozes do governo obedientemente dirigiram-se aos microfones para declarar: "Não existe nenhuma prova de que alguma tempestade particular seja causada ou esteja relacionada com o aquecimento global." Mas nós podemos enxergar o óbvio, quando lemos os dados sobre o Ártico e sobre as temperaturas oceânicas mais elevadas do que nunca que dão origem aos furacões.

Mais uma ilustração do aquecimento global e em seguida poderemos procurar respostas. O exemplo é de Bruce Sterling, um dos grandes escritores desta geração. O dióxido de carbono (CO_2), o principal gás liberado na atmosfera a partir da combustão de combustíveis fósseis, disparou na era do carvão e do petróleo. Em 1950, as concentrações atmosféricas eram de 310 partes por milhão. Em 2002 quando Bruce escreveu *Tomorrow Now*, haviam subido para 360 partes (enquanto escrevo este livro, as concentrações estão em 380 partes por milhão). Essas concentrações, quando combinadas a outros gases do efeito estufa, são suficientes para aprisionar um calor que se equipara a dois watts e meio de energia por metro quadrado do planeta. Dois watts e meio equivalem a uma velinha de aniversário. Desse modo, cubra a Terra com mesas de um metro quadrado, coloque em cada uma um bolinho do tamanho de uma xícara e acenda uma velinha no bolo. Essa é a quantidade de calor que está sendo adicionada no momento presente.

Daqui a dez ou cinqüenta anos, poderemos esperar que tudo isso tenha sido uma miragem, que a Terra não se aqueceu, e o nosso milênio de vida fácil continuou. No entanto, é mais provável que as gerações futuras digam, nas palavras de Sterling: "E vocês achavam que *isso* era o efeito estufa. Ah! (2002, 285)."

O EMPREENDIMENTO VERDE É O SEGREDO DA SUA SOBREVIVÊNCIA

Cada um desses três problemas ambientais críticos tem soluções que são em parte uma questão de política governamental e vontade política, e em parte uma questão de empreendedorismo nos negócios. O progresso político tem sido muito modesto, variando entre sucessos como o protocolo para reduzir os clorofluorocarbonos (CFCs) e o fracasso do Protocolo de Kyoto para reduzir o CO_2 e outros gases do efeito estufa. A retirada ostentosa dos Estados Unidos da mais recente série de negociações em Montreal, que visava à redução da emissão de gases do efeito estufa foi apenas outro golpe contra os esforços de conter o aquecimento global. A China, a Índia e os Estados Unidos recusam-se, até a presente data, a se unir à abordagem orientada para a meta, preferindo apoiar-se no mercado e na iniciativa privada. Até agora, não está dando certo, pois o Ministério da Energia dos Estados Unidos relatou em 2004 um aumento de 2% nas emissões de gases com relação a 2003, sendo o total agora 16% mais elevado do que o de 1990, que é o objetivo do Protocolo de Kyoto. Oitenta por cento das emissões de gases dos Estados Unidos são de CO_2, oriundas de combustíveis fósseis queimados para a eletricidade, o transporte, a fabricação e os processos industriais.

Para que isso possa mudar, os negócios terão que se tornar verdes e rápido. A boa notícia é que isso é possível, e os que saírem na frente ficarão ricos. A energia da transformação, como já afirmamos, será a maior oportunidade de receita deste século. A cada mês a recompensa aumenta.

Reduzir os gases do efeito estufa é excelente para o resultado financeiro. A DuPont, ganhadora do prêmio de Green Company de 2005 da *Business Week*, por exemplo, reduziu em 65% as suas emissões de gases do efeito estufa a partir de 1990, o que representou uma redução de 11 milhões de toneladas, e economizou mais de dois bilhões de dólares ao diminuir a sua energia em 7% com relação aos níveis de 1990. A Ford Motor Company compartilha metas semelhantes, e reduziu as emissões de CO_2 das suas instalações em 15% de 1995 a 2000. Mais recentemente, como comentamos anteriormente, a Ford anunciou a mais ambiciosa tentativa americana de produzir carros híbridos, embora a sua produção ainda seja dez vezes menor do que a dos japoneses.

A Environmental Protection Agency (EPA) dos Estados Unidos anunciou a iniciativa de One Million Solar Roofs [Um Milhão de Tetos Solares] no final da década de 1990 e está começando a mostrar resultados em muitos estados. Em 2004, o governador da Califórnia anunciou a iniciativa California Hydrogen Highway [Rodovia Californiana do Hidrogênio], uma visão destinada a tornar o hidrogênio disponível a todos os motoristas da Califórnia nas principais rodovias do estado em 2015. Analisamos anteriormente a promessa e os problemas relacionados com o hidrogênio, mas serão necessárias visões ousadas como essa para deter os efeitos extremos do aquecimento global. A rede européia Green Entrepreneurs oferece várias ferramentas para que as pessoas ingressem nos negócios verdes ou economizem por intermédio de práticas verdes nos negócios já existentes. A GreenBiz.com e a Sustainablebusiness.com nos Estados Unidos são apenas duas entre inúmeras redes que promovem oportunidades para negócios verdes.

No dia 13 de dezembro de 2005, a California Utilities Commission anunciou a decisão preliminar de criar a iniciativa California Solar, um programa de 3,2 bilhões de dólares com dez anos de duração para desenvolver três mil megawatts de energia solar para o estado. Dois meses antes, a mesma comissão anunciara que, avançando ainda mais, a Califórnia não compraria mais eletricidade de centrais elétricas a carvão, a não ser que essas usinas tivessem em vigor programas econômicos destinados a isolar o dióxido de carbono para que as emissões de gases do efeito estufa não excedessem as de usinas semelhantes movidas a gás natural. Em novembro de 2005, a Stirling Energy Systems, Inc., de Fênix, Arizona, anunciou planos ambiciosos de construir uma "fazenda de espelhos e motores Stirling" de dez quilômetros quadrados no deserto da Califórnia a 130 quilômetros de Los Angeles. Essa fazenda, quando concluída, poderá gerar quinhentos megawatts de eletricidade, o suficiente para alimentar trezentas mil casas. Uma fazenda de energia semelhante de 250 quilômetros quadrados em algum lugar do Deserto Americano poderia suprir toda a energia necessária no país em 2005, embora a quantidade de alumínio, aço e outros materiais necessários reduziria a produção nacional típica desses produtos.

Onde estão as oportunidades da próxima década? Onde o futuro se transformará em receita? A energia eólica, a pilha voltaica, o motor Stirling, a energia nanossolar, a biomassa, a biotecnologia para produzir hidrogênio, a reestruturação e o retroajustamento de cidades das áreas afastadas, além dos subúrbios, para o centro, a arquitetura verde, a eficiência energética, sistemas de iluminação LED para substituir as lâmpadas incandescentes e a vapor, água quente sob demanda, sem necessidade de reservatórios, isolamento, isolamento do carbono, bombas de aquecimento feitas com nanotubos de carbono, carros híbridos, carros superleves de fibra de carbono e carros de aço leves acionados por células híbridas ou mesmo pequenas células a combustível, transporte público, construção de calçadas, bicicletas, bicicletas motorizadas, veículos híbridos de plugar, melhores baterias, nanobaterias, softwares para controlar a energia, geração de energia distribuída de todos os tipos, aquecimento, ventilação e ar condicionado, softwares para revender a energia para a rede, dispositivos inteligentes, co-geração, células a combustível de hidrogênio in loco, e sistemas de energia oceânica são apenas algumas das oportunidades disponíveis, e desesperadamente necessárias.

Eis uma dica sobre onde você pode ganhar algum dinheiro. A Microsoft, uma empresa madura, está crescendo hoje 8% ao ano. A energia solar está crescendo 20% ao ano e a energia eólica 24% ao ano. Imagina-se que ambas irão crescer na era de custos elevados do petróleo em que nos encontramos. É mais arriscado, mas o potencial é enorme.

A mudança climática não é a única área para os negócios verdes; é apenas a maior e mais urgente em escala maciça. Na área da água limpa e do saneamento, as oportunidades são inúmeras. Um produto do ano de 2005 em muitas listas é o LifeStraw, um simples filtro de água num grande canudo plástico da Vestergaard na Suíça. Ele custa apenas três dólares e pode ser literalmente mergulhado em qualquer fonte de água, sugado, e os filtros tornam a água potável. A Vost Water Systems, uma das inúmeras empresas que estão buscando soluções, produz um sistema de saneamento que faz a reciclagem do lixo numa superfície 90% menor, usando substancialmente menos energia do que os sistemas convencionais. É uma tecnologia simples, que usa uma haste vertical em vez de um vasto campo, e parece altamente interessante tanto para as nações desenvolvidas quanto para os países em desenvolvimento. A economia de energia por si só seria uma contribuição importante para reduzir as emissões de gases do efeito estufa.

Finalmente, a questão das toxinas do oceano, com a qual iniciamos este capítulo, também está disponível para oportunidades de negócios, até mesmo para pequenas empresas. A tarefa básica é evitar que substâncias nocivas entrem no oceano. Em muitos casos, a eliminação é na verdade relativamente fácil – você as oxida ou as reduz quimicamente, de alguma maneira, a moléculas inócuas. Nós simplesmente não nos preocupamos grande parte do tempo. Essa atitude não é mais aceitável. Numa escala mais ampla, estamos falando de importantes protocolos internacionais e de programas e produtos de prevenção da poluição em escala industrial.

Pondo de lado outras necessidades ambientais, quando olharmos para trás acredito que veremos que o ano de 2005 marcou o ponto crítico do aquecimento global, o ponto no qual os indícios se tornaram, lamentavelmente, irrefutáveis, e o público convenceu-se de que o aquecimento global é real. As únicas perguntas agora são "O que vamos fazer?" e "Existe tempo para isso?"

CAPÍTULO 13

Os grandes divisores

*Novas e criativas abordagens são necessárias para converter a pobreza
em uma oportunidade para todos os interessados.*

– C. K. Prahalad, 2005

Muitas coisas nos dividem hoje em dia, entre elas a renda, a educação, o acesso à tecnologia e a religião. Esses divisores ameaçam o futuro. A divisão é profunda na história humana, porém não inevitável. "O outro" é sempre imaginado como além do horizonte, depois da curva, esperando para nos destruir. Os políticos gostam muito de nos prevenir contra "o inimigo" que "espreita". Os recursos tecnológicos do futuro poderão encerrar ou expandir esses divisores. Pequenos grupos de pessoas coléricas e descontentes podem causar um grande dano. Os divisores fundamentais representam um freio na nossa jornada participativa em direção ao futuro, impedindo que alcancemos a prosperidade e o nosso verdadeiro potencial enquanto humanidade. Esses divisores colocam os negócios diante de responsabilidades, porém, mais do que isso, diante de oportunidades.

Existem também os divisores relacionados com a raça e o sexo, o acesso à assistência médica e a exposição a doenças como a AIDS e a malária. Existem divisores no grau de poder político e de liberdade. Embora a diferença seja, com freqüência, a nossa maior fonte de poder, as divisões são fraquezas ou áreas nas quais ainda precisamos evoluir.

O DIVISOR DA RIQUEZA

Bucky Fuller, como foi ressaltado anteriormente, acreditava que no final da década de 1980 a humanidade teria adquirido a conectividade, tecnologia e conhecimento indispensáveis para permitir que bilhões de "milionários" vivessem juntos neste planeta, se ao menos dedicássemos a nossa inteligência à vida e não às armas como ele costumava dizer, e aplicássemos a nossa inteligência a um trabalho mais talentoso. Só que não fizemos isso.

Dos seis bilhões de pessoas que habitam o planeta, cerca de três bilhões vivem com menos de dois dólares por dia. Isso é surpreendente, se examinarmos a história. Até cerca de 1820, a experiência mais comum no mundo era a pobreza. Em seguida, o que hoje chamamos de mundo desenvolvido iniciou uma ascensão econômica. Alimentada por vantagens geográficas, pelo carvão e depois pelo petróleo, pelo acesso à tecnologia, pela relativa liberdade política e econômica e, mais tarde, pelo império mundial, a diferença de renda entre os países ricos e os países pobres saltou de uma razão de três para um em 1820, para mais de noventa para um nos dias de hoje. Um por cento da população mundial possui mais de 50% da riqueza global, e algumas centenas de pessoas que estão no topo são mais ricas em conjunto do que os 2,5 bilhões no planeta que estão na parte inferior.

A diferença de renda nos Estados Unidos está aumentando à medida que aparentemente tentamos recriar a Idade Dourada do final do século XIX. Vivemos numa época na qual um pequeno percentual no topo da pirâmide da renda está acumulando enormes fortunas, várias propriedades e dispendiosos iates. O sistema tributário foi reorganizado para permitir que os muito ricos acumulem cada vez mais enquanto desloca a carga tributária para os assalariados. O corte dos impostos federais de 2003, por exemplo, devolveu 93 mil dólares para cada milionário e 217 dólares para cada trabalhador com uma renda intermediária.

Segundo todos os indicadores, os salários se estagnaram desde o início da década de 1970, em condições reais. Nesse meio tempo, para compensar essa situação, tanto o marido quanto a mulher passaram a trabalhar fora e, mais recentemente, as pessoas passaram a ter mais de um emprego. Entre 2000 e 2005, o salário das pessoas que estão entre os 20% inferiores caiu 7,8%, de 11.141 para 10.264 dólares anuais. No caso dos 20% seguintes, a renda média caiu 5,7%, indo de 27.818 para 26.241 dólares por ano. Nesse meio tempo, a diferença entre a parte de cima e a de baixo aumentou. As pessoas que estão entre os 20% superiores ganham hoje 15 vezes a renda média das que estão nos 20% inferiores, quando essa mesma diferença em 2000 era de 12 vezes.

A pobreza está aumentando nos Estados Unidos. O índice de pobreza oficial é de 19 mil dólares anuais para uma pessoa e de 29 mil dólares para uma família de quatro pessoas. De acordo com esse parâmetro, 37 milhões de americanos vivem na pobreza, o que representa 5,4 milhões a mais do que em 2000. O índice de pobreza nos Estados Unidos excede o de outros países na Organização para Cooperação e Desenvolvimento Econômico (OCDE). "A desigualdade da renda é elevada e está aumentando nos Estados Unidos em comparação com o restante da OCDE. Na parte inferior da escala da renda, os índices de pobreza dos Estados Unidos são mais elevados e os padrões de vida são mais baixos do que os da parte inferior de economias semelhantes. Além disso, a mobilidade de renda parece ser *mais baixa* nos Estados Unidos do que em outros países da OCDE." (Mishel, 2005) Embora a pobreza no estilo americano possa não ser comparável à pobreza da América Latina ou da África, mesmo assim ela é real e debilitante. Este fato é particularmente verdadeiro no que diz respeito às crianças, 21% das quais vivem na pobreza nos Estados Unidos. Além do mais, a pobreza está se tornando mais crônica, até mesmo perpetuando a si mesma, já que quase 15% da população vive num estado de "pobreza permanente".

A conclusão é simples. Podemos disfarçar as estatísticas econômicas, apontar para os valores da moradia que sobem vertiginosamente, alardear o aumento do PIB que pouco significa para os assalariados de nível médio, mas a realidade é que o divisor da riqueza está crescendo nos dias de hoje, o que, com o tempo, tornar-se-á profundamente problemático. Essa diferença não seria tão alarmante, se todos estivessem se beneficiando, mas esse não é o caso, como é evidenciado pelos números deste século.

O DIVISOR EDUCACIONAL

É claro que tudo funciona em conjunto. Nos Estados Unidos de hoje, se a sua família ganha mais de 75 mil dólares anuais, você tem 69% de chance de se formar na universidade. Já se a sua família ganha entre 25 mil e 75 mil dólares anuais, a sua chance cai para 49%. Mas se a sua família está abaixo da linha de pobreza por volta de 25 mil dólares anuais, a sua chance de cursar quatro anos de faculdade não ultrapassa os 17%. Uma pesquisa longitudinal realizada pelo Ministério da Educação dos Estados Unidos entre 1998 e 2005 constatou que a renda familiar era um indicador muito melhor do que os resultados dos testes para determinar se um aluno iria concluir a faculdade. Alunos com renda elevada e resultados fracos nos testes ainda têm mais probabilidade de concluir a faculdade do que os alunos de baixa renda com bons resultados nos testes.

Como estamos reagindo a essa desigualdade? Aumentando o custo da instrução de nível superior e, simultaneamente, reduzindo os fundos disponíveis para os alunos de baixa renda, particularmente as bolsas de estudos. Compare esta situação com a que se seguiu à Segunda Guerra Mundial. De que maneira os Estados Unidos construíram, nos 30 anos que se seguiram a essa guerra, a classe média maior e mais bem-sucedida financeiramente que o mundo já conheceu? A resposta pode ser encontrada basicamente na GI Bill (Lei de Desmobilização). Essa lei prometia e proporcionava aos soldados que voltavam da guerra quatro anos de instrução superior, independentemente da sua renda. Nenhuma política na história fez mais para criar uma sociedade igualitária, com possibilidade de ascensão social do que essa, e quando ela enfraqueceu, a classe média começou a enfraquecer com ela.

Os divisores educacionais se refletem no índice de alfabetização dos Estados Unidos. Estima-se que 37 milhões de americanos, ou seja, um em cada dez, sejam funcionalmente analfabetos, segundo o relatório de 2005 do Ministério da Educação Americano. Os Estados Unidos estão em décimo quinto lugar entre trinta países no que diz respeito à capacidade de leitura, e essa defasagem custa ao país 158 bilhões de dólares de acordo com uma estimativa.

O acesso mundial à educação pode ser profundamente discrepante, particularmente no que diz respeito às mulheres. A ONU estima que dois terços dos analfabetos do mundo sejam mulheres, algumas em decorrência de limitações nacionais ou culturais que negam a educação às mulheres. Ao mesmo tempo, houve um grande progresso internacional na educação a partir da década de 1990. Somente 50% das crianças em idade escolar no mundo estavam matriculadas na educação secundária em 1990, mas em 2002 esse número aumentara para 65%. Esse percentual cai para 50 se a ênfase for apenas na educação secundária superior (equivalente ao segundo grau, ou ensino médio), mas mesmo assim a melhora foi significativa. Os índices mais baixos estão na África, onde em alguns lugares a participação cai abaixo de 40%. Este percentual contrasta com o da China, país em que as taxas são de 97%, enquanto estão acima de 90% na Malásia.

A defasagem mundial se amplia quando se trata do ensino superior. Na Europa e na América do Norte, a média é de três anos, mas na Ásia e na América do Sul, a média cai para um ano. Isso apesar do rápido crescimento em direção a uma média de dois anos de educação superior na China. Na África, o terceiro grau não exerce nenhum impacto, pois o número médio de anos na escola é apenas 7,8. O ensino superior só ultrapassa um ano na África do Sul e na Tunísia. Na Índia, a média é menor do que meio ano. A educação média de terceiro grau que os dez países do topo proporcionam aos seus cidadãos é trinta vezes maior do que a dos dez países da base. É preciso lidar com esse divisor.

O DIVISOR DIGITAL – O ACESSO À INFORMAÇÃO E À TECNOLOGIA

É interessante que o divisor que talvez tenha recebido mais atenção nos últimos dez anos seja o digital. Quando os computadores eram raros e muito caros, surgiram preocupações a respeito da possibilidade de eles se tornarem ferramentas que somente a elite poderia ter, enquanto os pobres ficariam muito para trás. O divisor tem sido bastante real e está obviamente relacionado com a pobreza, a alfabetização e a geografia. O acesso está melhorando à medida que os custos estão caindo. Nos Estados Unidos, 63% das famílias com renda anual inferior a vinte mil dólares têm computadores, e esse percentual sobe para 93% no caso das famílias cuja renda é superior a setenta mil dólares por ano.

No mundo como um todo, a capacidade de ter um computador pessoal estava e obviamente ainda está fora do alcance da maior parte da população. Mas as pessoas são engenhosas e a propriedade da tecnologia talvez não seja tão essencial quanto possamos imaginar. Locais de acesso público à Internet estão explodindo ao redor do mundo, como as ONGs ou telecentros mantidos pelo governo, e os Internet-cafés, que estão surgindo em toda parte. Estes últimos estão se revelando vitais. Muitas pessoas que nunca viram um computador estão vendo os resultados de buscas na Internet, que são impressas e liberalmente passadas adiante.

Além dos computadores estão os telefones celulares e, neste caso, a propriedade individual está crescendo à taxa de milhões por mês. A Índia terá quinhentos milhões de telefones celulares este ano. A China tem uma base instalada de 250 milhões. O Brasil atingiu os quarenta milhões. E, ao contrário do conceito popular, os pobres estão muito bem informados a respeito da tecnologia da informação. Numa das áreas mais pobres da Índia, onde a renda diária de dois dólares é comum, 85% dos lares possuem uma televisão, e mais de 20% agora têm telefone.

Avançando, o divisor digital mais significativo será o acesso às redes de alta velocidade, geralmente wireless ou móveis. Um recente relatório do World Bank descobriu que 77% da população mundial vive hoje ao alcance de uma rede móvel, o que é um número impressionante se levarmos em conta que há alguns anos, antes da Internet e antes do telefone celular, era comum lamentarmos que dois terços da população mundial vivia a mais de duas horas a pé do telefone mais próximo.

A RELIGIÃO

A religião será a morte de todos nós? Estou fazendo esta pergunta com toda sinceridade. O último e mais problemático divisor é a religião. Parece que os seres humanos sempre buscaram explicações sobrenaturais para o desconhecido e o misterioso. Como todos sabemos, nos últimos séculos as pessoas se fixaram numa série de livros, escritos há centenas ou milhares de anos, como a palavra final da busca. E essa decisão conduziu ao maior de todos os divisores.

Existem três problemas. Primeiro, há mais de um livro, e cada um afirma ser o único e definitivo. Segundo, esses livros foram escritos por homens que viveram numa época pré-científica, pré-iluminismo racional e pré-tecnológica. Se fossem escritos por pessoas instruídas dos nossos dias poderiam ser substancialmente diferentes. Além disso, os livros e os textos secundários foram, em sua maioria, escritos por pessoas que viveram anos, décadas ou séculos depois da ocorrência dos eventos que descrevem. Terceiro, e o que é mais crítico, os seguidores de cada livro afirmam, e de fato acreditam, que as palavras precisas foram escritas ou, no mínimo especificamente inspiradas, pelo deus especificado no livro, e assim os seguidores suspendem a razão e se apóiam na fé quando avaliam a verdade ou o valor do livro em questão.

Os seguidores de cada um dos livros principais se dividiram agora em "moderados" e "fundamentalistas". Os moderados dizem que o livro em questão é uma "história". Os escritores podem ter sido inspirados, mas não precisamos acreditar que todos os elementos da história sejam verdadeiros; preferivelmente, devemos permitir apenas que as mensagens contidas na história orientem a nossa fé. Os fundamentalistas insistem em que o livro em questão é a palavra única, completa e infalível do deus em questão, que os eventos descritos no livro são verdadeiros em cada detalhe factual, e que isso deve ser inquestionavelmente aceito.

Os fundamentalistas de cada livro, autorizados pelos moderados, insistem agora em que o jogo mais importante no mundo é a fatia do mercado religioso. No caso dos dois livros dominantes, o do cristianismo e o do islamismo, essa busca da fatia do mercado alcançou um nível de exaltação, em grande parte devido ao dinheiro e ao poder que cabem àqueles com a maior fatia do mercado. Por conseguinte, a religião deixou de ser uma questão privada na quietude do coração ou de um aposento e passou a envolver uma mega-igreja, o clangor das músicas, correntes de ouro em profusão, bombardeios suicidas ou milhões de fiéis fazendo uma peregrinação.

As pessoas sempre estiveram dispostas a morrer pela sua fé particular, mas essa disposição parece estar tão intensa hoje quanto o era na Idade Média, e ampliada pelas armas modernas, a comunicação instantânea e as viagens rápidas. Além disso, os fundamentalistas de cada livro chegaram à conclusão de que é essencial neste ponto da história fundir a sua religião com o governo e passar a governar de acordo com a fé e não com as leis seculares. No entanto, como afirmou Frank Herbert na *Dune Trilogy,* "Quando a religião e a política viajam na mesma carroça, segue-se um vendaval".

O deslocamento para o controle se fez acompanhar de um ataque furioso à ciência e à própria razão.

Tudo isso me impressiona como perigoso, talvez tão perigoso quanto qualquer outra coisa que ameace o nosso futuro. Obviamente contribuiu para o terrorismo e o conflito que têm caracterizado este século, embora eu me apresse em acrescentar que de todas as ameaças que enfrentamos, o terrorismo é a mais superestimada (B. Friedman, 2005).

Harris (2005, 15) sustenta que "Demoramos a reconhecer a intensidade com que a fé religiosa perpetua a desumanidade do homem para com o seu semelhante". Ele apregoa que precisamos enfrentar três mitos para aceitar esse fato, uma tarefa que ele afirma persuasivamente ser urgente. O primeiro mito é a idéia de que a fé oferece coisas boas que não podem ser conseguidas em outro lugar. O segundo é que os atos terríveis praticados em nome da religião, como levar aviões a se chocarem contra edifícios são, de algum modo, resultado de algo diferente da fé. E o último mito é que não devemos jamais falar sobre essas coisas de uma maneira que desafie o conceito completo da fé ou da religião que existe atualmente, porque a religião é ao mesmo tempo fundamental para o ser humano e divinamente inspirada, não estando, portanto, sujeita à discussão.

TRANSFORMANDO OS DIVISORES EM FUTUROS PREFERÍVEIS

Este século e o anterior nos ensinaram que os grandes divisores podem retardar o progresso econômico, causar uma grande miséria ou até mesmo nos matar. Entretanto, hoje é possível encontrar caminhos para superar esses divisores, caminhos que ocorrem sob a forma de negócios e parcerias de política pública, e de idéias inovadoras.

Vamos começar com o divisor da renda e da pobreza. Novos modelos que contêm a perspectiva de acabar com a pobreza no mundo estão surgindo de forma radical. Embora essa seja uma declaração extravagante e irrealista, é uma visão de 15%, ou seja, uma visão que não sabemos totalmente como realizar, mas que tentamos mesmo assim porque ela é muito importante. Várias idéias apareceram nos últimos anos, cada uma delas estimulante, cada uma delas até mesmo capaz de criar uma receita comercial que poderá posteriormente ser usada para levar a visão adiante. Jeffrey Sachs

(2005), falando em nome do projeto do Milênio da ONU e de uma comunidade de negócios esclarecida, expôs a visão relatando a história de John Maynard Keynes que escreveu durante a Grande Depressão a respeito do seu sonho de acabar com a pobreza nos países desenvolvidos no final do século XX.

Uma estratégia fundamental contra a pobreza mundial tem sido o método de financiamento conhecido como microcrédito (Yunnas, 2003). As pessoas pobres são assediadas por muitos problemas, mas o crédito é um dos principais. Nas grandes favelas das grandes metrópoles do mundo, o crédito pode estar disponível, porém quem o oferece é um déspota ou intermediário do local, a uma taxa de juros de 600% ao ano. Quando uma instituição financeira legal aparece ou é criada para fornecer o microcrédito, um empréstimo de apenas 25 ou 30 dólares com uma taxa de juros anual de 25% é suficiente para respaldar o empreendedorismo local. A taxa, embora alta de acordo com os padrões do mundo desenvolvido, é muito baixa no âmbito local, porém elevada o bastante para permitir que a instituição financeira tenha lucro e continue a oferecer os empréstimos.

Os microempréstimos não são a única história. Prahalad (2005) ofereceu o salto conceitual com uma idéia incrível que poderá não apenas reduzir a pobreza no mundo como também possibilitar o florescimento da economia global. Simplesmente, existe uma "fortuna na parte inferior da pirâmide". Prahalad expõe um programa de múltiplas questões para redefinir os pobres do mundo, mesmo para aqueles que ganham dois dólares por dia, como um mercado e não como vítimas. Para ser posto em execução, o programa precisaria de grandes inovações nos produtos, serviços e parcerias com os pobres. O projeto de Nicholas Negroponte, do MIT Media Lab e de uma empresa sem fins lucrativos chamada One Laptop per Child, em colaboração com a Quanta Computing, aborda essa inovação. Eles pretendem introduzir um laptop de cem dólares no mundo em desenvolvimento nos próximos anos. Uma produção chinesa de um computador na faixa de cinqüenta a oitenta dólares seria um concorrente adequado.

A questão central é que individualmente os pobres são impotentes, mas como um mercado agregado são gigantescos. Se as empresas conseguissem pegar essa onda nos próximos anos, esse divisor poderia ser reduzido de uma maneira que jamais ousaríamos acreditar ser possível.

O divisor educacional também está disponível para a inovação comercial revolucionária. O Project Inkwell de Mark Anderson é um esforço empreendedor para levar os computadores desktop para todas as crianças que freqüentam a escola nos Estados Unidos e no mundo. O aprendizado online por intermédio de *role playing games* (RPG* jogados por uma quantidade maciça de jogadores) ainda não penetrou o mercado educacional de uma maneira deliberada, mas o aprendizado que tem lugar dentro desses mundos virtuais, se planejado e acessado, poderia ser uma incrível ferramenta de instrução. Além disso, está a utilização de dispositivos portáteis wireless para o aprendizado *just in time*. Uma pessoa em qualquer lugar do mundo deveria ser capaz de fazer uma pergunta ao seu telefone celular e receber uma lição educacional a qualquer hora, por uma pequena taxa ou talvez em troca de ouvir um anúncio com dez segundos de duração.

Transformar o divisor digital em futuros preferíveis presta-se a várias oportunidades, cuja maioria está inserida dentro dos projetos que lidam com a pobreza e a educação. Apenas começamos a captar a energia empreendedora que estará disponível quando quase 100% da população mundial estiver ao alcance de uma rede wireless, e outros milhões de pessoas adquirirem a cada mês os seus *handsets* ou acesso compartilhado. As histórias de pescadores na costa da Ásia que continuam a pescar com os seus métodos centenários, mas que fazem uma pausa em alto-mar com a pesca do dia para fazer ligações no celular para saber que tipo de peixe cada mercado necessita e onde os preços estarão mais vantajosos, são apenas o começo.

E, finalmente, temos a religião. De que maneira os negócios podem lidar com esse divisor quando um número tão grande de homens e mulheres de negócios endossam os mesmos livros e, em particular, a mesma moderação ou fundamentalismo na sua fé que torna essa fé e as divisões resultantes desta última inacessíveis ao diálogo? Não sei a resposta para essa pergunta, mas sei que o diálogo precisa ter lugar. Podemos começar com o fato óbvio de que todo negócio é global. Os divisores e a intolerância religiosa são incompatíveis com isso. Além do mais, uma economia baseada no valor do conhecimento dependerá de pesquisas e descobertas científi-

---

* Jogo no qual cada jogador personifica um personagem particular e inventa situações e eventos sem um roteiro preparado de antemão. (N. da trad.)

cas, o que acontecerá melhor num ambiente no qual a fé esteja aberta ao questionamento. Essa descoberta certamente não aconteceria num ambiente no qual a fé não fosse questionada e sim usada para determinar decisões políticas.

Uma possível abordagem tem sido os diálogos sobre a questão de se a religião "será a nossa morte". O reverendo David Brown e eu temos conduzido esse tipo de diálogo. Neles, encorajamos os participantes a investigar se a humanidade deve transcender a religião, ou, considerando-se a pequena probabilidade de isso acontecer, ou por não desejar que aconteça, se ela deve procurar uma maneira melhor de praticar a religião. Essas sessões exibem um modelo de diálogo sobre a fé que é aberto, ponderado e progressivo, sem ser exclusivo.

"O que poderia fazer com que bilhões de pessoas reconsiderassem as suas convicções religiosas?", pergunta Sam Harris (2005, 224). Eis o que ele responde:

> Ainda assim, é óbvio que uma completa revolução na nossa maneira de pensar poderia ser realizada numa única geração: se pais e professores apenas respondessem com sinceridade às perguntas de cada criança. As nossas dúvidas a respeito da viabilidade desse projeto seriam moderadas pelo entendimento da sua necessidade, pois não existe nenhuma razão que nos leve a pensar que poderemos sobreviver indefinidamente às nossas diferenças religiosas.

Esses grandes divisores e os outros que apenas mencionamos podem evoluir de várias maneiras. Se forem desconsiderados, os divisores poderão aumentar, resultando em sofrimento, tumulto e até mesmo em derramamento de sangue. Se abordados de um modo construtivo, os grandes divisores poderão diminuir e ser resolvidos, causando um aumento da energia criativa no mundo. Como diz o personagem Viajante do Tempo em "The Toynbee Convector" (Bradbury, 1988, 10), "Você entende esta questão, não é mesmo? Criar sonhos e colocar cérebros, idéias, a carne e o que é verdadeiramente real abaixo dos sonhos".

CAPÍTULO 14

Uma visão para o século XXI

Certa vez o tempo era dividido em passado, presente e futuro. O passado se espelhava nas imagens reconstruídas da história. Os presságios do futuro eram vistos em imagens construtivas do futuro. A nossa época, no entanto, só conhece um presente contínuo. Entre o presente e o tempo cosmológico existe apenas um vácuo. Sob o aspecto qualitativo, o tempo não é o mesmo que antigamente. A interação milenar entre as imagens do futuro e o curso do tempo foi abruptamente interrompida.

– Fred Polak, 1973

A ESPAÇONAVE TERRA NÃO É UM CONCEITO OBSOLETO

Você se lembra da "espaçonave Terra?" A idéia era simples. Somos a tripulação, numa única nave, navegando através do espaço vazio. O que acontecer a qualquer membro da tripulação ou à nave afetará a todos. Mais recentemente, uma nova idéia cultural criou raízes e pode ser expressa da seguinte maneira: "Estamos todos nisso, sozinhos." Fala-se constantemente da sociedade do controle privado, das contas individuais, da responsabilidade pessoal em todas as coisas e jamais da responsabilidade social, ao lado do permanente esforço de identificar inimigos lá fora. As idéias encerram um certo encanto, mas num nível profundo dizem que você está sozinho, que todo mundo o está perseguindo e que a meta é a mera sobrevivência dos mais aptos. Ironicamente, aqueles que apregoam com mais firmeza essa idéia freqüentemente afirmam não acreditar na evolução baseada na sobrevivência dos mais aptos. Mas não estamos nisso sozinhos, e a espaçonave Terra não é um conceito obsoleto. Estamos todos aqui, em um único planeta que se projeta no espaço.

COMO TRANSFORMAR A RECEITA NO FUTURO

O tema deste livro é transformar o futuro em receita. Se você o leu com atenção do começo ao fim, provavelmente o terá vivenciado como uma espécie de viagem estranha. Começamos descrevendo futuros prováveis e possíveis, bem como as oportunidades de receita resultantes. Em seguida mudamos abruptamente para modelos mentais e técnicas para escolher futuros preferíveis e, finalmente, tratamos dos desafios críticos futuros que nos ameaçam. Ao fazer a viagem completa, você talvez tenha descoberto um código oculto. Transformar o futuro em receita é apenas a metade de uma equação. A outra metade envolve como transformar a receita em futuro. Afinal de contas, este é o verdadeiro resultado que queremos. A receita não tem valor sem um futuro. Concluímos então com algumas idéias sobre como transformar a receita no futuro preferível.

O século XXI começou mal. É difícil defender uma posição contrária, apesar dos muitos avanços promissores na área da ciência e da tecnologia, bem como na dinâmica da população. Não chegamos ao século XXI que todos esperávamos quando o milênio estava se aproximando. Estamos agora diante de um desafio – reiniciar o século.

IMAGENS DO FUTURO

Para muitas pessoas, a imagem do futuro mudou no outono de 2001, quando pareceu que uma visão do futuro terminara e uma imagem nova e menos auspiciosa emergira. Literalmente, a esperança e o futuro foram estraçalhados. Você já reparou no quanto a nossa visão atual do futuro está sujeita à crença de que as coisas estão ruins, piores do que nunca, e piorando a cada momento?

Talvez o mais interessante seja observar como algumas pessoas ficam satisfeitas com essa sombria avaliação do futuro. Algumas delas parecem estar positivamente tontas com o fato de as coisas parecerem tão ruins. Mas o que acontece quando uma proporção crescente da sociedade adota uma visão decadente do futuro? Isso tem importância?

No início do século XXI, as nossas imagens do futuro foram dominadas por vastas forças impessoais, entre elas a globalização, a turbulência da economia, a rápida mudança da ciência e da tecnologia, e os maciços movimentos políticos e religiosos. Robert Heilbroner (1996) afirmou que essas forças eram geralmente consideradas benignas e positivas em períodos históricos anteriores, mas recentemente passaram a afigurar-se potencial ou ativamente ameaçadoras ou perigosas. Tanto nas regiões mais adiantadas do mundo quanto no mundo em desenvolvimento, a visão do futuro assumiu essa tendência assustadora. A imagem atual do futuro é marcada por um novo grau de pessimismo.

Embora não se saiba ao certo, acredita-se que ao longo da maior parte da história humana as pessoas acreditavam que as coisas não iriam mudar, pelo menos não muito. O grau de mudança que ocorria durante o tempo de vida de uma pessoa, que girava em torno de trinta anos, era tão pequeno que o mundo provavelmente dava a impressão de ser estável. Em seguida, entramos num período da história, que coincide em linhas gerais com a era da revolução industrial, no qual as pessoas passaram a acreditar que as coisas iriam mudar, cada vez mais rápido. Além disso, a expectativa predominante era que a mudança seria para melhor.

Hoje em dia, as pessoas continuam a acreditar que as coisas irão mudar, mas muitos agora acreditam que essa mudança será para pior. O que será pior? Qualquer coisa que lhe venha à cabeça: o meio ambiente, a provisão de alimentos, as doenças, a superpopulação, o aquecimento global, o terrorismo, a ética comercial, a economia, o comportamento dos jovens, e assim a lista continua. Certa pessoa comentou comigo depois de um discurso bastante otimista e positivo que proferi sobre o futuro no final da década de 1990: "Eu sabia que as coisas estavam mudando, mas não imaginei que fosse de uma maneira tão desfavorável."

Não está claro que essa imagem tão negativa do futuro tenha se tornado dominante na nossa época. Não obstante, está claro que o futuro é considerado bastante incerto, e que muitas pessoas acham que é bem provável que ele seja pior do que o presente. Essa visão mais cética do futuro encerra algumas conseqüências positivas. O efeito positivo mais importante é um cuidado bem maior com relação à tecnologia negligente, à desigualdade social e à exploração, quando comparado com a confiança cega de que as coisas por si só sempre ficarão melhores.

No entanto, também existe um custo, custo este que se reflete mais acentuadamente numa mudança em direção a uma crescente proporção de pessoas que adotam uma imagem do futuro marcada pelo desânimo e pela estagnação, e, em última análise, pela desesperança.

Compare essa imagem sombria do futuro com a de um visionário como Buckminster Fuller, que afirmou que somente a partir da década de 1980 o mundo havia chegado a um nível de conhecimento tecnológico, científico e imaginativo, bem como uma conectividade suficiente, para que agora fosse viável manter a humanidade no planeta num elevado padrão de vida, fazendo cada vez mais com cada vez menos, preservando e aprimorando nesse meio tempo o meio ambiente.

Essa imagem parece ao mesmo tempo estranha e sedutora no início do século XXI. Talvez pareça esquisito o fato de uma imagem positiva do futuro ter qualquer validade ou vitalidade nestes tempos de ceticismo. Somos, ao contrário, encorajados a temer o futuro, quer ele chegue sob a forma de uma mudança esmagadora, de um fanatismo religioso ou de frangos e patos doentes.

Há cinqüenta anos, Fred Polak lançou o alarme. Ele apresentou quatro teses fundamentais:

1. O processo da eliminação da utopia, então em andamento, apontava para um processo subjacente.
2. As profundas forças subjacentes desse processo estavam perturbando um equilíbrio histórico e eliminando todas as idéias a respeito do futuro.
3. A desintegração foi um fenômeno radical e não simplesmente um distúrbio temporário num padrão histórico.
4. "Na ausência de uma aplicação cuidadosa de forças contrárias, a condição extinta das imagens atuais predispõe a cultura ocidental para o colapso." (Polak, 1973, 223)

Parecemos então estar aprisionados num circuito. Com medo do futuro, evitamos pensar nele. O futuro torna-se um vazio que se manifesta como uma ausência de imagens positivas do futuro, particularmente de futuros globais, mas também nacionais, locais e empresariais. Contamos com a nossa capacidade para alcançar o objetivo de qualquer jeito como estratégia de sobrevivência. Mas Polak nos advertiu há cinqüenta anos que esse vazio conduziria a um abismo.

Em contrapartida, vimos que no que diz respeito à nossa carreira ou ao futuro da nossa empresa, a imagem do futuro, particularmente a do futuro preferível, é o ponto de alavancagem fundamental para a mudança. Como serão as imagens do futuro que surgirão nas próximas décadas deste século?

A RENOVAÇÃO DO SÉCULO XXI

Afirmo que precisamos desesperadamente de uma nova visão para a humanidade no século XXI, uma visão que se afaste o mais possível das guerras incessantes. Precisamos de nada menos do que uma chance para reiniciar o século XXI. A visão contém oito partes.

1. Adaptar-se o mais rápido possível à nova era de energia, envolvendo-se até mesmo em iniciativas do tipo projeto *Apollo* para avançar mais rapidamente. Esta era está além dos combustíveis fósseis, e inclui vários tipos de energia distribuída renovável, adequada ao desenvolvimento em áreas de todo o planeta. Desse modo, as oligarquias da energia e todo o conflito regional e internacional que acompanham essa concentração são esmagados e, nesse meio tempo, tentamos minimizar o mais possível o aquecimento global.
2. Adaptar-se o mais rápido possível à nova era do transporte e, particularmente, à nova era do automóvel. Esses carros precisam ser supereficientes, incluirão inicialmente os híbridos como uma ponte para os veículos leves que funcionarão basicamente a partir de biocombustíveis renováveis e células a combustível, e precisarão com o tempo ser integrados às abordagens de sistemas com-

pletas para o transporte, que maximizam a escolha e minimizam o impacto ambiental adverso. A próxima era do transporte incluirá necessariamente uma intensa renovação das principais cidades para possibilitar a vida de qualidade com uma necessidade mínima de movimentação a longa distância para administrar a vida do dia-a-dia.

3. Levar a comunicação em banda larga a dispositivos com um preço acessível na última milha* para todos os habitantes da Terra, possibilitando o surgimento da comunidade plenamente global.

4. Acelerar a mudança para a fabricação de produtos sem desperdício, com pouca energia, a um baixo custo e de berço a berço (*cradle-to-cradle*), para posteriormente incluir a possibilidade de fabricação molecular e a remessa de partes em vez de um agregado.

5. Acelerar a integração inteligente de um sistema de mão-de-obra global, no qual o trabalho é feito onde faz mais sentido, os salários e os benefícios se deslocam para o meio, e uma classe média mundial nasce, enquanto a capacidade local para a produção das necessidades básicas é mantida para levar em conta as emergências globais e o comércio local, e fazer isso em menos de duas gerações para minimizar os contratempos.

6. Levar o desenvolvimento econômico local na escala do microcrédito e na macroescala da "base da pirâmide" para o enorme número de pessoas que vivem hoje à beira da inanição, e fazê-lo de um modo rápido e lucrativo para todos os envolvidos.

7. Construir ao redor do mundo sociedades que visem ao aprendizado, não apenas nas regiões em desenvolvimento mas também nos países desenvolvidos cuja proposta de oferecer uma educação avançada começou a falhar.

8. Redespertar o desejo de paz e não de guerra.

---

* A última milha é o trecho final da conexão entre um provedor de comunicação e o cliente. O termo é geralmente usado pelo setor das telecomunicações e da televisão por cabo. (N. da trad.)

A SUA MISSÃO: IDENTIFICAR NECESSIDADES FUTURAS E SATISFAZÊ-LAS MELHOR, MAIS RÁPIDO E A UM CUSTO MENOR

O interessante a respeito da lista precedente é que acredito que ela nada mais é do que um plano de negócios inteligente e relativamente simples. Consta que perguntaram a Henry Ford, quando ele começava a dominar a indústria automobilística, o que ele faria se tudo fosse por água abaixo. Dizem que ele respondeu, sem hesitar, que encontraria outra necessidade humana e a satisfaria melhor, mais rápido e a custo menor do que qualquer outra pessoa, repetindo assim o seu sucesso. A lista precedente de oito itens é apenas uma relação de necessidades humanas, e a única pergunta é quem as atenderá rápido e a um preço reduzido.

O FUTURO É ALGO QUE CRIAMOS

Quando trabalho com grupos ou dou uma palestra, em geral, em algum momento, me fazem a conhecida pergunta: "Você é otimista ou pessimista?" Devo admitir que houve uma época em que eu era mais otimista. Recentemente, os seres humanos vêm manifestando uma espantosa falsidade ao lado de um retorno a sistemas de crença quase medievais que ameaçam o futuro. Ainda assim, as oportunidades estão em toda parte, e, como vimos, os próprios grandes desafios são oportunidades. Encontro conforto nas palavras dos meus mentores, tanto dos que conheci pessoalmente quanto dos que conheci a distância. Numa das últimas entrevistas que deu antes de morrer, perguntaram a Buckminster Fuller o que o mantinha otimista. A sua resposta foi: "Observe como a grama cresce. Uau! [...] estamos sem dúvida vivendo numa crise, de segundo em segundo. Se vamos vencer ou não depende da integridade do que estamos fazendo." (Lenio, 1983)

Transformar o futuro em receita e a receita no futuro é, certamente, uma questão de oportunidade, mas principalmente uma questão de integridade. Veja uma necessidade. Satisfaça-a. Faça-o de uma maneira sustentável. A receita se seguirá. E essa receita levará a um futuro que todos preferimos. Você verá que, no final, o futuro não é algo que apenas acontece a nós. O futuro é algo que criamos.

REFERÊNCIAS

Ackoff, Russell. 1991. *Recreating the corporation: A design of organizations for the 21st century.* Nova York: Oxford University Press.

America's best leaders 2005. *U.S. News & World Report,* 31 de outubro de 2005, 19.

Anderson, Mark, Strategic News Service. http://www.stratnews.com.

_____ 2005. Strategic News Service, entrevista pessoal, 3 de novembro.

Asimov, Isaac.1995. A minha visão pessoal. In *The encyclopedia of science fiction,* org. John Clute, Nova York: St. Martin's Press.

Bacon, Frank R. e Thomas Butler. 1998. *Achieving planned innovation.* Nova York: Simon & Schuster.

Bailey, Ronald. 2002. Forever young: The new scientific search for immortality [Eternamente jovem: as novas pesquisas científicas sobre a imortalidade]. Agosto. http://www.reason.com/0208/fe.rb.forever.shtml.

Barker, Joel. 1992. *Future edge.* Nova York: William Morrow.

Bowlin, Mike. 1999. Clean energy: preparing today for tomorrow's challenges [Energia limpa: preparando o presente para os desafios do futuro]. Discurso proferido na 18ª Annual Executive Conference: Globality and Energy: Strategies for the New Millennium da Cambridge Energy Research Associates, Houston, Texas, 9 de fevereiro de 1999. Citado em Amory Lovins et al., *Winning the Oil End Game.* Snowmass, CO: Rocky Mountain Institute, 2005, 2. www.bp.com/genericarticle.do?categoryld=98&contentld=2000318.

Bradbury, Ray. 1988. *The Toynbee convector.* Nova York: Alfred A. Knopf.

Brain, Marshall. Robotic Nation. http://marshallbrain.com/robotic-nation.htm.

_____. Robotic Nation evidence (blog). http://roboticnation.blogspot.com.

Brin, David. 1998. *The transparent society*. Reading, MA: Perseus Books.

Broderick, Damien. 2001. *The Spike*. Nova York: Tom Doherty Associates.

Campbell, Colin, citado em Adam Fenderson. 2005. Dr. Doom, 2 de outubro, http://www.energybulletin.net/9406.html.

Cascio, Jamais. 2005. Toshiba superfast recharge batteries. [Baterias Toshiba de recarregamento super-rápido]. http://www.worldchanging.com/archives/002435.html.

Center for Bits and Atoms, MIT. Cambridge, MA. http://cab.mit.edu/.

Cohen, Adam. 2005. Europe executives offer gloomy assessment of economy. [Executivos europeus apresentam uma sombria avaliação da economia]. *Wall Street Journal*, 14 de dezembro, 11.

Collins, James. *Good to great: Why some companies make the leap... and others don't*. Nova York: HarperCollins.

Collins, James e Jerry Porras. 1996. Building your company's vision [Criando a visão da sua empresa]. *Harvard Business Review*, outubro-novembro.

_____. 1997. *Built to last: Successful habits of visionary companies*. Nova York: HarperCollins.

Cool chips. http://www.coolchips.gi.

Coughlin, Joe. 2005. Disruptive demographics: Old age & new demands on the national transportation system. [Dados demográficos: a velhice e as novas necessidades do sistema nacional de transportes]. Palestra para o FHWA Think Tank, 12 de julho.

Dent, Harry S., Jr. 1995. *The great jobs ahead*. Nova York: Hyperion.

_____. 2004. *The next great bubble boom*. Nova York: Free Press.

Drexler, Eric. 1986. *Engines of creation*. Nova York: Anchor Books.

Drucker, Peter F. 1999. *Managing for the Future*. Nova York: Truman Talley Books.

_____. 1993. *Post-capitalist society*. Nova York: Harper Business Books.

_____. 1999. *Management challenges for the 21st century*. Nova York: HarperCollins.

_____. 2002. *Managing in the next society*. Nova York: Truman Talley Books.

Dychtwald, Ken. 1990. *The age wave*. Nova York: Bantam.

Ehrlich, Paul. 1968. *The population bomb*. Cutchogue. Nova York: Buccaneer Books.

Elkington, John e Mark Lee. 2005. Have you riven a ford lately? *Grist Magazine*, 18 de outubro. http://www.grist.org/biz/fd/2005/10/18/ford/index.html.

Engardio, Pete e Carol Matlack, citando Monika Queisser, Organization for Economic Cooperation and Development [Organização para a Cooperação e o Desenvolvimento Econômico], 2005. Global aging, *BusinessWeek* online, 31 de janeiro, 2.

Feynman, Richard. 1960. There's plenty of room at the bottom [Há muito lugar embaixo]. *Engineering and Science*, fevereiro. Reeditado em http://www.zyvex.com/nanotech/feynman.html.

Fishman, Ted C. 2005. *China Inc.* Nova York: Scribner.

5-Minute nanosystems. Center for Responsible Nanotechnology. http://www.crnano.org/5min.htm.

Freitas, Robert. 1999. *Nanomedicine,* Vol. 1: *Basic capabilities.* Georgetown, TX: Landes Bioscience, http://www.rfreitas.com/.

Friedman, Thomas L. 2005. *The world is flat.* Nova York: Farrar, Straus & Giroux.

Friedman, Benjamin M. 2005. *The moral consequences of economic growth*. Nova York: Knopf. Citado em Why the rich must get richer [Por que os ricos têm que ficar mais ricos]. *The Economist*, 12 de novembro, 87-8.

Gates, Bill, 2005. *Seattle Post Intelligencer.* http://blog.seattlepi.nwsource.com/microsoft/archives/GatesMemo.htm.

Gene Therapy News. Novembro de 2005. http://stemcellresearchnews.com/gene_therapy_research_news.htm.

Gibson, Rowan. 1999. *Rethinking the future.* Londres: Nicholas Brealey.

Global Business Network. Scenario thinking [Pensamentos sobre o cenário]. http://www.gbn.com/SubjectDisplayServlet.srv?taxld=111.

Grant, Sara. 2005. "The broadband explosion: Thinking about a truly interactive world" [A explosão da banda larga: pensando a respeito de um mundo verdadeiramente interativo]. *Working Knowledge*. Harvard Business School, 12 de setembro. http://hbswk.hbs.edu/item.jhtml?id=4990&t=technology.

Greenspan, Alan. 2005. Remarks by Chairman Alan Greenspan: Energy [Comentários do *chairman* Alan Greenspan: Energia]. Apresentados diante da

Japan Business Federation, da Japan Chamber of Commerce and Industry e da Japan Association of Corporate Executives. Tóquio, Japão, 17 de outubro. http://www.federalreserve.gov/boarddocs/speeches/2005/20051017/default.htm.

Gretzky, Wayne, do seu pai Walter, in Wayne Gretzky e Rick Reilly. 1990. *Gretzky: An autobiography.* Nova York: HarperCollins, 88.

Guyon, Janet. 2005. "Making choices: The art of the decision" [Fazendo escolhas: a arte da decisão]. *Fortune,* 14 de novembro, 144.

Hamel, Gary e C. K. Prahalad. 1989. Strategic intent [Objetivo estratégico]. *Harvard Business Review,* maio-junho, 63-76.

Harvard Green Campus Initiative, 2005. http://www.greencampus.harvard.edu/.

Hainer, Bill e Glen Hiemstra. 2000. *Strategic leadership: Achieving your preferred future.* Kirkland, WA: Positive Productivity.

Harris, Sam. 2005. *The end of faith.* Nova York: W. W. Norton.

Harrow, Lisa. 2004. *What can I do?* White River Junction. VT: Chelsea Green Publishing.

Hawken, Paul. 1993. The ecology of commerce. Nova York: HarperCollins.

Heilbroner, Robert. 1996. *Visions of the future.* Nova York: Oxford University Press.

Henry, Karen. 2005. FHWA advanced research potential partnerships – A Corps of Engineers' laboratory perspective [Possíveis parcerias em pesquisas avançadas da FAWA – uma perspectiva de laboratório da Corps of Engineers]. Discurso para o FHWA Think Tank Forum. Advancing Future Transportation with Breakthrough Innovations [Promovendo o Transporte do Futuro com Inovações Revolucionárias].

Hiemstra, Glen. 2000. Population explosion ends in a whimper [A explosão populacional termina num lamento]. Futurist.com. http://www.futurist.com/portal/science/science_population_explosion.htm.

Hiemstra, Dra. Tracie. 2001. Balance and boundaries in our 24/7 world [Equilíbrio e limites no nosso mundo que funciona 24 horas por dia, sete dias por semana]. Futurist.com. http://www.futurist.com/portal/creating_your_future/crf_balance_and_boundaries.htm.

Hirsch, Kenneth. 2005. A journey of transformation [Uma jornada de transformação]. Discurso para o American Institute of Architects. http://www.aia.org/liv_gov_testimonial4.

Hord, Shirley M., William L. Rutherford, Leslie Huling-Austin e Gene E. Hall. 1987. *Taking charge of change*. Alexandria, VA: Association for Supervision and Curriculum Development.

Inayatullah, Sohail, 2000. Ageing futures – from overpopulation to world underpopulation [Futuros mais velhos – da superpopulação a um mundo insuficientemente habitado]. Metafuture.org. http://metafuture.org/Articles/AgeingFutures.htm.

Institute of Systems Biology. http://www.systemsbiology.org/Intro_to_ISB_and_Systems_Biology.

Jones, Richard. 2004. *Soft machines. Nanotechnology and life*. Oxford: Oxford University Press.

Jordan, Michael. 2005. *Driven from within*. Publicado sob a direção de Mark Vancil. Nova York: Atria Books.

Kaku, Michio. 1997. *Visions: How science will revolutionize the 21st century*. Nova York: Anchor Books.

Kara, Don. Sizing and seizing the robotics opportunity [Dimensionando e aproveitando a oportunidade da robótica]. http://www.robonexus.com/roboticsmarket.htm.

Knoke, William. 1996. *Bold new world*. Nova York: Kodansha International.

Kotter, John P. 1995. Leading change: Why transformation effors fail [Dirigindo a mudança: por que os esforços de transformação fracassam]. *Harvard Business Review*, março-abril. Reimpressão 95204, 1-8.

Kurzweil, Ray. 1999. *The age of spiritual machines*. Nova York: Viking.

_____. 2005a. *The singularity is near*. Nova York: Viking.

_____. 2005b. When humans transcend biology [Quando os seres humanos transcendem a biologia]. Seattle Town Hall Lecture Series, 10 de outubro.

Kusek, David e Gerd Leonhard. 2005. *The future of music: Manifesto for the digital music revolution*. Boston: Berklee Press.

LaGesse, David. 2005. Engine of fun and profit [Máquina do divertimento e do lucro]. *U.S. News & World Report*, 31 de outubro, 26.

Lan, Jin. 2005. Entrevista pessoal, 20 de dezembro. Jin Lan é o fundador da Octaxias Company LLC, uma empresa de consultoria internacional que atua como ponte para os que desejam fazer negócios na China. http://www.chinaselections.com/.

Lean, Jeffrey. 2005. The big thaw [O grande descongelamento]. *The Independent,* edição online. 20 de novembro. http://news.independent.co.uk/environment/article328217.ece.

Lenio, Ted. 1983. Um bate-papo com Bucky Fuller. *Aspen, The Magazine* 10, nº 2 (outono).

Leonard, Andrew. 2005. Why "Made in China" is good news for the U.S. [Por que "Fabricado na China" é uma boa notícia para os Estados Unidos]. Salon.com, 3 de agosto. http://www.salon.com/tech/feature/2005/08/03/china/print.html.

Lindaman, Edward B. e Ronald O. Lippitt. 1979. *Choosing the future you prefer.* Ann Arbor, MI: Human Resource Development Associates.

Lippitt, Lawrence. 1998. *Preferred futuring.* San Francisco: Barrett-Koehler.

Loeb, Paul Rogat. 2004. *The impossible will take a little longer.* Nova York: Basic Books.

Lovgren, Stefan. 2005. Ted Sargent, citado em Spray-on solar-power cells are true breakthrough [Células solares borrifadas são realmente um avanço revolucionário]. 14 de janeiro. http://news.nationalgeographic.com/news/2005/01/0114_050114_solarplastic.html.

Lovins, Amory, E. Kyle Datta, Odd-Even Bustnes, Jonathan G. Koomey e Nathan J. Glasgow. 2005. *Winning the oil end game.* Snowmass, CO: Rocky Mountain Institute.

Lynas, Mark. 2004. *High tide.* Nova York: Picador.

Markides, Constantinos C. 1999. *All the right moves: A guide to crafting breakthrough strategy.* Cambridge, MA: Harvard Business Press.

McCarthy, J. J. et al., orgs. 2001. *Climate change 2001: Impacts, adaptation, and vulnerability.* Cambridge: Cambridge University Press.

McCarthy, Wil. 2003. *Hacking matter.* Nova York: Basic Books.

McFarling, Usha Lee e Miguel Bustillo. 2005. 2005 vying with '98 as record hot year [2005 está competindo com 1998 pelo recorde de ano mais quente]. *Los Angeles Times.* 16 de dezembro. http://www.latimes.com/news/local/la-me-climate16dec16,1,664579.story.

Meyers, William. 2005. Conscience in a cup of coffee [A consciência numa xícara de café]. *U. S. News & World Report,* 31 de outubro, 48-50.

Miller, Jody e Matt Miller. 2005. Get a life [Aproveite a vida]. *Fortune,* 28 de novembro.

MIT Institute for Soldier Nanotechnologies. 2005. http://web.mit.edu/isn/.

Mishel, Lawrence, Jared Bernstein e Sylvia Allegretto. 2005. *The state of working America 2004-2005*. Ithaca, NY: Cornell University Press. Trecho citado em http://www.epinet.org/books/swa2004/news/swafacts_international.pdf.

Monster.com. 2006. http://careersat50.monster.com/.

"Nanoparticles, nanoshells, nanotubes: How tiny specks may provide powerful tools against cancer" [Nanopartículas, nanoinvólucros, nanotubos. Como pontos minúsculos podem fornecer poderosas ferramentas contra o câncer]. ScienceDaily.com. http://www.sciencedaily.com/print.php?url=/releases/2005/11/051119105053.htm.

Nantero. 2005. http://www.nantero.com/index.html.

"New microscope allows scientists to track a functioning protein with atomic level precision" [Novo microscópio permite que cientistas rastreiem uma proteína atuante com uma precisão no nível atômico]. 2005. http://www.sciencedaily.com/realeases/2005/11/051114111031.htm.

Oreskes, Naomi. 2004. Beyond the ivory tower: The scientific consensus on climate change [Além da torre de marfim: o consenso científico sobre as mudanças climáticas]. Science 3 306, nº 5702 (dezembro): 1686.

Pacheco, Michael. 2005. Citado em Michael Parfit. Future power [O Poder futuro]. *National Geographic*, agosto. http://www7.nationalgeographic.com/ngm/0508/feature1/fulltext.html.

Parfit, Michael. 2005. Future power [O poder futuro]. *National Geographic*, agosto. http://www7.nationalgeographic.com/ngm/0508/feature1/fulltext.html.

Payne, Roger. 2005. The future of our oceans [O futuro dos nossos oceanos]. *Future in Review 2005 Transcript*. Publicado sob a direção de Sally Anderson. Friday Harbor, WA: Strategic News Service.

Peak oil, do Science Applications International Corporation (SAIC), relatório para o Ministério da Defesa dos Estados Unidos. Citado in Adam Fenderson. 2005. Dr. doom, 2 de outubro. http://www.energybulletin.net/9406html.

Perkins, John. 2004. *Confessions of an economic hit man*. San Francisco: Barrett-Koehler. [*Confissões de um Assassino Econômico*, publicado pela Editora Cultrix, São Paulo, 2005.]

Polak, Fred. 1973. *The image of the future*. Traduzido e condensado por Elise Boulding do trabalho de 1953. Amsterdã: Elsevier Scientific Publishing.

Porter, Michael E. 1980, 1998. *Competitive strategy.* Nova York: Free Press.

Povejsil, Donald. 1989. Coming of age. *Inc.* Abril de 1989, 42.

Prahalad, C. K. 2005. *The fortune at the bottom of the pyramid.* Upper Saddle River, NJ: Wharton School Publishing.

Prahalad C. K. e Henry Mintzburg. 2000. *Mastering strategy: Complete MBA companion in strategy.* Nova York: Prentice Hall Publishing.

Prensky, Marc. 2001. Digital natives, digital immigrants [Nativos digitais, imigrantes digitais]. *On the horizon,* NCB University Press, 9, nº 5 (outubro).

Prensky, Marc. 2004. The death of command and control? [A morte do comando e do controle?]. Boletim informativo online do Strategic News Service, 20 de janeiro.

Prewitt, Edward. 2004. The Agile 100. [As 100 Ágeis]. *CIO Magazine,* 15 de abril. http://www.cio.com/archive/081504/overview.html.

Reiss, Spencer. 2005. Why $5 oil is good for America [Por que o petróleo a 5 dólares é bom para os Estados Unidos]. *Wired,* dezembro, 238-247.

Reynolds, Scott, Neil Ridley e Carl E. Van Horn. 2005. A work filled retirement [Uma aposentadoria repleta de trabalho]. Heldrich Center, Rutgers University, agosto. www.heldrich.rutgers.edu/Resources/Publication/191/WT16.pdf.

Rifkin, Jeremy. 2002. *The hydrogen economy.* Nova York: Tarcher/Penguin.

Ringland, Gill 1998. *Scenario planning: Managing for the future.* Londres: John Wiley & Sons.

_____ . 2002. *Scenarios in business.* Londres: John Wiley & Sons.

_____ . 2002. *Scenarios in public policy.* Londres: John Wiley & Sons.

Roberts, Paul. 2005. *The end of oil.* Boston: Houghton Mifflin.

Russell, Peter. 1998. *Waking up in time.* Novato, CA: Origen Press.

Ryder, Tracie Rose. 1989. How can it look so good and feel so bad? [Como pode parecer tão bom e transmitir uma sensação tão ruim?]. Redmond, WA: Lincoln Global Productions.

Sachs, Jeffrey D. 2005. *The end of poverty.* Nova York: Penguin Press.

Sakaiya, Taichi. 1991. *The knowledge value revolution.* Tradução de George Fields e William Marsh. Tóquio: Kodansha International.

Sandberg, Jared. 2005. Deciders suffer alone: nondeciders make everyone else suffer [Os que decidem sofrem sozinhos; os que não decidem fazem todas as outras pessoas sofrerem]. *Wall Street Journal,* 8 de novembro, B1.

Schwartz, Peter. 1991. *The art of the long view.* Nova York: Currency.

Senge, Peter. 1990. *The fifth discipline.* Nova York: Doubleday.

_____ . 1994. *The fifth discipline.* Nova York: Currency.

Shell Global Scenarios. http://www.shell.com/home/Framework?siteld= royal-en&FC2=/royal-en/html/iwgen/leftnavs/zzz_lhn5_2_0.html&FC3=/royal-en/html/iwgen/our_strategy/scenarios/dir_scenarios_28022005.html.

Simmons, Matthew R. 2005. *Twilight in the desert.* Hoboken, NJ: John Wiley & Sons.

Smith, Charles. 2005. Citado em William Meyers, Conscience in a cup of coffee [A consciência numa xícara de café]. *U.S. News & World Report,* 31 de outubro, 50.

Space Elevator. http://www.spaceelevator.com.

Sparks, Whitney. 2005. "Gary Hamel's idea hatchery". *BusinessWeek,* 11 de agosto. http://www.businessweek.com/innovate/content/aug2005/id20050811_693230.htm.

Speth, James Gustave. 2004. *Red sky at morning.* New Haven, CT: Yale University Press.

Stephenson, Neal. 1995. *The diamond age.* Nova York: Spectra.

Sterling, Bruce. 1994. *Heavy weather.* Nova York: Bantam Books.

_____ . 1996. *Holy fire.* Nova York: Bantam Books.

_____ . 2002. *Tomorrow now: Envisioning the next fifty years.* Nova York: Random House.

_____ . 2005. Dawn of the carbon age [O despontar da era do carbono]. *Wired,* dezembro.

Stock, Gregory. 2002. *Redesigning humans.* Boston: Houghton Mifflin.

Svensson, Peter. 2005. Virtual reality games are big bucks. [Os jogos de realidade virtual valem muitos dólares]. *Seattle Post Intelligencer,* 4 de novembro. http://seattlepi.nwsource.com/business/247084_virtualjobs03.html.

The real digital divide [A verdadeira separação digital]. 2005. *The Economist,* 10 de março. http://www.economist.com/opinion/displayStory.cfm? story_id= 3742817&tranMode=none.

Thompson, William Irwin. 1985. *Pacific shift.* San Francisco: Sierra Club Books.

Toth-Fejel, Tihamer. 2004. Self-replicating nanomachines: a kinematic cellular automata approach [Nanomáquinas que reproduzem a si mesmas: uma abordagem cinemática celular autômata]. http://www.foresight.org/ Conferences/AdvNano2004/Abstracts/Toth-Fejel2/.

Vestergaard Frandsen. http://www.vestergaard-frandsen.com/.

Virtual Advisor. 2004. http://www.va-interactive.com/inbusiness/editorial/bizdev/ibt/tailorin.html.

The vision thing [A visão]. 1991. *The Economist,* 9 de novembro, 81.

Voros, Joseph. 2005. A genetic foresight process framework [Estrutura de um processo de presciência genética]. Citado em Maree Conway, Strategic planning revisited [Uma nova inspeção no planejamento estratégico]. *Foresight, Innovation and Strategy,* Ed. C. Wagner. Bethesda, MD: World Future Society, 270.

Weick, Karl E. e Kathleen M. Sutcliff. 2001. *Managing the unexpected.* San Francisco: Jossey-Bass.

Weisbord, Marvin e Sandra Janoff. 2000. *Future search.* San Francisco: Barrett-Koehler.

Wheatley, Margaret J. 2002. *Turning to one another: Simple conversations to restore hope to the future.* San Francisco: Barrett-Koehler. [*Conversando a Gente se Entende,* publicado pela Editora Cultrix, São Paulo, 2003.]

Whitman, Meg. 2005. Knowing it's time to buy [Sabendo que está na hora de comprar]. *Fortune,* 14 de novembro, 146.

Whole Foods Declaration of Interdependence [Declaração de Interdependência da Whole Foods]. http://www.wholefoodsmarket.com/company/declaration.html.

Whyte, David. 1994. *The heart aroused.* Nova York: Doubleday.

Yunnas, Muhammad. 2003. *Banker to the poor.* Nova York: Public Affairs.